건축 설계자의 아이디어를 완성하는

건축/인테리어 도면&
Auto
CAD
2019

유지호, 네모기획 지음

iCox

Education by Sympathy

건축/인테리어 도면 &
AutoCAD 2019

초판 1쇄 발행 2019년 01월 25일
초판 4쇄 발행 2023년 12월 12일

지은이 유지호, 네모기획
펴낸이 한준희
펴낸곳 (주)아이콕스

기획/편집 네모
디자인 디박스
영업지원 김효선, 이정민
영업 김남권, 조용훈, 문성빈

iCox
Education by Sympathy

주소 경기도 부천시 조마루로385번길 122 삼보테크노타워 2002호
홈페이지 http://www.icoxpublish.com
쇼핑몰 www.baek2.kr(백두도서쇼핑몰)
이메일 icoxpub@naver.com
전화 032-674-5685
팩스 032-676-5685
등록 2015년 7월 9일 제386-251002015000034호
ISBN 979-11-86886-91-5

머
리
말

AutoCAD는 미국의 오토데스크(Autodesk) 사에서 개발한 소프트웨어로 2D와 3D 디자인 제도를 위한 CAD용 소프트웨어이다. AutoCAD는 설계 및 디자인 분야를 비롯하여 거의 모든 산업 분야에서 활용되고 있으며 특히, 건축과 인테리어 분야에서는 국내에 경우 거의 99%가 사용하고 있다고 할 수 있다.

이 책은 현재 설계 업무를 담당하고 있거나 오토캐드를 배우고자 하는 사람들이 가장 쉬운 방법으로 건축 설계 실무에 필요한 부분을 습득할 수 있도록 하는데 중점을 두고 집필하였다. 이 책은 출간된 수많은 오토캐드 서적과는 달리 실무 도면을 예제로 필수 명령어를 익히고 작성하여 실력을 향상시킬 수 있는 장점이 있다. 이 책은 명령어의 용도를 파악하고 명령 과정을 익인 후, 최종 실습 도면을 통한 학습으로 명령어 기능에 대한 이해도를 높이고 실무 감각을 익히도록 구성하였다.

대부분의 프로그램이 그렇겠지만 캐드 역시 단순하게 명령어만 익히고 실무에 임하게 된다면 계속 같은 자리만 맴돌게 될 것이다. 이왕 캐드를 공부하기로 마음을 먹었다면 끝까지 인내심을 가지고 학습에 임하길 바란다. 어떤 일이든 끝까지 해내고자 하는 마음이 없다면 원하는 목표를 이룰 수 없듯이 캐드 또한 남들과 다른 노력이 뒷받침되지 않는다면 자신의 것으로 만들기 힘들 것이다. 이 책이 여러분들이 원하는 목표를 달성하는데 조금이나마 도움이 되었으면 좋겠다.

"건축 설계자의 아이디어를 완성하는 건축/인테리어 실무 도면 & AutoCAD 2019"의 완성도를 높이는데 힘써주신 많은 분들에게 감사의 마음을 전합니다.

저자 유지원

이 책을
잘 보는
방법

이 책은 AutoCAD 2019 버전을 기준으로 집필되었으며, 기본적으로 신속한 도면 작성을 위해
실무에서 가장 많이 사용하는 명령어 입력(Command Line) 형식으로 기능 및 사용법을 설명합니다.

※ 도면의 치수가 일부 없는 경우는 임의의 값으로 적용하거나 원본 파일을 참고하여 작성하도록 합니다.

이 책의 진행 과정

1 Step
기능 이해하기

>

2 Step
기능 익히기

>

3 Step
도면 실습하기

진행 과정은 크게 3단계로 구성되어 있습니다. 1단계에서는 명령어의 대한 이해와 사용법, 그리고 상세 옵션에 대한
해설로 구성되어 있습니다. 2단계에서는 도면 그리는 방법을 따라하도록 구성하여 명령어의 기능을 자연스럽게 익
히도록 구성하였습니다. 3단계에서는 명령어에 대한 전반적인 이해와 응용력을 키울 수 있도록 종합 실습 예제로 구
성하였습니다.

예제 파일 다운로드

아이콕스 홈페이지(www.icoxpublish.com)의 자료실을 통해 언제 어디서나 실습에 필요한 예제 파일 및 완성 파일,
도면 라이브러리 파일 등을 다운로드 할 수 있습니다.

이 책의 상세 구성

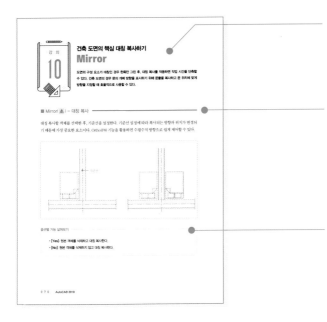

주제 및 학습 목표
강의의 주제 및 학습 목표에 대해 알려줍니다.

명령어의 이해
기능에 대한 목적과 사용법 및 주의해야 할 점 등 명령어에 대한 전반적인 것을 알려줍니다.

옵션별 기능 살펴보기
명령어에 대한 옵션과 기능에 대해 알려줍니다.

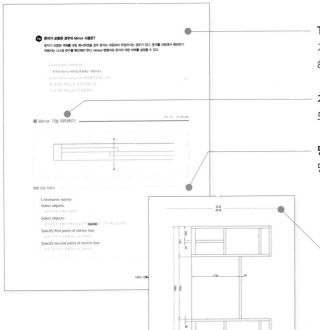

Tip
기능에 대한 추가 설명 및 주의해야 할 점에 대해 알려줍니다.

기능 따라하기
도면을 통해 명령어의 기능을 익혀봅니다.

명령 과정 익히기
명령어가 진행되는 과정을 상세히 알려줍니다.

실습 예제
배운 명령어를 활용할 수 있도록 종합 예제를 제공합니다.

목

차

| 강의28 |

건축 도면의 치수 기입하기　　283

3교시　　## 3D의 이해와 구현　　294

| 강의29 |

3D 화면의 변경과 3D 좌표 - Vpoint/View Cube　　296

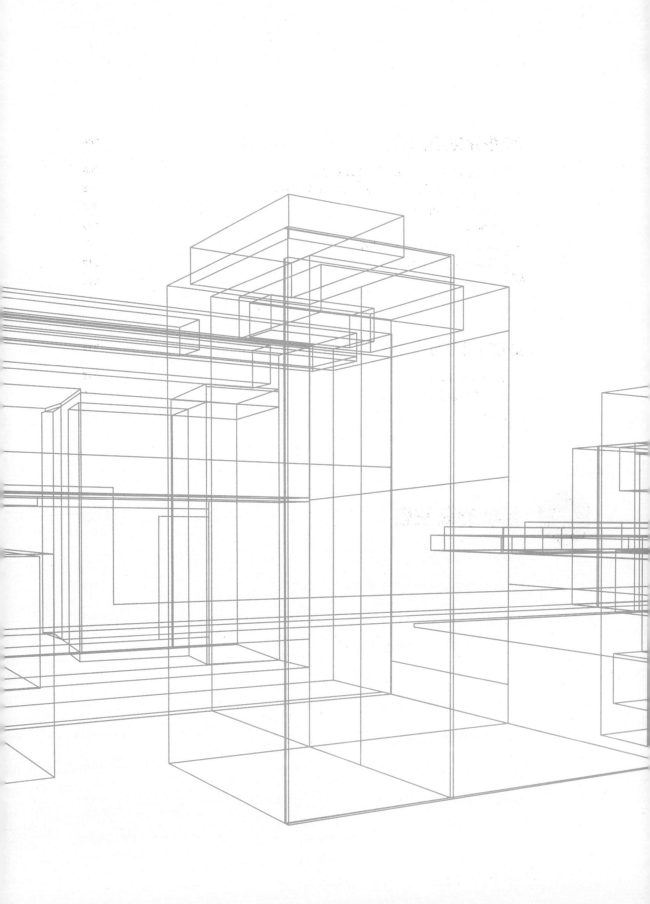

1교시

건축/인테리어
2D 도면의
작성

도면을 작성하기 위한 첫걸음은 기초 명령어와 핵심 명령어들을 이해하고 활용할 수 있는 기술이 필요하다. 실습 도면을 반복 학습하여 캐드 고수가 되는 밑거름을 다져보자.

A u t o C A D   2 0 1 9

AutoCAD의 작업 공간

AutoCAD의 작업 화면은 사용자의 스타일에 맞게 사용할 수 있도록 다양한 작업 방식과 공간을 제공한다. 신속한 작업을 진행하기 위해 자주 사용되는 기능들의 위치를 알아두는 것이 필요하다.

■ AutoCAD의 인터페이스

AutoCAD 2019 최초 설치 시 초기 화면은 다음과 같다. Quick Access Toolbar(신속 접근 도구막대)가 화면 상단에 위치하고 있으며 다양한 명령어 패널들이 기능별로 구분되어 탭으로 구성되어 있다.

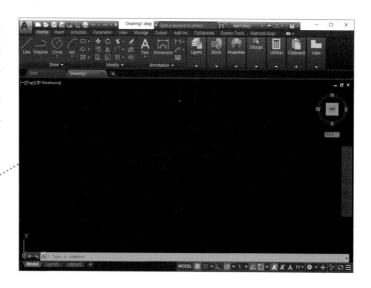

① **Quick Access Toolbar**: 새로 만들기, 파일 불러오기, 저장하기, 취소하기, 출력하기 등 많이 사용되는 기본적인 기능들을 빠르고 편리하게 사용할 수 있다.

② **Ribbon**: 기능들을 쉽게 사용할 수 있도록 아이콘 형식으로 표시하여 모아 놓은 명령 체계이다. 비슷한 명령어들로 묶어 놓은 구성을 패널(Panel)이라 하며 이러한 패널이 기능에 따라 탭(Tab)으로 구성되어 있다. 또한 리본은 작업 공간(Workspace)에 따라 기본 구성이 달라진다. 주로 사용하게 될 명령어들의 위치를 확인해보자.

③ **File Taps**: 작업 중인 파일을 표시하며 새로운 파일에서 작업을 시작할 수 있다.

④ **ViewCube**: 작업 화면의 뷰를 조정한다.

⑤ **Drawing Area**: 도면이 작성되는 공간이다.

⑥ **Navigation Ba** : 화면을 이동하거나 확대 축소 및 뷰의 변경 등 화면을 제어하는 기능들로 구성되어 있다.

⑦ **UCS Icon**: UCS 상태를 표시한다.

⑧ **Model/Layout**: 모형 공간(Model Space) 또는 배치 공간(Layout)으로 전환한다. 일반적인 건축 도면은 모형 공간에서 실제 크기로 설계를 한다. 배치 공간은 작성된 도면 요소들을 다양한 화면으로 출력할 때 사용하는 공간이다.

⑨ **Command**: 명령어 입력창은 명령어를 직접 입력하여 실행하는 곳이다. 일반적으로 많이 사용하는 명령어 위주로 단축키를 사용하며 명령 진행 중 옵션을 변경하거나 수치를 입력하여 사용한다. 신속한 도면 작업을 위해서 필수적으로 활용하는 곳이다.

⑩ **Status Bar**: AutoCAD 작업 환경의 설정 상태를 표시 또는 제어한다.

■ AutoCAD의 다양한 작업 공간

AutoCAD는 작업 목적에 맞게 작업 공간을 변경할 수 있다. 2D 도면 작업을 위한 Drafting & Annotation, 3D 기초 작업을 위한 3D Basic, 3D 모델링 작업을 위한 3D Modeling을 기본적으로 제공한다. 구 버전 사용자가 익숙한 AutoCAD Classic 작업 공간으로도 변경 가능하다. 작업 화면 오른쪽 하단에 위치한 Workspace Switching에서 선택할 수 있다.

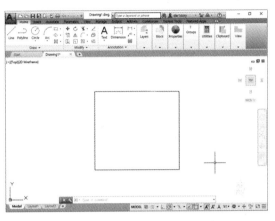

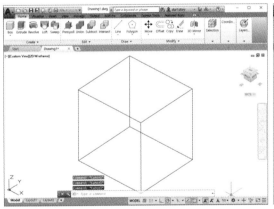

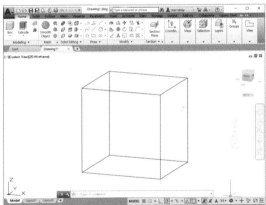

🔘 Tip AutoCAD 클래식 화면

AutoCAD 2019는 별도의 AutoCAD Classic 작업 공간을 제공하지는 않지만 구 버전 화면에 익숙한 사용자를 위해 사용자가 임의로 비슷하게 변경할 수 있다. Quick Access Toolbar를 클릭하고 Show Menu Bar를 선택한 후, 메뉴에서 Tools 〉 Palettes 〉 Ribbon을 선택하여 숨기고, Tools 〉 Toolbars 〉 AutoCAD에서 필요한 툴 바들을 선택하여 표시한다.

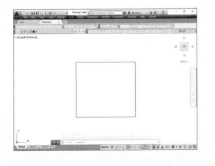

AutoCAD의 명령어 체계와 화면 제어
Limits/Dynamic Input/Zoom

AutoCAD에서 명령어를 실행하는 방법은 Command Line/Dynamic Input/Tool/Menu를 사용하는 총 네 가지 방식이 있다. 도면 한계 영역은 도면이 그려질 크기를 미리 설정하는 것이며 CAD 시스템에서 도면의 크기는 현척으로 설계하게 된다. CAD 시스템을 이용한 도면의 작성은 확대 및 이동이 편리하고 편집이 수월하여 정교한 건축 설계 작업에 매우 유용하다.

■ AutoCAD의 다양한 명령어 적용 방법

명령어를 실행하기 위해 다음과 같이 네 가지 방법으로 사용할 수 있다. 신속한 도면 작업을 위해 실무에서는 자주 사용하는 명령어의 단축키를 활용하여 명령문(Command Line) 입력 및 동적 입력 방법을 많이 사용한다.

① 명령어 입력창(Command Line) 입력

명령어 입력창에 명령어를 직접 입력하여 실행하는 방법이다. 명령어 진행 과정 중 옵션에 대한 기능을 정확히 파악하는 것이 중요하다.

```
Specify first point:
Specify next point or [Undo]:
Specify next point or [Undo]:
X ⚒ / ▾ LINE Specify next point or [Close Undo]:                    ▲
```

② 동적 입력(Dynamic Input)

동적 입력은 마우스 커서 주위에 툴딥이 표시되어 명령어를 빠르게 입력하거나 사용할 수 있는 명령 인터페이스이다. 즉 하단 부분에 위치한 명령어 입력창에 명령어를 입력하지 않아도 작업 하는 지점에 늘 위치하고 있는 커서 근처에서 빠른 입력창을 통해 명령어를

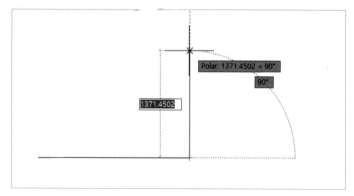

입력하거나 선택하여 작업을 진행할 수 있다. 동적 입력은 상대 좌표를 기준으로 한다. 기능키를 눌러 적용 및 해제할 수 있다.

③ 툴(Tool) 아이콘

리본 또는 툴바로 구성된 툴 아이콘으로 명령어를 실행할 수 있다. AutoCAD 초보자나 자주 사용되지 않아 명령어들을 사용할 때 편리하다.

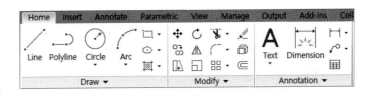

④ 메뉴(Menu)

기능별로 분류된 메뉴 리스트에서 명령어를 선택하여 실행할 수 있다.

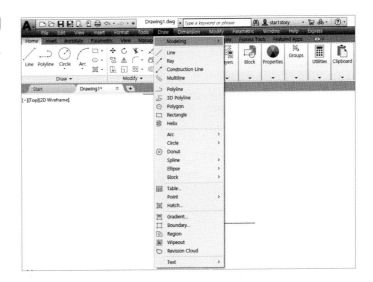

■ Limits – 작업 영역의 설정

Limits은 도면의 한계 영역을 설정하는 명령이다. 즉, 작업 테이블의 범위를 설정하는 기능으로 작업할 도면의 크기보다 좀 더 큰 Limits 값을 적용해야 작업 공간 및 작업 화면의 조절을 효율적으로 사용할 수 있다. Limits를 설정한 후 반드시 Zoom 명령의 All 옵션을 실행해야 설정한 도면 한계 영역으로 작업 화면이 변경된다.

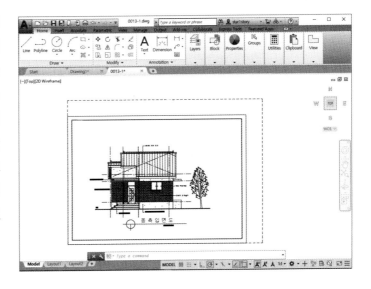

- **lower left corner**: 작업 공간 좌측하단 점의 좌표값을 설정한다.
- **upper right corner**: 작업 공간 우측상단 점의 좌표값을 설정한다.
- **[ON]**: Limits 기능을 작동한다.
- **[OFF]**: Limits 기능을 해제한다.

Tip 도면 한계 값 설정하기

도면 한계 값의 산출은 아래와 같이 산출 할 수 있다.

예시: 출력용지 A3에 도면스케일 1/50 경우, A3=420×2970이므로 420×50=21,000/297×50=14,850

위에 계산식을 응용하여 작성할 도면에 도면스케일 값도 산출 가능하다.

예시: 도면 작성할 건축물의 가로 길이가 17000에 출력용지 A3인 경우, 작성할 건축물 크기/출력 용지 사이즈

■ Limits 기능 따라하기

예제 파일 | 01-01.dwg

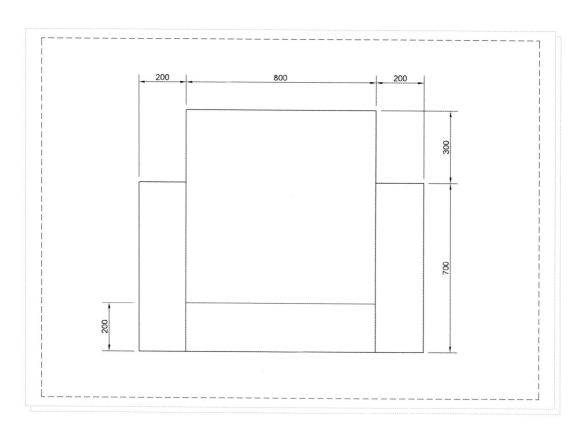

Command: limits

Reset Model space limits:

Specify lower left corner or [ON/OFF] <0.0000,0.0000>: end of

→ p1을 Limits의 시작점을 선택한다.

Specify upper right corner <420.0000,297.0000>: end of

→ p2을 Limits의 끝점을 선택한다.

Command: limits

Reset Model space limits:

Specify lower left corner or [ON/OFF] <0.0000,0.0000>: on

→ Limits를 on으로 설정하여 Limits 명령을 작동시킨다. 그러면 설정한 도면 한계 영역 안에서만 선이 그려진다.

Tip **Limits의 On 설정**

Limits를 On으로 설정하면 도면 한계 영역을 제외한 곳에서는 도면을 그릴 수 없다. Limits는 새로운 작업을 시작할 때 작성할 도면 크기에 맞게 미리 작업 화면을 설정하는 용도로 많이 사용된다. 그렇기 때문에 일반적으로 Off 상태로 사용한다.

● **도면 한계 영역에서 벗어날 경우**

Command: line

Specify first point:

**Outside limits

∠ 설정한 Limits의 바깥쪽 영역이라 표시된다.

■ Zoom – 작업 화면에 확대 및 축소

Zoom은 화면의 크기를 제어하는 역할을 한다. 도면의 크기를 바꾸는 것이 아닌 보는 것을 확대하거나 축소하여 객체를 보는데 도움을 준다.

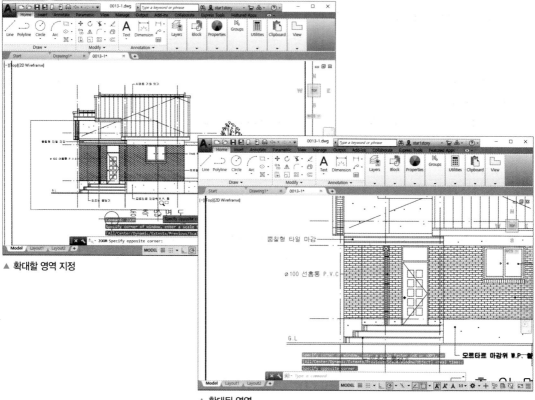

▲ 확대할 영역 지정

▲ 확대된 영역

옵션별 기능 살펴보기

- **[All]**: 모든 도면을 보여주거나 도면이 없을 때는 Limits에서 설정한 도면 한계 영역 값으로 화면을 표시한다.
- **[Center]**: 중심점과 높이 값을 설정하여 화면을 확대한다.
- **[Dynamic]**: 디스플레이 될 화면이 박스 영역으로 표시되고 박스의 크기를 조절하여 확대 및 축소한다.
- **[Extents]**: 도면 전체를 화면에 맞게 보여준다. limits의 영향을 받지 않는다.
- **[Previous]**: 바로 이전 단계에 화면으로 표시된다.
- **[Scale]**: 사용자가 지정하는 비율만큼 확대/축소한다.
- **[Window]**: 확대할 영역을 사각형 모양으로 지정하여 확대한다.
- **[Object]**: 선택한 객체를 기준으로 확대한다.

■ Zoom 기능 따라하기

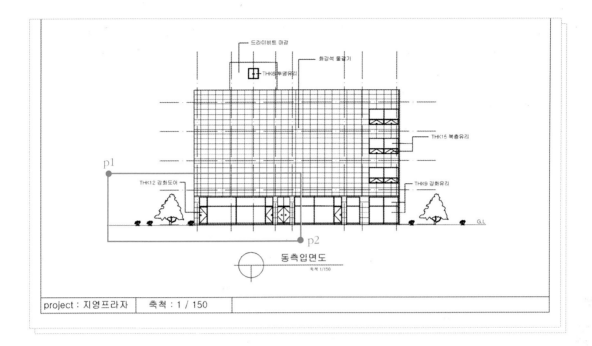

project : 지영프라자	축척 : 1 / 150	

명령 과정 익히기

Command: zoom

Specify corner of window, enter a scale factor (nX or nXP), or

[All/Center/Dynamic/Extents/Previous/Scale/Window/Object] <real time>: w

→ Window 옵션을 선택한다.

Specify first corner:

→ 확대할 영역에 첫 번째 지점(p1점)을 선택한다.

Specify opposite corner:

→ 확대할 영역에 두 번째 지점(p2점)을 선택한다.

아래와 같이 선택한 영역이 확대되어 화면에 표시된다.

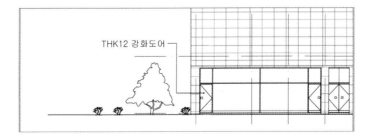

AutoCAD의 좌표

|강|의| 03

건축 및 인테리어를 위한 설계 도면의 작성은 정확한 작도가 필요하다. 시공에 필요한 도면이기 때문에 부정확한 치수로 인해 큰 문제가 발생할 수 있다. AutoCAD를 처음 시작한다면 정확한 도면 작성에 필요한 좌표 개념을 이해하는 것이 중요하다. AutoCAD에서 사용되는 좌표 방식에 대해 이해하고 사용법에 대해 알아보자.

■ AutoCAD 좌표 – 절대 좌표/상대 좌표

필요한 수치만큼 도면 요소를 그리거나 정확한 위치로 이동 또는 복사할 때 좌표값이 필요하다. AutoCAD의 좌표는 절대 좌표와 상대 좌표로 나뉘며 절대 좌표는 AutoCAD가 정해놓은 원점(0,0)을 기준으로 좌표를 계산하는 입력 방식이고, 상대 좌표는 AutoCAD 상의 임의의 점을 기준으로 좌표를 계산하는 입력 방식이다.

1 | 절대 좌표

절대 좌표란 캐드 도면 작업의 원점(0,0)을 기준으로 위치를 표시하는 좌표 방식이다.

║ 입력 방식: X,Y ║

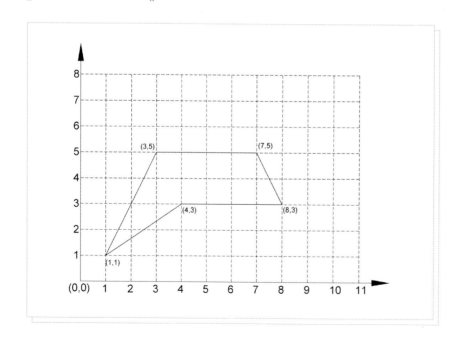

2 | 상대 좌표

상대 좌표란 사용자가 지정한 임의의 점을 기준으로 X축 방향에 대한 이동 변위 값, Y축 방향에 대한 이동 변위 값으로 표시한다. 상대 좌표를 의미하는 @는 바로 전에 선택한 점을 0,0으로 인식한다.

입력 방식: @X,Y

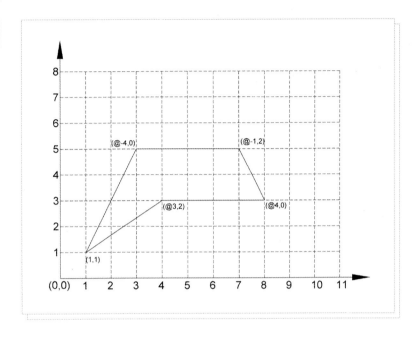

3 | 상대 극좌표

상대 극좌표란 상대 좌표와 마찬가지로 임의의 점을 기준으로 거리와 방향을 표시하여 입력한다.

입력 방식: @선분의 길이<기울기 각도

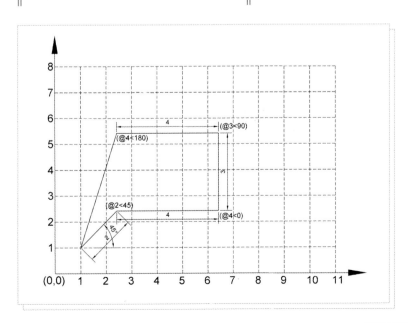

선 그리기
Line

|강|의|
04

Line은 도면 구성의 가장 기초 단위인 선을 그리는 명령어로 가장 많이 사용된다. 실무에서 선을 그릴 때는 대부분이 상대 좌표를 이용하며 2D 및 3D 공간 모두 사용할 수 있다. 2D 공간에서는 X,Y 형식, 3D 공간에서는 X,Y,Z 형식을 적용한다. 2D 도면에서 X,Y 좌표 형식은 Z값이 0인 것을 의미한다.

■ Line( ) – 직선

Line은 선을 그리는 명령어이다. 단일 객체로 구성되며 직선의 시작점과 끝점을 지정하여 사용한다. 시작점 또는 끝점의 지정은 절대 좌표 또는 상대 좌표를 적용하여 직접 수치를 입력하거나 객체스냅 (Osnap)을 이용하여 선택할 수 있다. 그리고 Copy, Offset, Trim 등과 같은 다양한 편집 명령들과 함께 사용하는 경우가 많다.

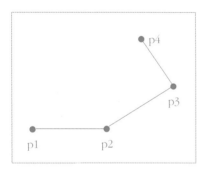

옵션별 기능 살펴보기

- [Close]: 처음 시작한 점으로 연결한다. Close 옵션을 사용하려면 최소 3개의 위치를 지정한 후에 가능하다. 만약 선이 끊어져 다시 그린 경우 끊어진 위치가 선의 시작점이 된다.

- [Undo]: 맨 마지막으로 그려진 선을 취소한다. 직선이 잘 못 그려졌을 경우 Undo 옵션을 적용하면 바로 전 단계로 복구할 수 있는 기능이다.

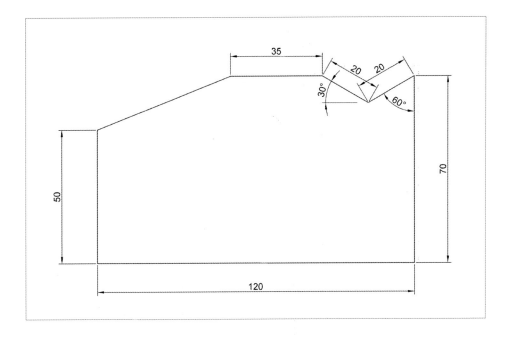

명령 과정 익히기

Command: line

Specify first point:

→ 선의 시작점(임의의 점)을 선택한다.

Specify next point or [Undo]: @50<270

→ 시작점을 기준으로 거리 50만큼 270도 방향으로 작성한다.

Specify next point or [Undo]: @120<0

→ 두 번째 점을 기준으로 거리 120만큼 0도 방향으로 작성한다.

Specify next point or [Close/Undo]: @70<90

→ 세 번째 점을 기준으로 거리 70만큼 90도 방향으로 작성한다.

Specify next point or [Close/Undo]: @20<210

→ 네 번째 점을 기준으로 거리 20만큼 210도 방향으로 작성한다.

Specify next point or [Close/Undo]: @20<150

→ 다섯 번째 점을 기준으로 거리 20만큼 150도 방향으로 작성한다.

Specify next point or [Close/Undo]: @35<180

→ 여섯 번째 점을 기준으로 거리 35만큼 180도 방향으로 작성한다.

Specify next point or [Close/Undo]: c

→ c를 선택하고 시작점으로 연결하여 완료한다.

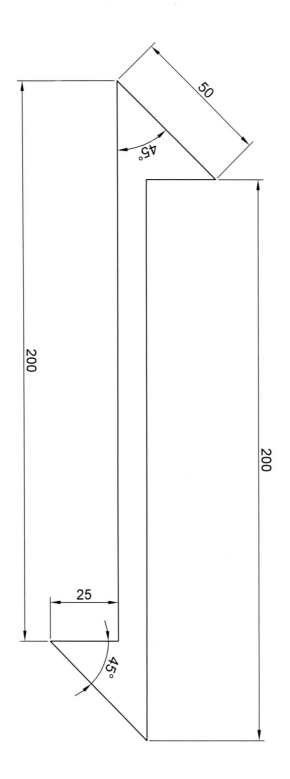

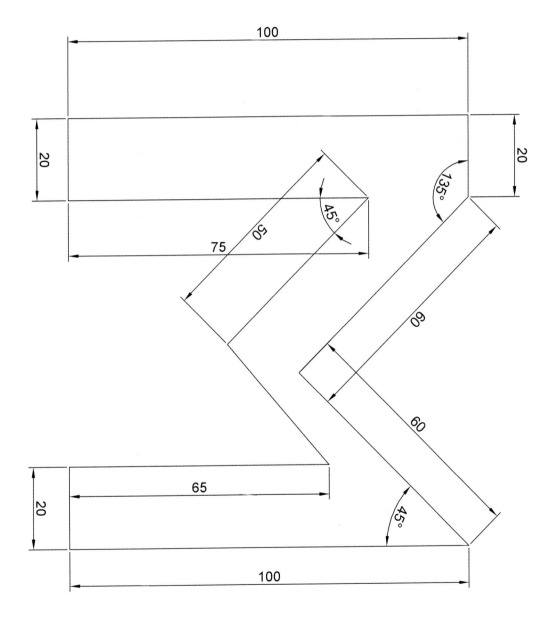

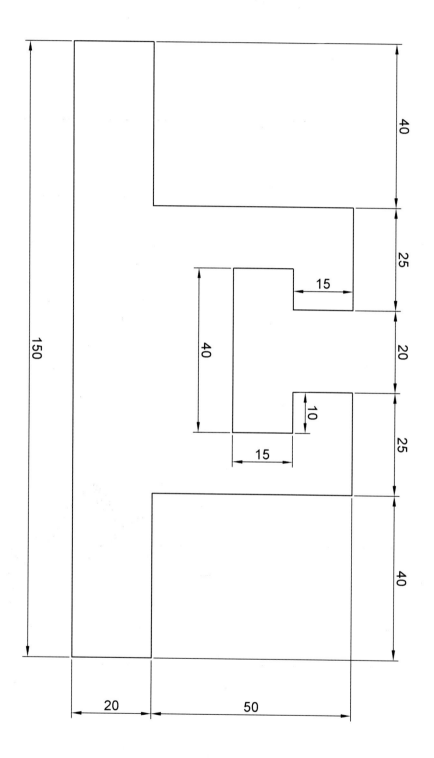

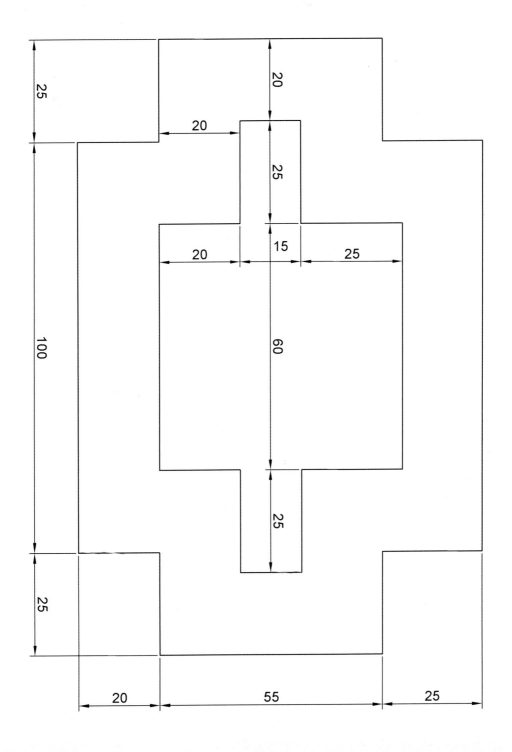

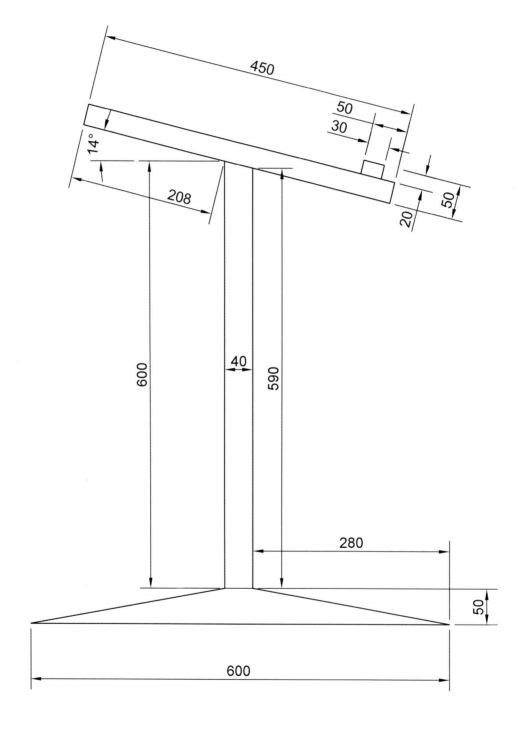

450

50

30

14°

208

20

50

600

40

590

280

50

600

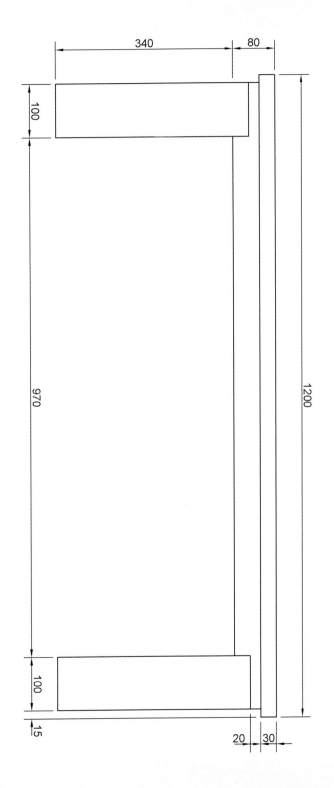

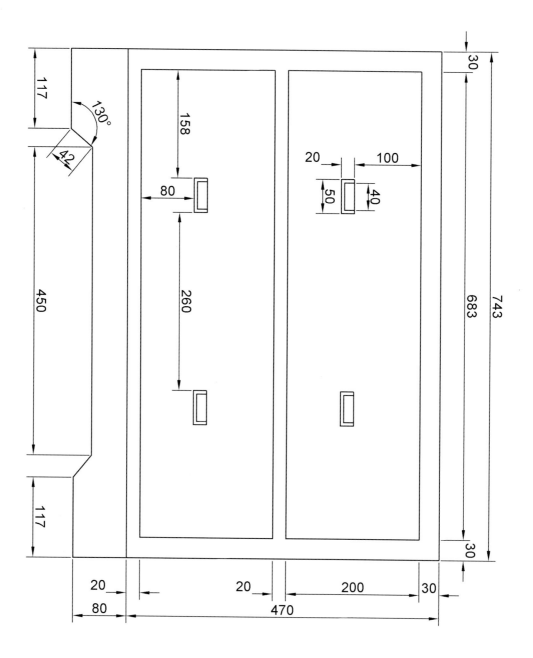

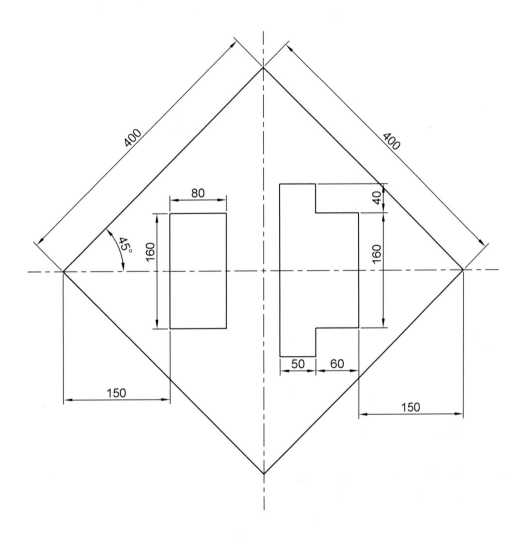

특정 지점을 선택하는 객체스냅
Osnap

도면을 구성하는 객체마다 고유한 점을 가지고 있다. 바로 이와 같이 특정한 점을 선택하는 기능이 객체스냅(Object Snap)이다. Object Snap을 줄여 Osnap(오스냅)이라 한다. 실무에서는 상대 좌표를 많이 사용하기 때문에 객체스냅을 많이 사용하게 되며 이미 그려져 있는 객체를 쉽게 선택할 수 있어 도면 작업 시 편리함과 시간을 단축할 수 있다.

■ Osnap(🔲) – 객체스냅

Osnap은 객체가 가지고 있는 끝점, 중간점, 교차점, 중심점, 원의 사분점 등을 자동으로 선택하는 기능이다. F3 로 On/Off 할 수 있으며 명령어 입력창에 Osnap을 실행하면 객체스냅 설정창이 표시된다. 또한 상태 표시줄에서 Object Snap 아이콘(🔲)으로 On/Off 하거나 설정할 수 있다.

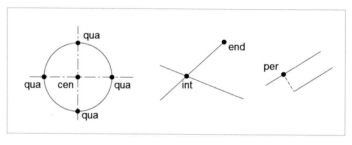

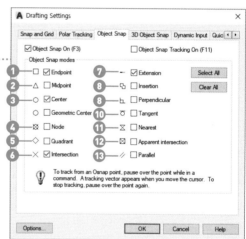

① **Endpoint**: 객체의 끝점을 선택한다.

② **Midpoint**: 객체(원형 객체 제외)의 중간점을 선택한다.

③ **Center**: 호/원/타원의 중심점을 선택한다.

④ **Node**: Point 등분 명령으로 삽입한 객체 분할점을 선택한다.(Ddptype로 변경된 객체)

⑤ **Quadrant**: 원/호/타원의 0˚, 90˚, 180˚, 270˚에 위치한 사분점을 선택한다.

⑥ **Intersection**: 객체 간 교차되는 지점을 선택한다.

⑦ **Extension**: 가상의 연장선상에 위치점을 선택한다.

⑧ **Insertion**: 블록(Block) 및 문자의 기준점을 선택한다.

⑨ **Perpendicular**: 선택한 점과 수직 방향에 위치한 점을 선택한다.

⑩ **Tangent**: 객체와 접하는 지점을 선택한다.

⑪ **Nearest**: 선택한 점과 가장 가까운 위치에 점을 선택한다.

⑫ **Apparent intersection**: 같은 평면에 없는 두 객체의 가시적 교차점을 선택한다.

⑬ **Parallel**: 객체가 가지고 있던 방향을 유지하여 평행 선분을 작성한다.

■ Osnap 기능 따라하기

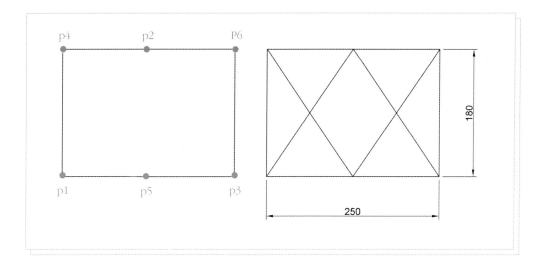

명령 과정 익히기

Command: line

Specify first point: end of

→사각형의 하단 모서리 끝점(p1점)을 선택한다.

Specify next point or [Undo]: mid of

→사각형의 중간점(p2점)을 선택한다.

Specify next point or [Undo]: end of

→사각형의 하단 모서리 끝점(p3점)을 선택한다.

Specify next point or [Close/Undo]:

→ Space Bar 를 눌러 명령을 종료한다.

Command: line

Specify first point: end of

→사각형의 상단 모서리 끝점(p4점)을 선택한다.

Specify next point or [Undo]: mid of

→사각형의 중간점(p5점)을 선택한다.

Specify next point or [Undo]: end of

→사각형의 모서리 끝점(p6점)을 선택한다.

Specify next point or [Close/Undo]:

→ Space Bar 를 눌러 명령을 종료한다.

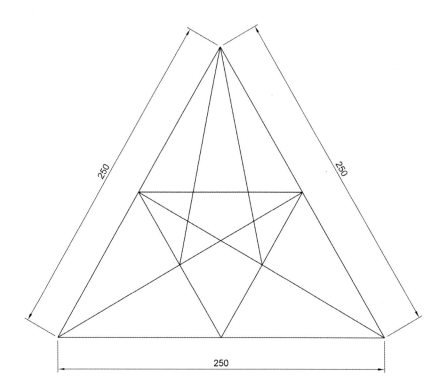

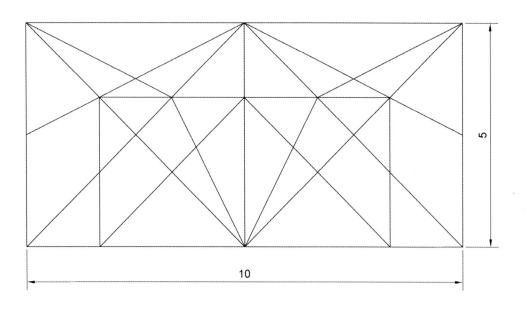

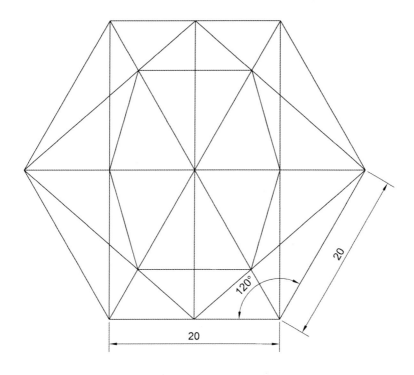

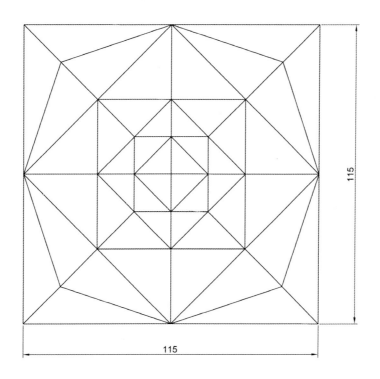

원 그리기
Circle

|강|의|

Circle은 원을 그리는 기초 명령어다. 원은 실무 도면 작업에서 많은 비중을 차지하는 명령어는 아니지만 필수적인 요소이기에 꼭 알아두도록 한다.

■ Circle(⊙) – 원

원은 중심점을 이용하는 방법, 3점을 이용한 방법, 2점을 이용한 방법, 접하는 지점을 이용하는 방법 총 4가지 방식으로 그릴 수 있다. 가장 많이 사용하는 방법은 원의 중심점을 지정한 후, 원의 반지름 또는 지름값을 입력하는 방식이다.

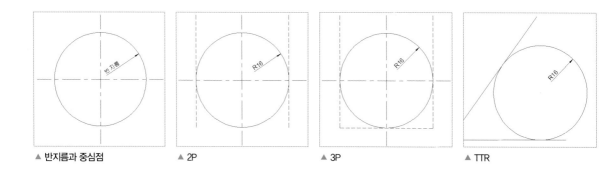

▲ 반지름과 중심점   ▲ 2P   ▲ 3P   ▲ TTR

옵션별 기능 살펴보기

- [Diameter]: 원의 중심점과 지름(∅)을 알고 있을 때 사용한다.
- [3P]: 원이 지나가는 3점을 알고 있을 때 사용한다.
- [2P]: 원의 지름 값에 해당하는 양 끝점을 알고 있을 때 사용한다.
- [Ttr (tan tan radius)]: 원이 접하는 두개의 객체와 반지름 값을 알고 있을 때 사용한다.

■ Circle 기능 따라하기

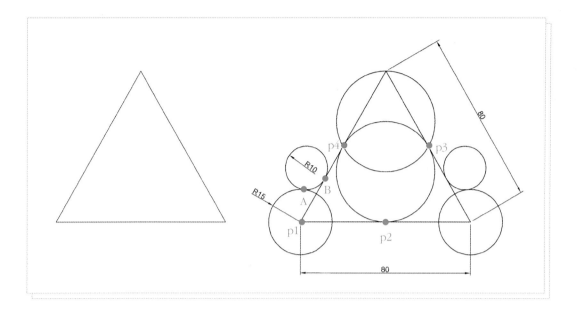

명령 과정 익히기

Command: circle

Specify center point for circle or [3P/2P/Ttr (tan tan radius)]: end of
→ 원의 중심점(p1)을 선택 한다.

Specify radius of circle or [Diameter] <23.0940>: 15
→ 작성할 반지름 값을 설정한다.

Command: circle

Specify center point for circle or [3P/2P/Ttr (tan tan radius)]: 3p
→ 3p 옵션을 선택한다.

Specify first point on circle: mid of
→ 원의 첫 번째 점(p2)을 선택한다.

Specify second point on circle: mid of
→ 원의 두 번째 점(p3)을 선택한다.

Specify third point on circle: mid of
→ 원의 세 번째 점(p4)을 선택한다.

Command: circle

Specify center point for circle or [3P/2P/Ttr (tan tan radius)]: ttr
→ Ttr 옵션을 선택한다.

Specify point on object for first tangent of circle:

→ 첫 번째 접할 객체(A)를 선택한다.

Specify point on object for second tangent of circle:

→ 두 번째 접할 객체(B)를 선택한다.

Specify radius of circle <15.0000>: 10

→ 반지름 값 10을 입력한다.

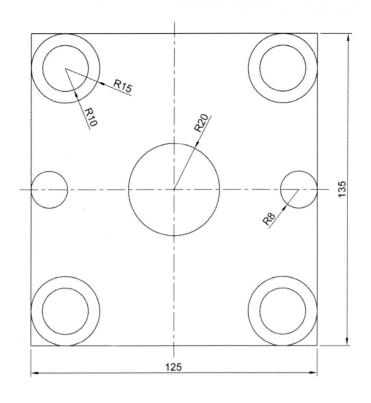

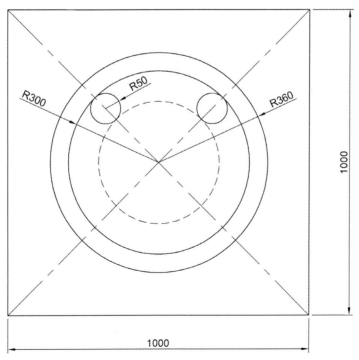

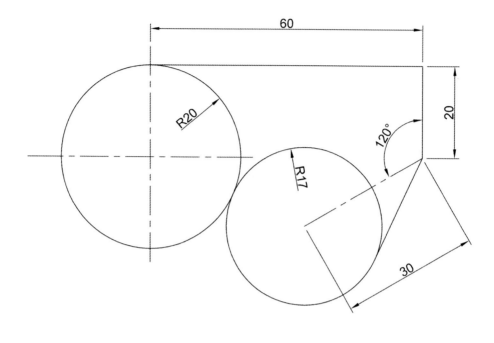

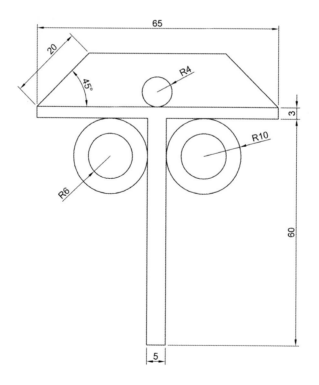

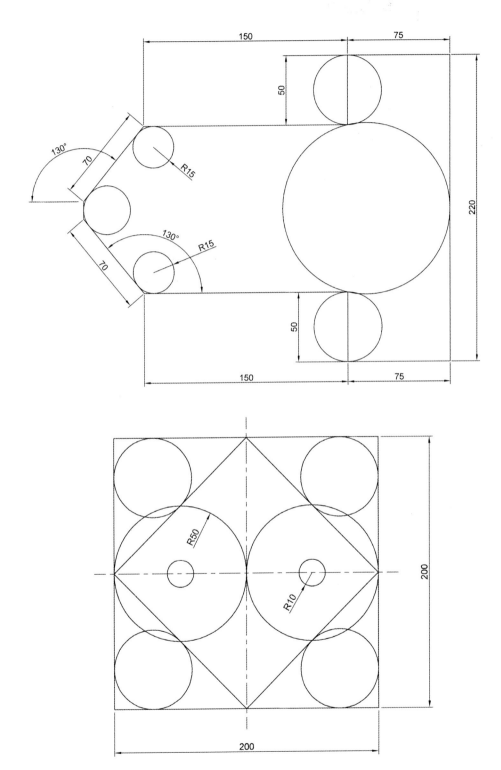

호 그리기
Arc

호는 원의 일부분이라 할 수 있다. 일반적으로 건축 도면의 평면도 작성 시 문의 개폐 방향을 표시할 때 사용한다. 또한 최근 건축물의 외곽에 곡선을 가미하는 경향에 따라 평면도상에서 건축물 외곽선에 많이 사용된다.

■ Arc( ) - 호

호를 그리는 명령어다. 호를 그리는 방법은 크게 10가지 정도가 있다. 건축 도면 설계 시에는 이중에서 몇 가지 방법만 사용된다. 호를 작성하기 위해서는 중심점, 시작점, 끝점, 방향과 각도 등과 같이 기본 적인 정보가 필요하다.

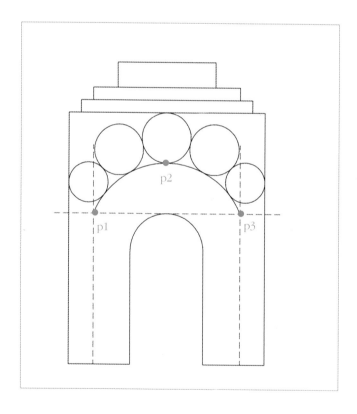

- **[Three Points]**: 호를 지나가는 3점을 선택한다.
- **[Start, Center, End]**: 호의 시작점, 중심점, 끝점을 선택한다.
- **[Start, Center, Angle]**: 호의 시작점, 중심점을 선택 후 내접 각도를 입력한다.
- **[Start, Center, Length]**: 호의 시작점, 중심점을 선택 후 호의 현 길이 값을 입력한다.
- **[Start, End, Angle]**: 호의 시작점, 끝점을 선택 후 내접 각도를 입력한다.
- **[Start, End, Direction]**: 호의 시작점, 끝점을 선택 후 호의 접선 방향을 지정한다.
- **[Start, End, Radius]**: 호의 시작점, 끝점을 선택 후 호의 반지름 값을 지정한다.
- **[Draw Contiguous Tangent Arcs and Lines]**:
  - **각도[Angle]**: 호의 내부각을 지정한다.
  - **중심점[Center]**: 호의 중심점을 지정한다.
  - **방향[Direction]**: 호의 접선 방향을 지정한다.
  - **끝점[End]**: 호의 끝점을 지정한다.
  - **시작점[Start]**: 호의 첫 번째 점을 지정한다.
  - **현의 길이[Length]**: 호의 현 길이를 조정한다.
  - **반지름[Radius]**: 호의 반지름 길이를 조정한다.

예제 파일 | 01-05.dwg

■ Arc 기능 따라하기

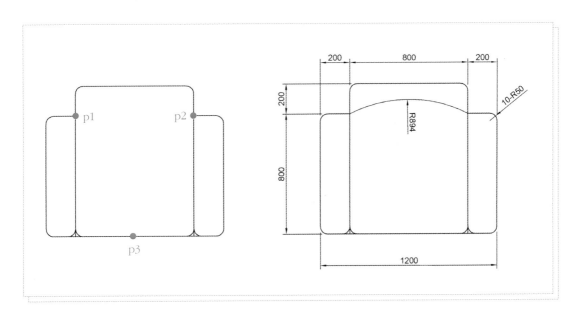

방법 01

Command: arc

Specify start point of arc or [Center]: end of

→ 호의 시작점(p1점)을 선택한다.

Specify second point of arc or [Center/End]: c

→ 중심점 옵션을 선택한다.

Specify center point of arc: mid of

→ 호의 중심점(p3점)을 선택한다.

Specify end point of arc or [Angle/chord Length]: end of

→ 호의 끝점(p2)을 선택한다.

방법 02

Command: arc

Specify start point of arc or [Center]:

→ 호의 시작점(p1)을 선택한다.

Specify second point of arc or [Center/End]: e

→ 끝점 옵션을 선택한다.

Specify end point of arc:

→ 호의 끝점(p2)을 선택한다.

Specify center point of arc or [Angle/Direction/Radius]: r

→ 반지름 옵션을 선택한다.

Specify radius of arc: 894

→ 반지름 값(894)를 입력한다.

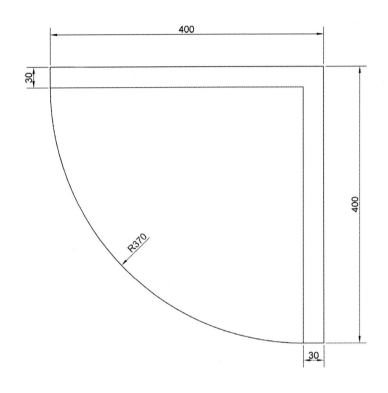

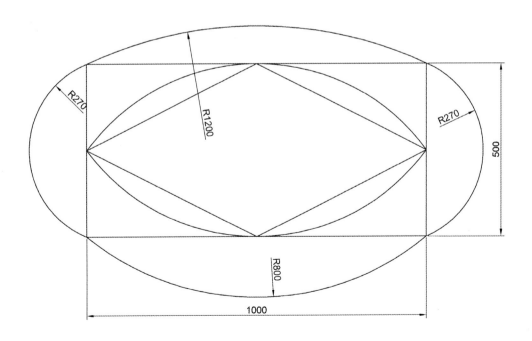

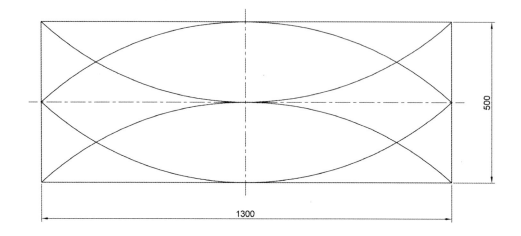

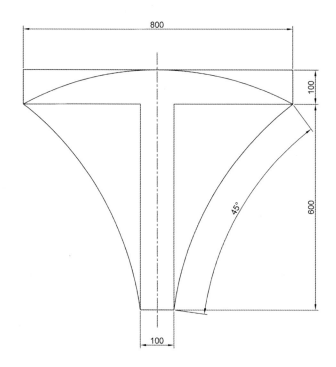

벽체의 불필요한 선 잘라내기
Trim

건축 도면 작업은 큼직한 선들을 먼저 그리고 하나씩 정리해가는 방법을 사용한다. 특히 창문 및 문의 위치를 표시하기 위해 벽체 선으로부터 부분을 잘라내야 하는 경우가 많다. 이런 경우 Trim 기능을 사용하여 정확하고 신속하게 벽체를 수정할 수 있다.

■ Trim( ) – 잘라내기

Trim은 기준선을 기준으로 선을 잘라내는 기능이다. 먼저 기준선을 선택하고 잘라낼 부분을 선택하면 된다.

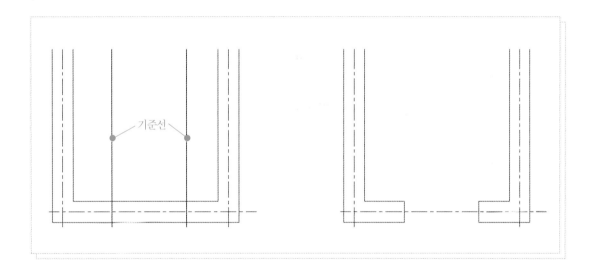

기준선

옵션별 기능 살펴보기

- **[Fence]**: 울타리를 치듯이 선을 연속적으로 그려가며 잘라낼 객체를 선택한다.
- **[Crossing]**: 사각형 모양으로 선택 영역을 지정하며 사각형에 걸치는 모든 객체들이 선택된다.
- **[Project]**: 3D상에서 객체를 자를 때 사용한다.
- **[Edge]**: 기준 객체에 가상의 연장선 사용 여부를 결정한다.
- **[eRase]**: 잘라내고 남은 불필요한 객체를 지운다.
- **[Undo]**: 전 단계에 실행한 자르기 명령을 취소한다.

■ Trim 기능 따라하기

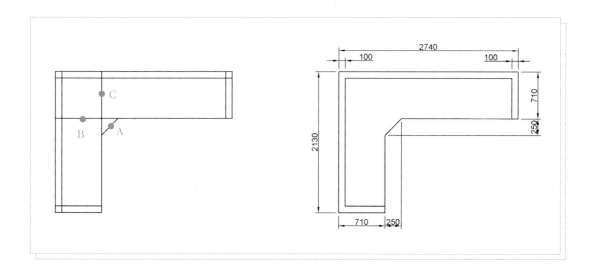

명령 과정 익히기

Command: trim

Current settings: Projection=UCS, Edge=None

Select cutting edges ...

Select objects or <select all>:

→ 객체 자르기에 사용할 기준선(A)을 선택한다.

Select objects:

→ 기준선 선택이 끝나면 를 눌러 다음 메뉴를 진행한다.

Select object to trim or shift-select to extend or [Fence/Crossing/Project/Edge/eRase/Undo]:

→ 자르기할 객체(B)를 선택한다.

Select object to trim or shift-select to extend or [Fence/Crossing/Project/Edge/eRase/Undo]:

→ 자르기할 객체(C)를 선택한다.

Select object to trim or shift-select to extend or [Fence/Crossing/Project/Edge/eRase/Undo]:

→ Space Bar 를 눌러 명령을 종료한다.

예제 상단 부분의 교차된 객체 영역도 동일한 방법으로 작업을 완료한다.

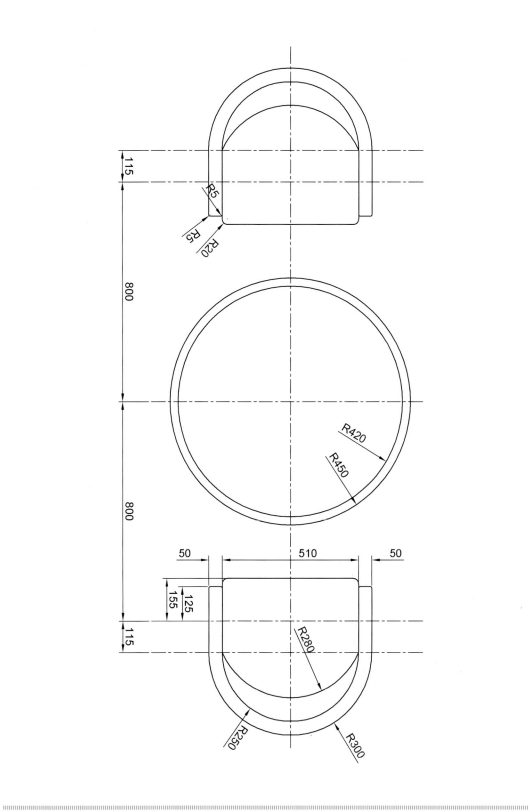

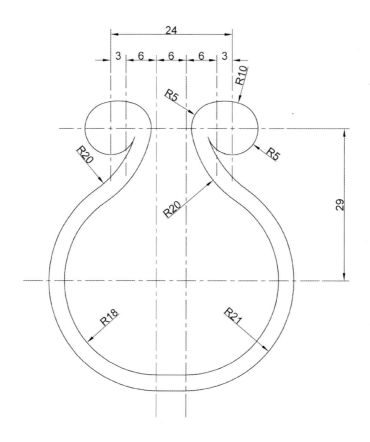

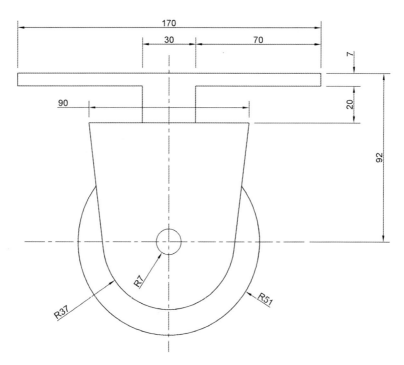

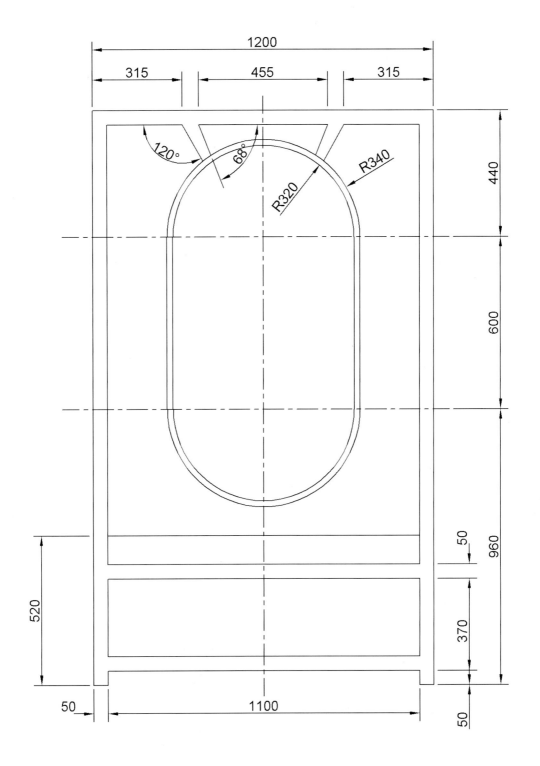

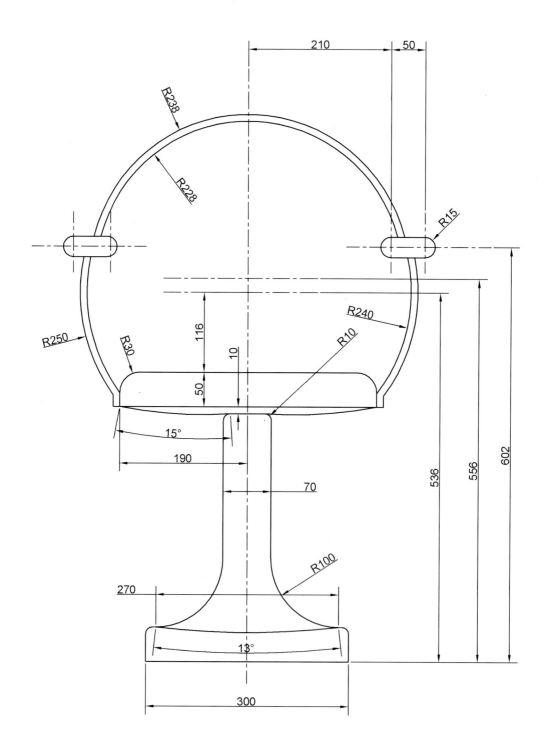

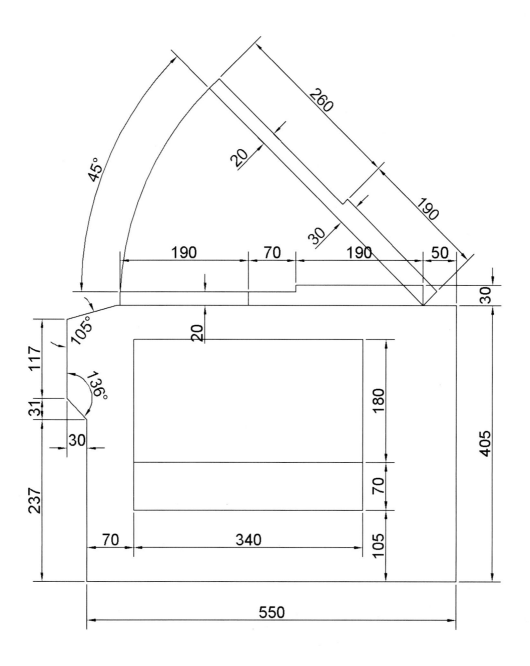

| 강 | 의 |

09

건축 도면 작성의 필수 기능인 간격 띄우기
Offset

건축 설계 시 대부분의 구조물이 사각형 형태이기 때문에 선에 간격을 띄워 도면을 그려야할 경우가 매우 많다. 이와 같이 일정 간격으로 이루어진 선을 그릴 경우 Offset 기능으로 쉽고 빠르게 도면을 작성할 수 있다.

■ Offset(⊑) – 간격 띄우기

Offset은 지정한 거리만큼 간격을 띄워 평행한 객체를 복사하는 명령어이다. 직선 및 원, 호, 폴리선 등 모든 선에 적용할 수 있다. 간격의 거리(Offset Distance)를 지정한 다음, 복사할 객체를 선택하고 방향을 지정하여 사용한다.

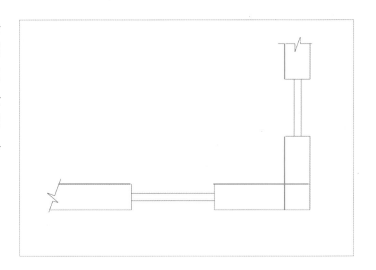

옵션별 기능 살펴보기

- **[Through]**: 임의의 지점에 Offset을 적용할 때 사용한다.
- **[Erase]**: Offset 명령 실행 후, 원본 객체를 삭제한다.
- **[Layer]**: Offset 명령으로 생성되는 객체를 현재 도면층에 적용할지 원본 객체와 같은 도면층에 적용할지를 결정한다.
- **[Undo]**: 전단계의 명령을 취소한다.
- **[Multiple]**: 다중 간격 띄우기를 적용할 때 적용한다.

■ Offset 기능 따라하기

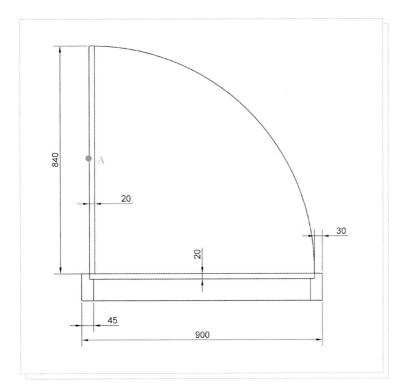

명령 과정 익히기

Command: offset(O)

Current settings: Erase source=No Layer=Source OFFSETGAPTYPE=0

→ 현재 설정을 보여준다.

Specify offset distance or [Through/Erase/Layer] <Through>: 20

→ 띄울 간격을 지정한다. 숫자를 입력하거나 두 점을 포인팅 한다.

Select object to offset or [Exit/Undo] <Exit>:

→ 복사할 객체(A), 즉 원본 객체를 선택한다. 한 번에 1개의 객체만 선택할 수 있다. 선택하는 순간 다음 단계로 넘어 간다.

Specify point on side to offset or [Exit/Multiple/Undo] <Exit>:

→ 원본 객체를 기준으로 상하, 좌우 어느 쪽으로 복사할 것인지를 지정한다.

Select object to offset or [Exit/Undo] <Exit>:

→ 다중 옵션을 적용한 상태가 아니라면 원본 객체를 선택하는 단계부터 명령이 반복된다.

종료하려면 Space Bar 또는 Enter 를 누른다.

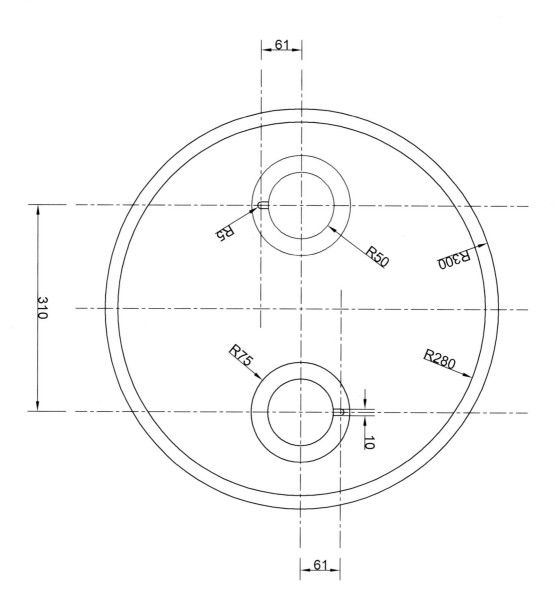

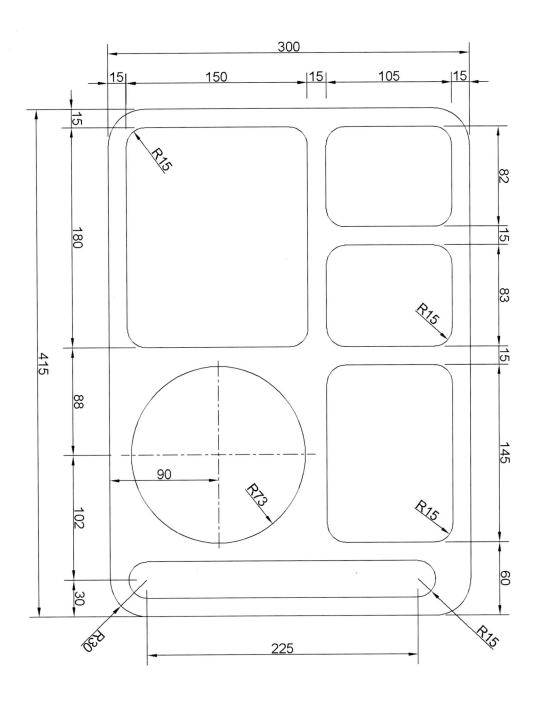

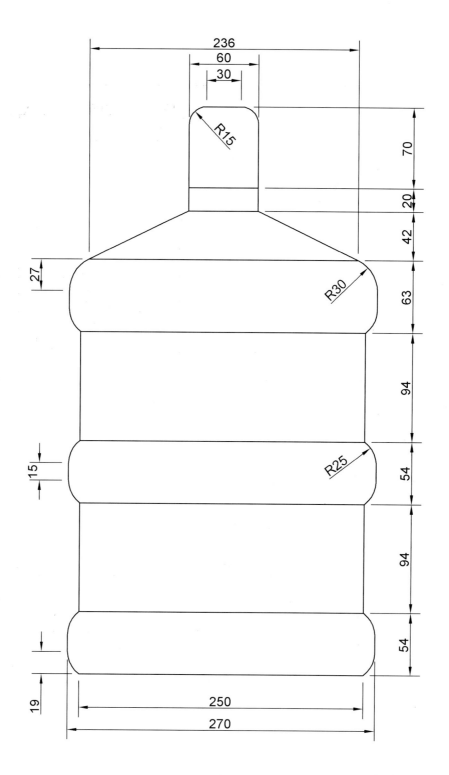

236

60

30

R15

70

20

42

27

R30

63

94

15

R25

54

94

19

250

270

54

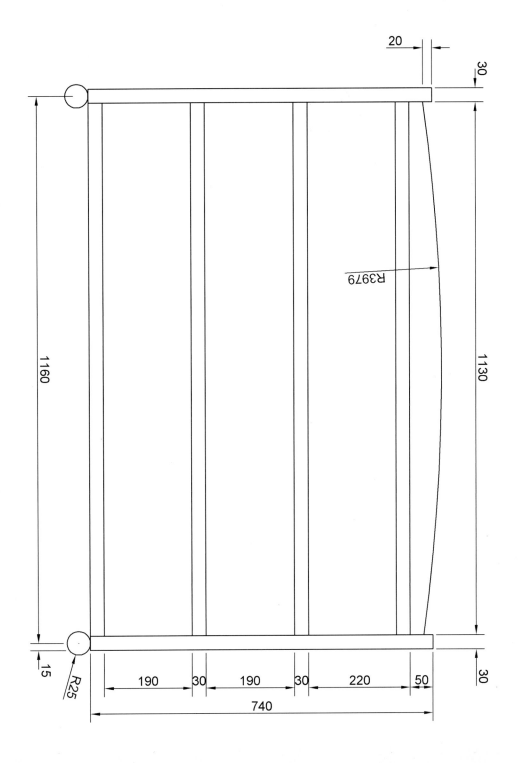

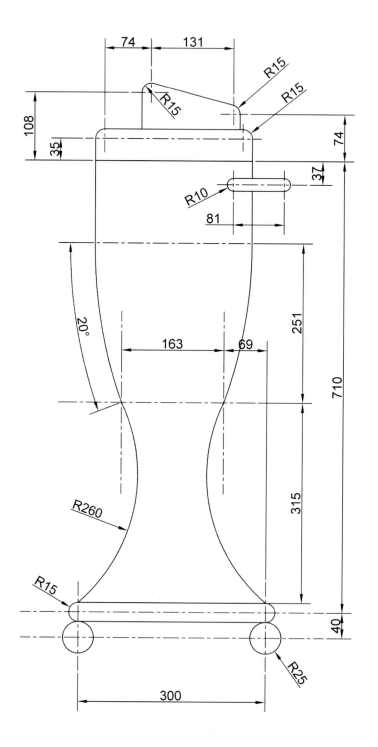

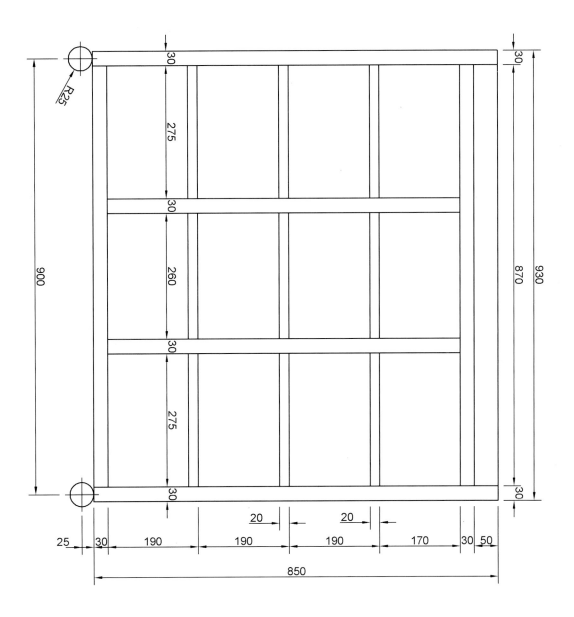

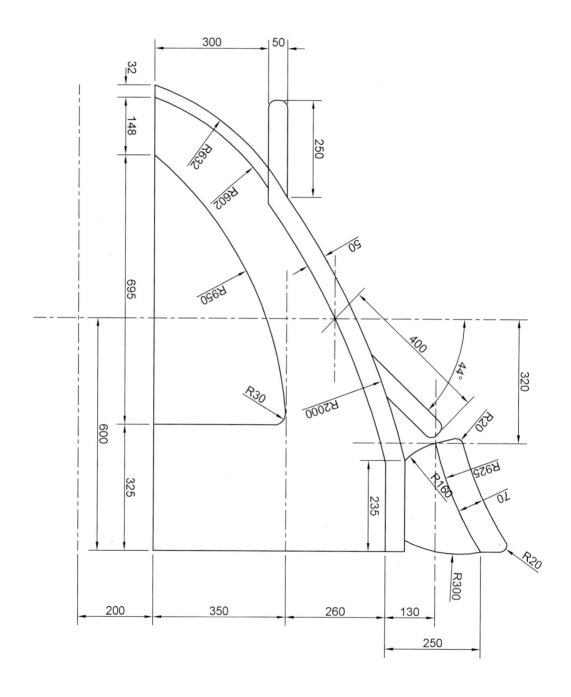

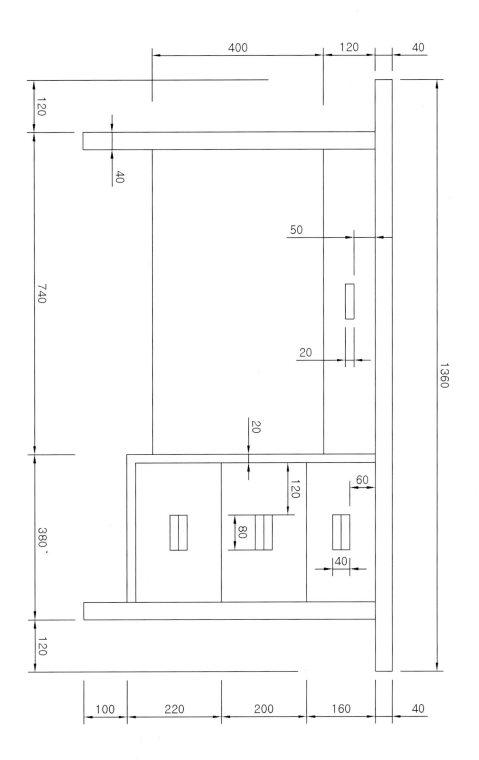

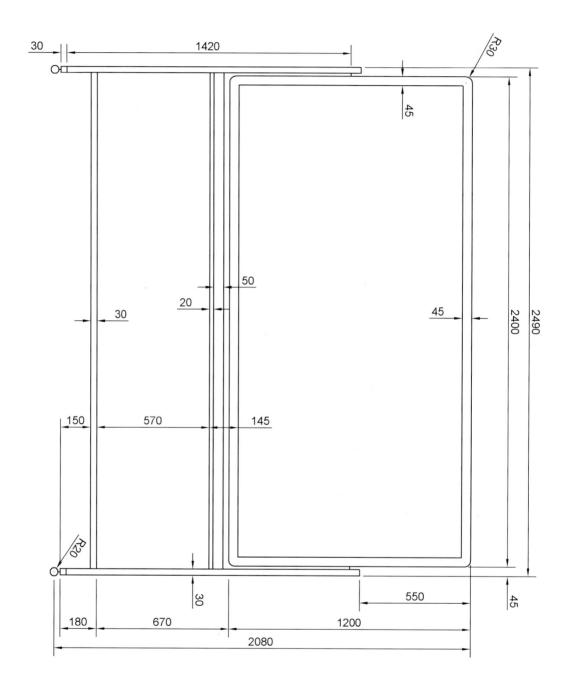

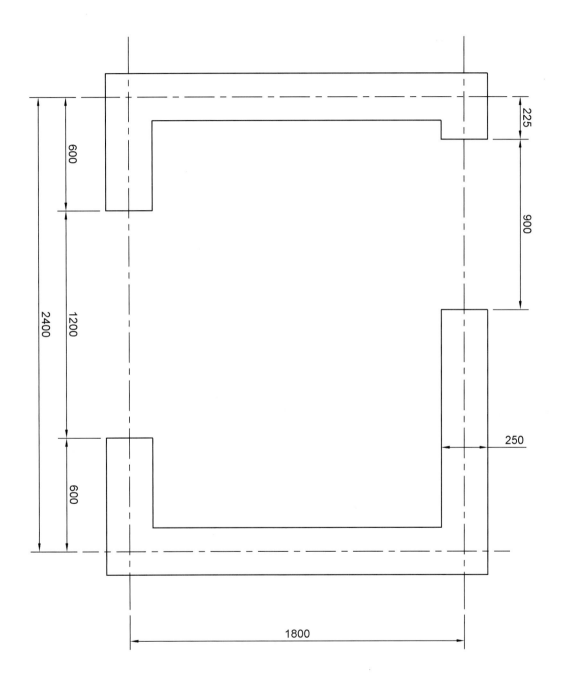

건축 도면의 핵심 대칭 복사하기
Mirror

도면의 구성 요소가 대칭인 경우 한쪽만 그린 후, 대칭 복사를 적용하면 작업 시간을 단축할 수 있다. 건축 도면의 경우 문의 개폐 방향을 표시하기 위해 문들을 복사하고 문 위치에 맞게 방향을 지정할 때 효율적으로 사용할 수 있다.

■ Mirror(⚠) – 대칭 복사

대칭 복사할 객체를 선택한 후, 기준선을 설정한다. 기준선 설정에 따라 복사되는 방향과 위치가 변경되기 때문에 가장 중요한 요소이다. Ortho(F8) 기능을 활용하면 수평수직 방향으로 쉽게 제어할 수 있다.

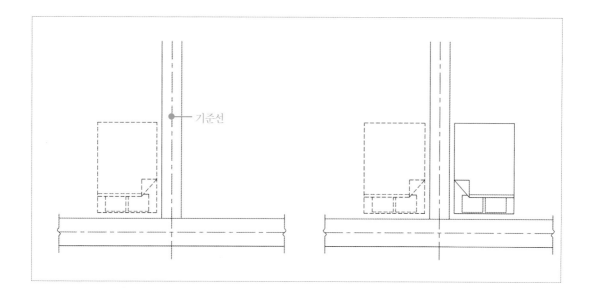

옵션별 기능 살펴보기

- **[Yes]**: 원본 객체를 삭제하고 대칭 복사한다.
- **[No]**: 원본 객체를 삭제하지 않고 대칭 복사한다.

Tip **문자가 포함된 경우의 Mirror 사용은?**

문자가 포함된 객체를 대칭 복사하였을 경우 문자도 대칭되어 뒤집어지는 경우가 있다. 문자를 대칭에서 제외하기 위해서는 시스템 변수를 확인해야 한다. Mirrtext 명령어로 문자의 대칭 여부를 설정할 수 있다.

Command: mirrtext
∠ 문자의 Mirror 여부를 설정하는 명령이다.
Enter new value for MIRRTEXT <0>:
-0: 문자는 Mirror가 되지 않는다.
-1: 문자도 Mirror가 적용된다.

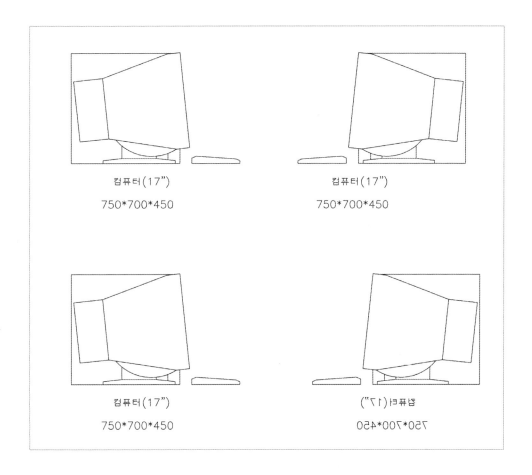

■ Mirror 기능 따라하기

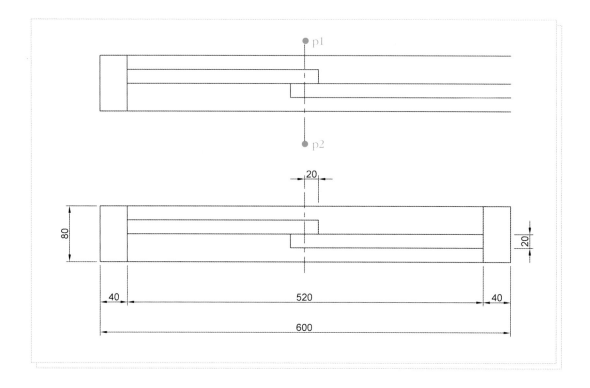

명령 과정 익히기

Command: mirror

Select objects:

→ 대칭 복사할 객체를 선택한다.

Select objects:

→ 대칭 복사할 객체의 선택이 완료되면 Space Bar 를 눌러 선택을 종료한다.

Specify first point of mirror line:

→ 대칭 기준선의 첫 번째 점(p1)을 선택한다.

Specify second point of mirror line:

→ 대칭 기준선의 두 번째 점(p2)을 선택한다.

Erase source objects? [Yes/No] <N>:

→ 원복 객체를 삭제하지 않기 위해 N을 선택하여 명령을 종료한다.

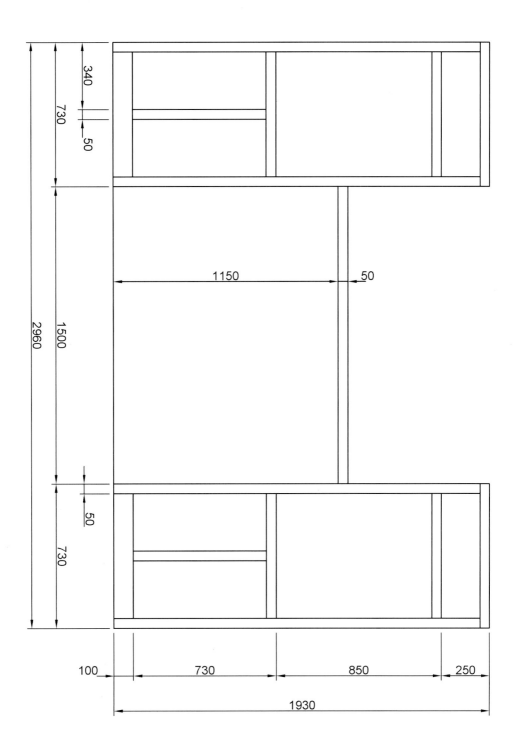

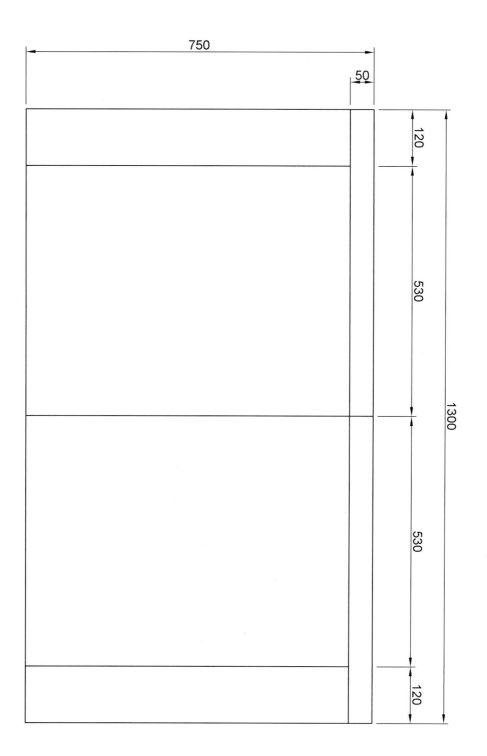

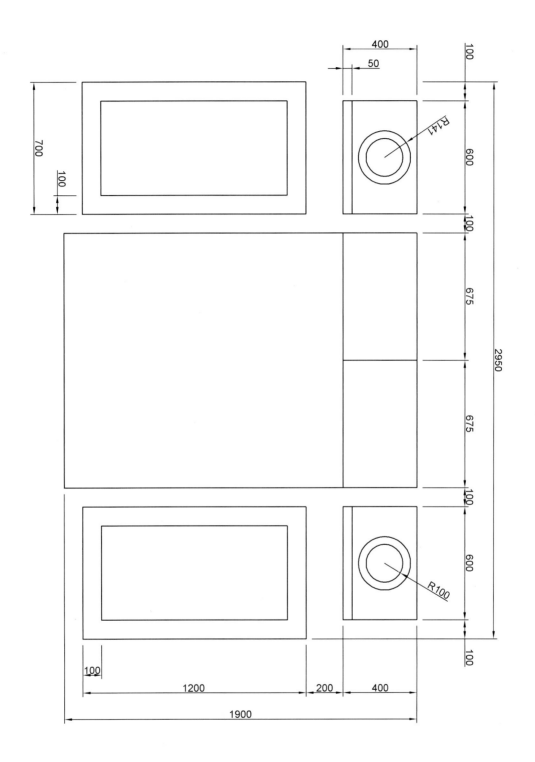

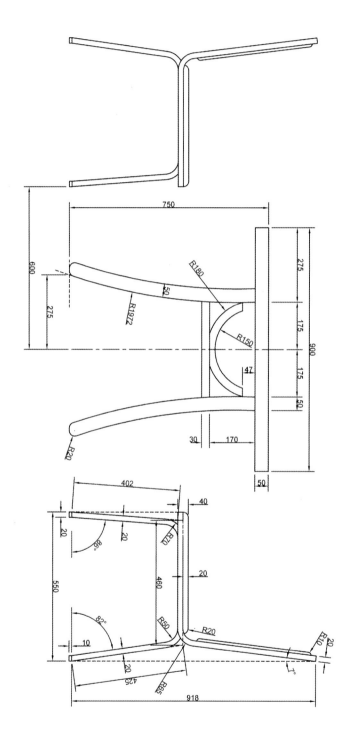

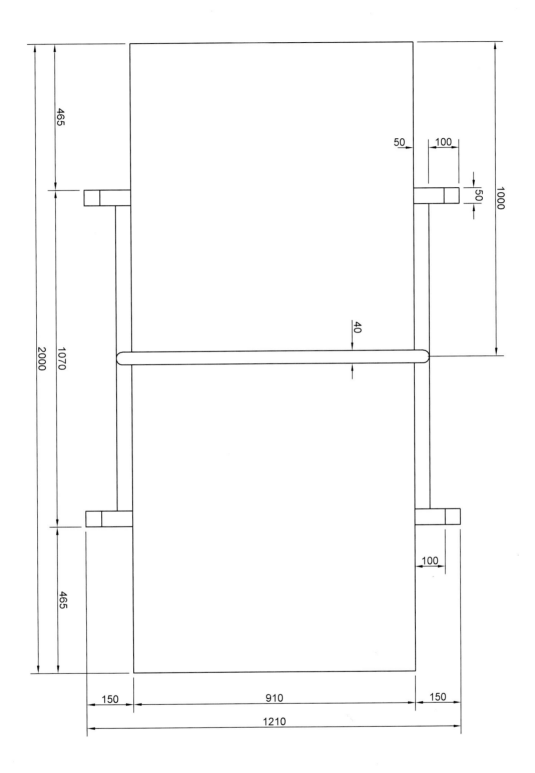

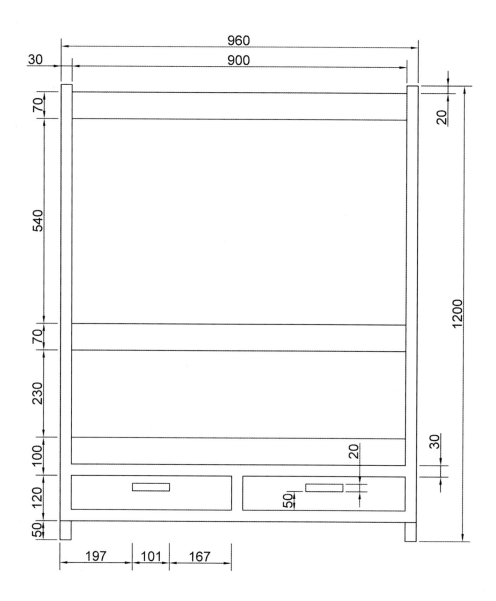

건축 도면 외곽선 연장하기
Extend

|강|의| 11

건축 도면을 작성하다 보면 선을 길게 늘려주거나 짧은 선을 다른 선과 연결해야 할 경우가 종종 발생한다. Extend는 바로 이와 같이 선을 연장할 때 사용하는 명령어이다.

■ Extend(→|) – 선의 연장

Extend는 선택한 지점까지 선을 연장하는 명령어이다. 사용법은 연장할 지점의 기준선이 되는 객체를 선택한 후, 연장할 선을 선택한다. Extend 명령의 Edge 옵션을 사용하면 교차하는 기준선은 물론, 교차하지 않는 기준선에도 적용할 수 있다.

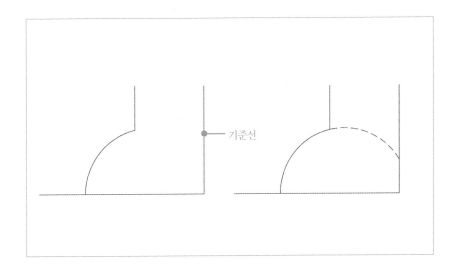

기준선

옵션별 기능 살펴보기

- **[Fence]**: 울타리를 치듯이 선을 그려 연장할 객체를 선택한다.
- **[Crossing]**: 사각형 모양으로 선택 영역을 지정하며 사각형에 걸치는 모든 객체들이 선택된다.
- **[Project]**: 3D상에서 객체 연장 시 사용하는 투영 방식이다.
- **[Edge]**: 기준 객체에 가상의 연장선 사용 여부를 결정한다.
- **[Undo]**: 전단계의 연장 명령을 취소한다.

▸ **N o t e** ◂

■ **'Select objects:'의 다양한 선택 옵션**

캐드 명령어를 적용하기 위해서는 객체를 선택하는 과정이 필요하다. 만약에 객체의 선택 방법이 클릭하여 선택하는 한 가지 방법만 있다면 복잡하거나 규모가 큰 도면일수록 불편하고 많은 시간이 소요될 것이다. 그러나 AutoCAD에서는 객체의 선택에 있어서 다양한 옵션을 제공한다. 신속한 도면 작업을 위해 꼭 필요한 기능들이며 적재적소에 사용할 수 있도록 충분한 연습이 필요하다.

- **Window**: 드래그하여 사각형의 모양으로 영역을 지정한다. 사각형 영역 안쪽에 모두 포함된 객체만 선택된다.
- **Last**: 맨 마지막에 그려진 객체를 선택한다.
- **Crossing**: 드래그하여 사각형의 모양으로 영역을 지정한다. 사각형 영역 안쪽에 포함된 객체뿐만 아니라 걸치기만 해도 선택된다.
- **BOX**: 박스를 지정하여 선택한다.
- **ALL**: 모든 객체를 선택한다.
- **Fence**: 선에 걸치는 객체들을 선택한다.
- **WPolygon**: 다각형 모양으로 선택 영역을 지정한다. 다각형 영역 안쪽에 모두 포함된 객체만 선택된다.
- **CPolygon**: 다각형 모양으로 선택 영역을 지정한다. 다각형 영역에 걸치기만 해도 선택된다.
- **Group**: 그룹 단위로 선택한다.
- **Add**: 객체를 추가로 선택한다. Remove 옵션으로 선택을 해제한 후, 다시 선택을 추가할 때 사용된다.
- **Remove**: 선택된 객체를 해제한다.
- **Multiple**: 여러 개의 객체를 동시에 선택한다.
- **Previous**: 바로 전에 선택되었던 객체를 다시 선택한다.
- **Undo**: 바로 전에 선택되었던 객체를 취소한다.
- **AUto**: 자동 기능으로 Window, Crossing 등 다양한 기능으로 선택한다.
- **SIngle**: 하나의 객체만 선택한다.
- **SUbobject**: 3D 객체에서 면, 모서리 및 정점을 선택한다.
- **Object**: 폴리선(Polyline), 폴리곤(Polygon) 등을 포함한 객체들을 선택한다.

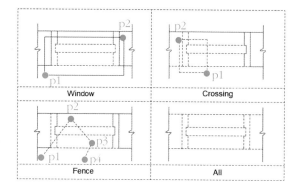

■ Extend 기능 따라하기

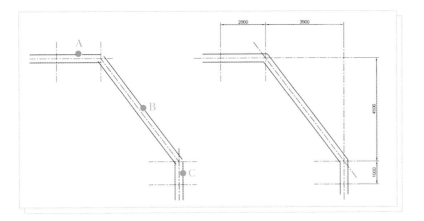

명령 과정 익히기

Command: extend
Current settings: Projection=UCS, Edge=None
Select boundary edges ...
Select objects or <select all>:
→ 연상할 기준 객체(A/B/C)를 선택한다.

Select objects:
→ 기준 객체 선택 완료 시 `Space Bar` 를 눌러 다음 단계로 넘어간다.

Select object to extend or shift-select to trim or [Fence/Crossing/Project
/Edge/Undo]: e
→ Edge 옵션을 선택한다.

Enter an implied edge extension mode [Extend/No extend] <No extend>: e
→ Extend 옵션을 선택한다.

Select object to extend or shift-select to trim or [Fence/Crossing/Project
/Edge/Undo]:
→ A 객체를 선택한다.

Select object to extend or shift-select to trim or [Fence/Crossing/Project
/Edge/Undo]:
→ B 객체를 선택한다.

Select object to extend or shift-select to trim or [Fence/Crossing/Project
/Edge/Undo]:
→ C 객체를 선택한다.

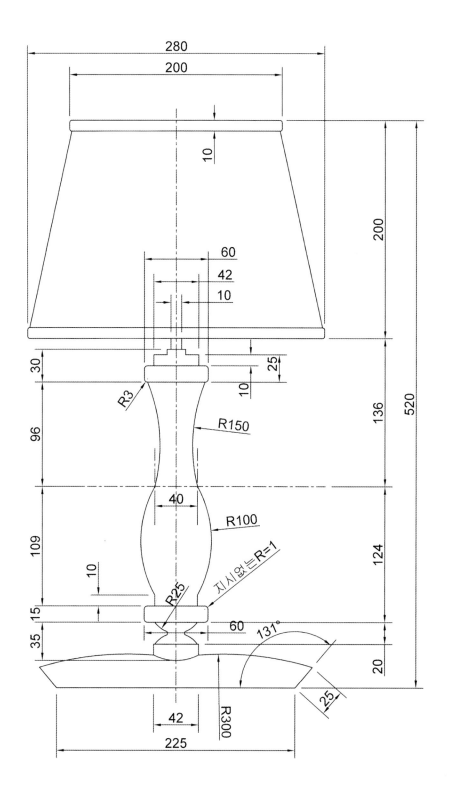

280
200
10
200
60
42
10
30
25
10
R3
136
520
96
R150
40
R100
109
지시없는R=1
124
10
R25
15
60
131°
35
20
42
R300
25
225

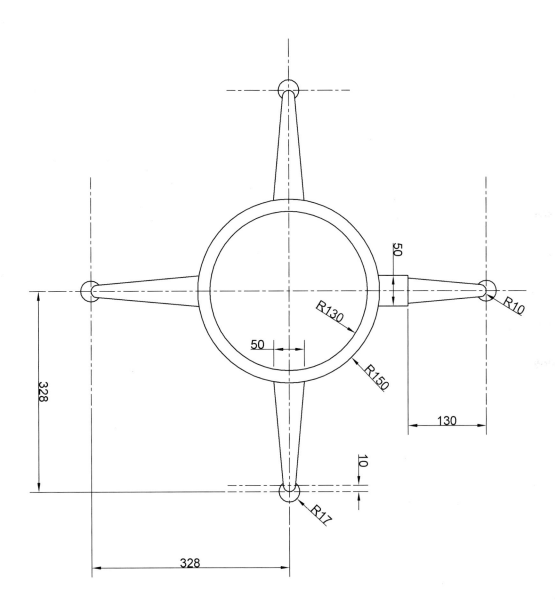

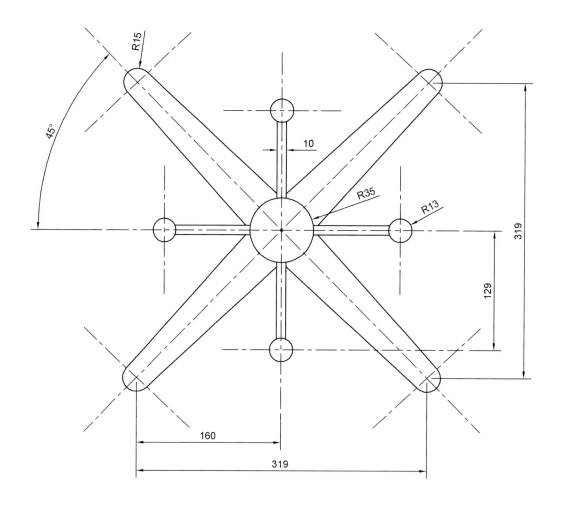

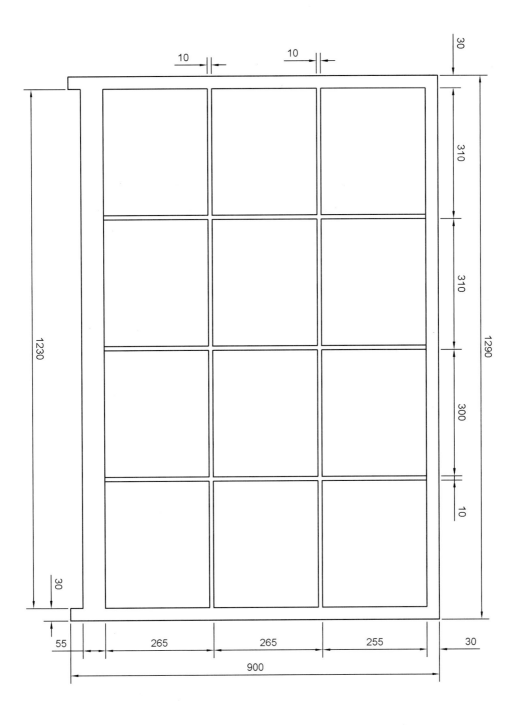

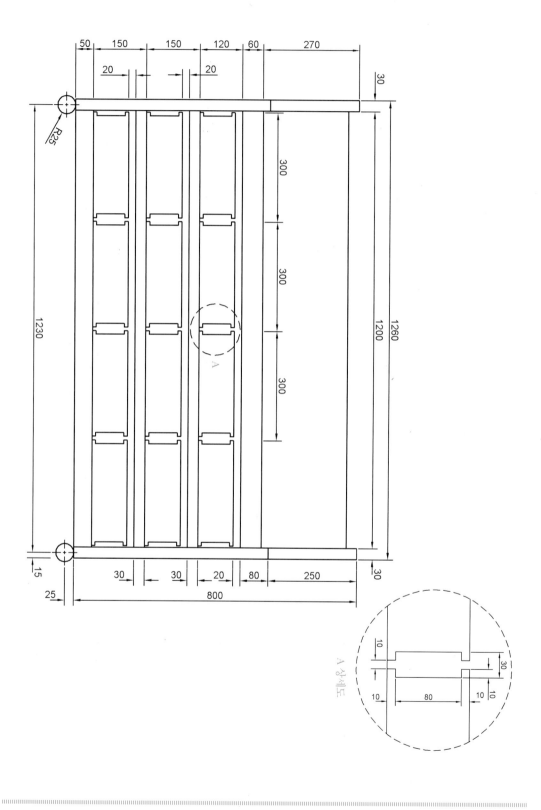

A 상세도

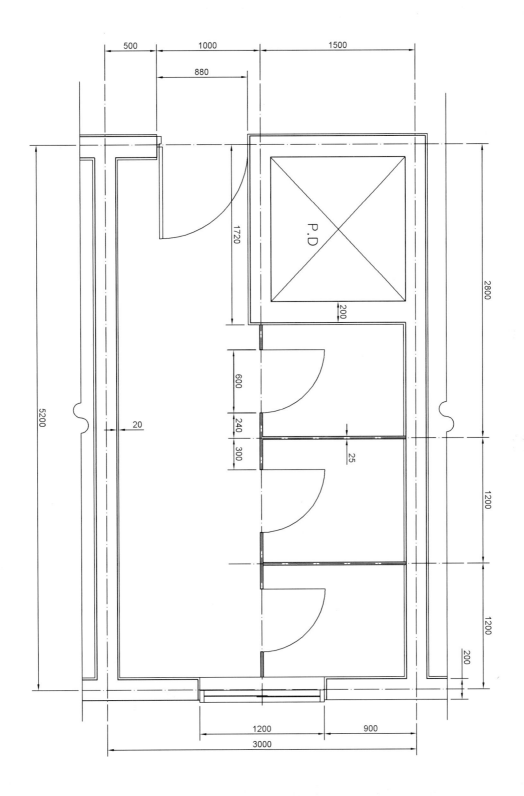

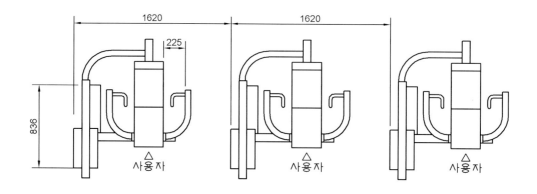

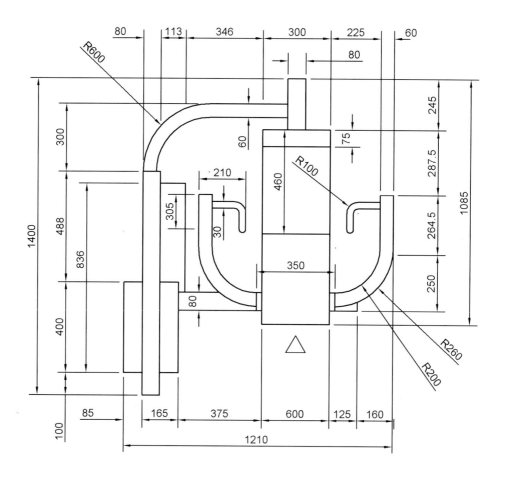

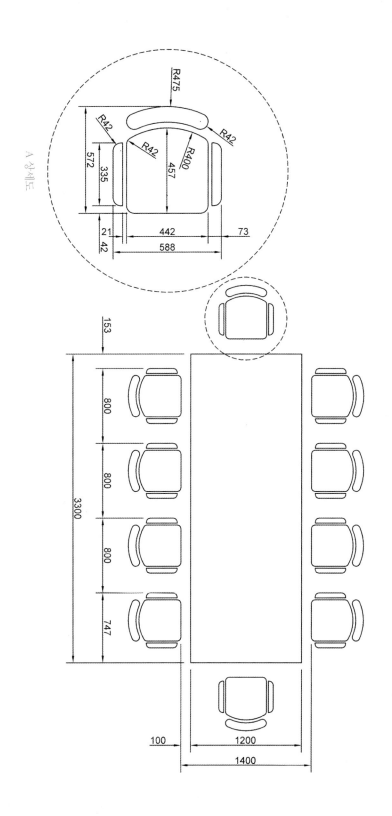

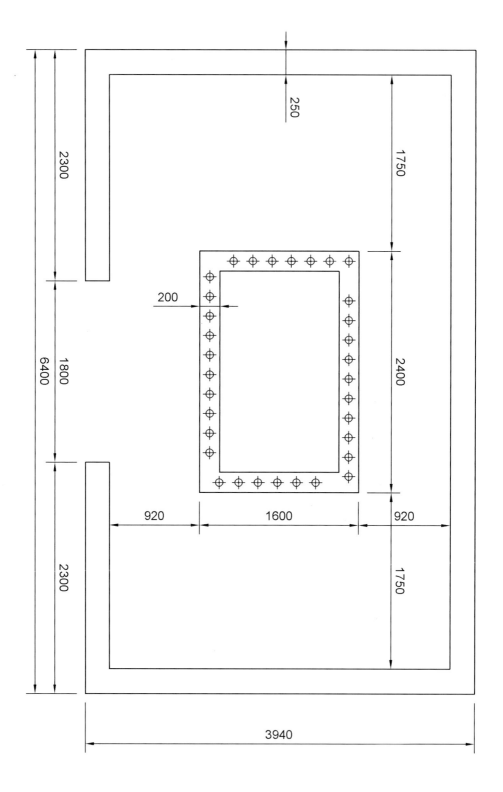

250

2300

1750

200

2400

1800

6400

920

1600

920

1750

2300

3940

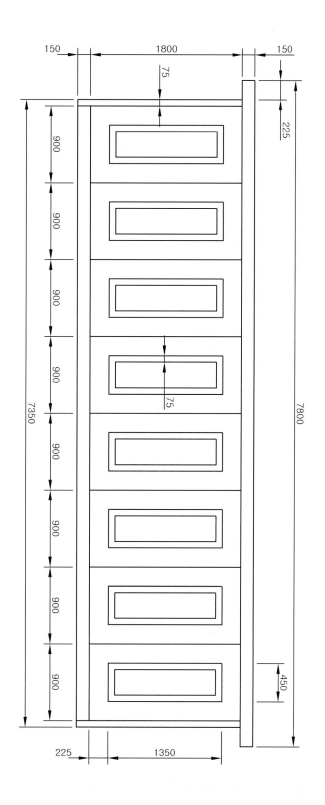

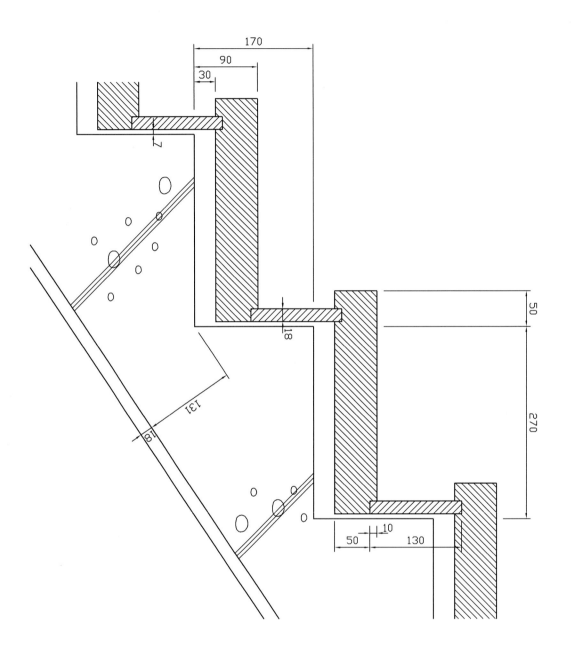

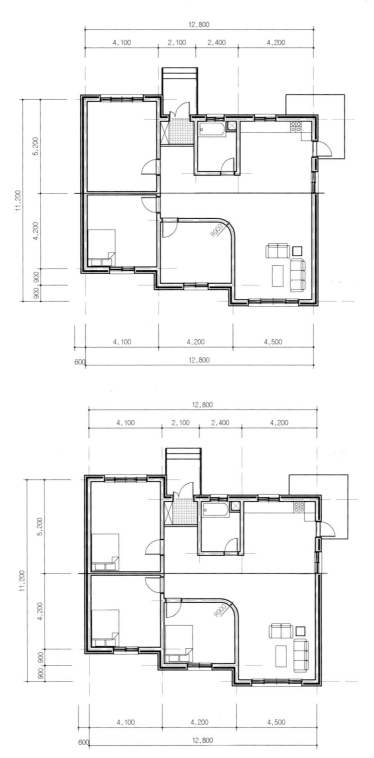

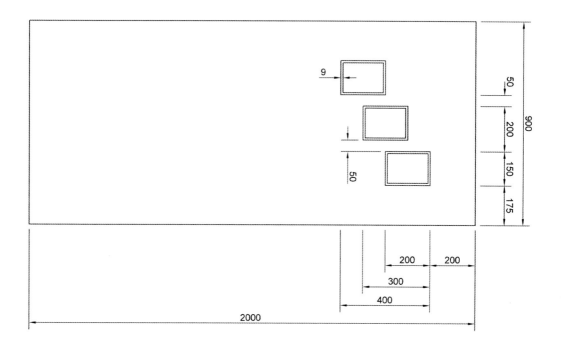

예제 파일 | 01-13.dwg

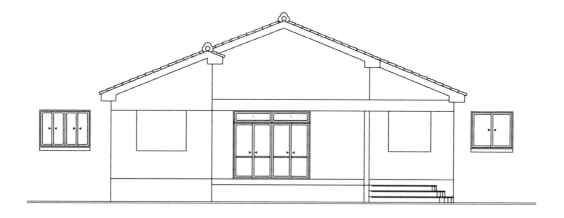

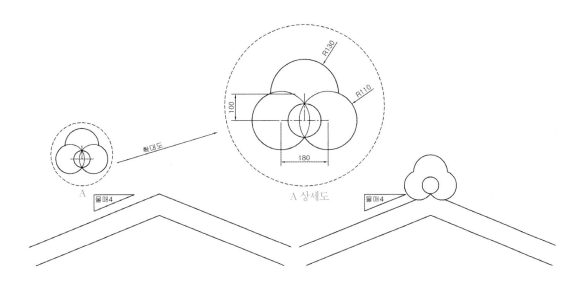

Tip 물매란 '지붕의 경사 기울기'를 말하는 것으로, 가로변의 길이는 10으로 고정된 상태에서 세로변의 높이 값을 말한다. 이때 두 선의 끝점을 통과하는 기울기를 '물매'라 한다. 예를 들어 물매 4란, 가로변의 길이 10일 때 세로변의 길이는 4라는 의미이며, 두 선분의 끝점을 연결한 사선을 통칭하여 '물매 4'라고 한다.

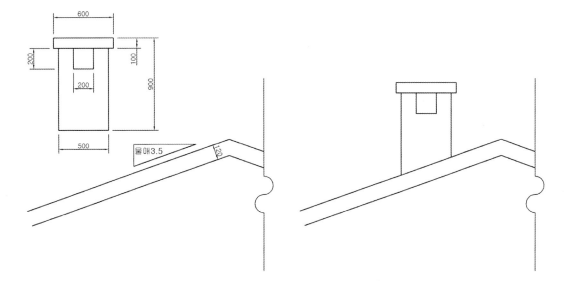

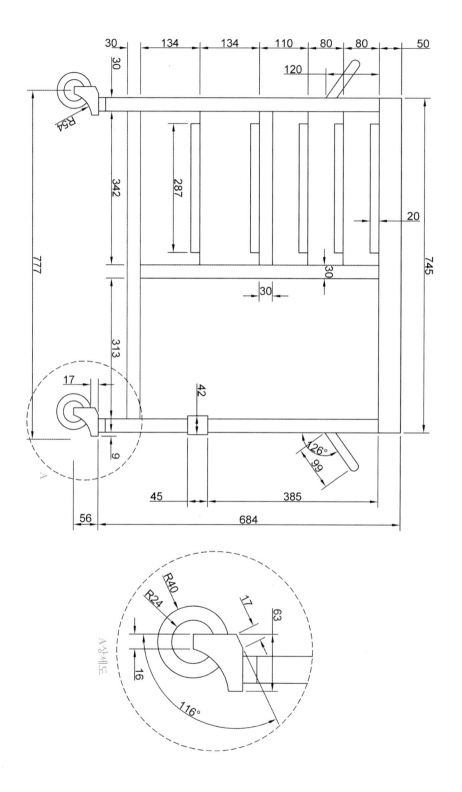

A상세도

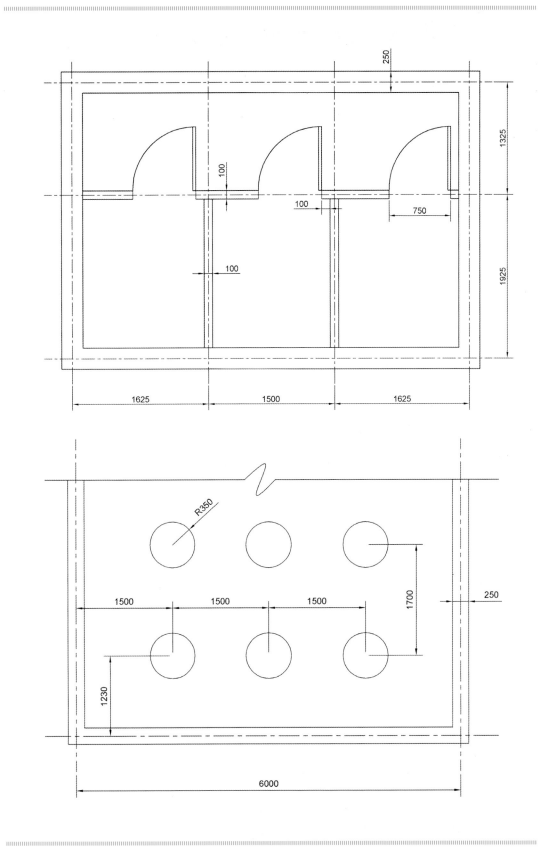

개폐 방향에 맞춰 창호 회전하기
Rotate

건축 도면을 작성 시 창호 및 문을 회전하여 설치해야 하는 경우가 자주 발생한다. 회전하는
명령어인 Rotate의 활용으로 작업 시간을 단축해보자.

■ Rotate(↻) – 회전

Rotate는 객체를 회전하는 명령어
이다. 회전할 객체를 선택한 후, 기
준점을 선택하고 회전할 각도 값
을 입력한다. 회전 기준점(Base
Point) 또한 좌표 값을 입력하거나
객체 스냅(Osnap)을 이용하여 정
확하게 지정한다. 이때 각도의 +값
은 시계 반대 방향으로 회전한다.

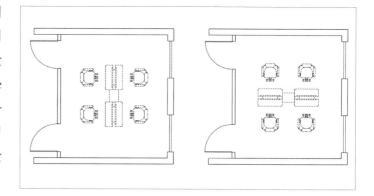

옵션별 기능 살펴보기

- **[Rotation angle]**: 회전 각도 값을 입력한다.
- **[Copy]**: 복사 객체 생성 여부를 결정한다.
- **[Reference]**: 절대 각도를 사용하지 않고 참조 각도를 정의한 후에 적용한다.

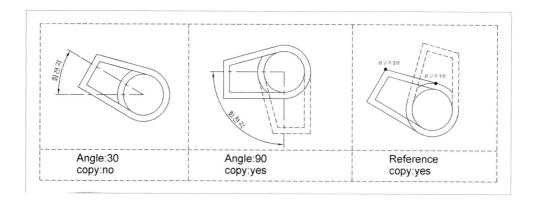

Angle:30
copy:no

Angle:90
copy:yes

Reference
copy:yes

■ Rotate 기능 따라하기

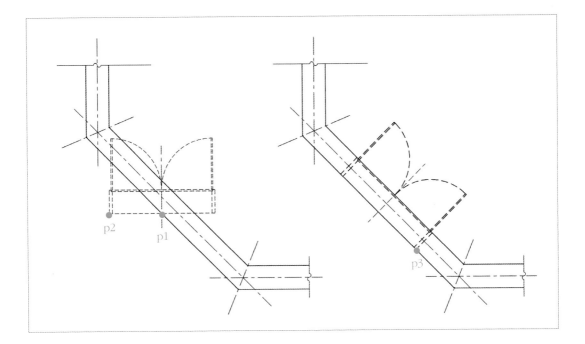

명령 과정 익히기

Command: rotate

Current positive angle in UCS: ANGDIR=counterclockwise ANGBASE=0

Select objects:

→ 회전할 객체를 선택한다.

Select objects:

→ 회전할 객체의 선택이 완료되면 Space Bar 를 눌러 다음 과정을 진행한다.

Specify base point: int of

→ 회전 중심점(p1)을 선택한다.

Specify rotation angle or [Copy/Reference] <270>: r

→ Reference(참조각) 옵션을 선택한다.

Specify the reference angle <0>: int of

→ 참조각의 시작점(p1)을 선택한다.

Specify second point: end of

→ 참조각의 끝점(p2)을 선택한다.

Specify the new angle or [Points] <0>: nea to

→ 참조각의 세 번째 점(p3)을 선택한다.

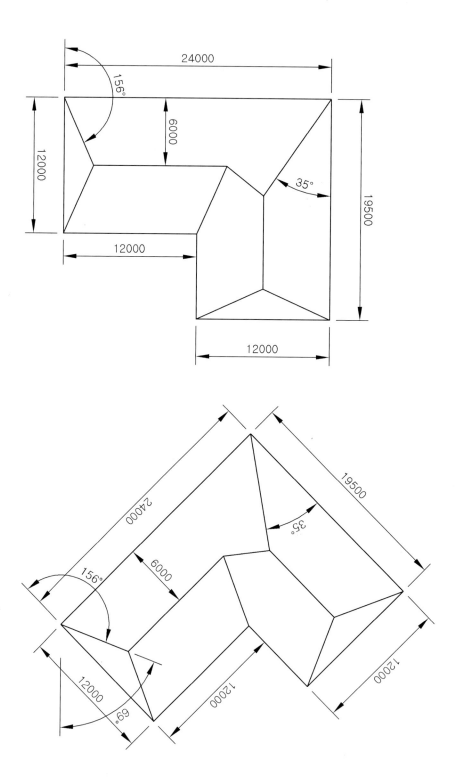

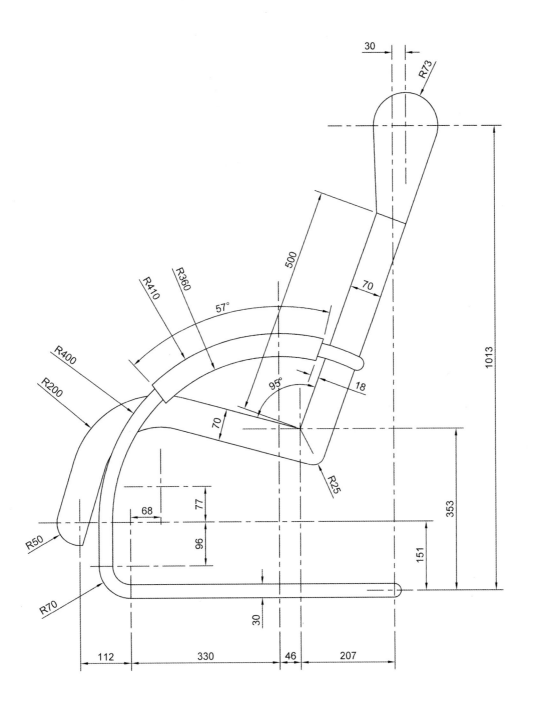

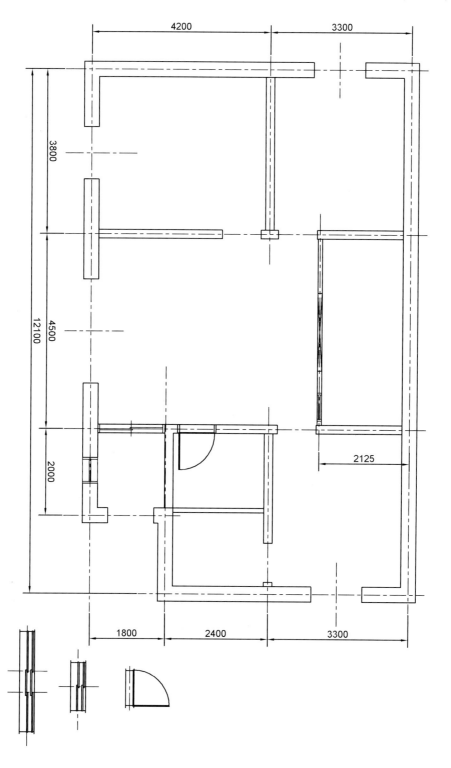

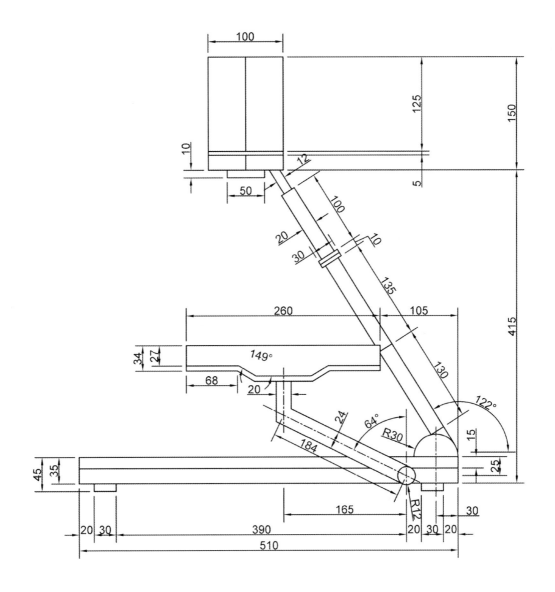

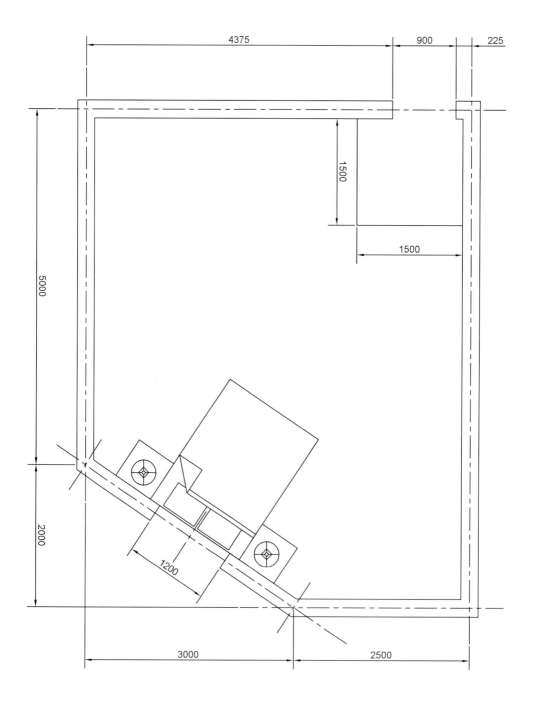

4375

900

225

1500

1500

5000

2000

1200

3000

2500

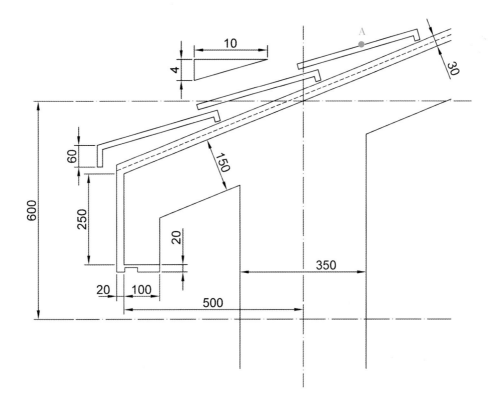

A 상세도

건축 도면 요소들의 크기 조절하기
Scale/Stretch

도면이 그려져 있는 상황에서 전체 또는 일부분의 크기를 변경해야 하는 경우라면 처음부터 다시 그릴 필요 없이 도면의 크기를 조절하여 원하는 치수로 변경하는 것이 효율적인 작업이다. 바로 크기를 조절할 때 많이 사용하는 명령어로 Scale과 Stretch가 있다.

Stretch는 한쪽 방향으로 도면의 일정 부분을 늘려주거나 줄여주는 명령어이다. 많이 사용되는 기능이니 잘 익혀두도록 한다.

■ Scale( )/Stretch( ) – 크기/신축

Scale은 객체를 확대하거나 축소하는 명령어이다. 건축 도면에서 일반적인 형태(문, 창, 가구, 집기, 조명 등)의 도면들은 시간 절약을 위해 라이브러리 파일을 많이 사용하는데 이때 삽입되는 라이브러리를 도면 크기에 맞게 변경하기 위해 Scale 명령을 사용한다. 또는 도면의 상세도 작업 시에도 일정 부분을 복사하여 확대할 때도 많이 사용된다. Stretch는 도면을 한 방향으로 늘리거나 줄이는 명령어이다. 즉 방에 크기를 늘리거나 줄일 때 유용하게 사용할 수 있다. 선택된 선과 그렇지 않은 선을 기준으로 변동되기 때문에 객체 선택 시 유의해야 한다.

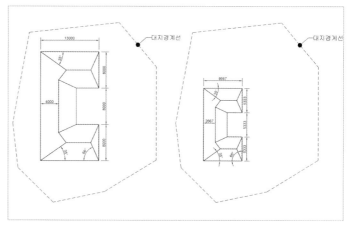

▲ Scale

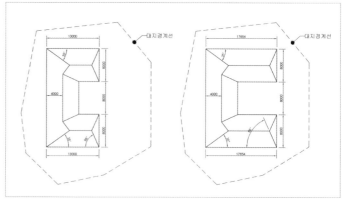

▲ Stretch

옵션별 기능 살펴보기

Scale 명령 옵션

- **[Copy]**: 크기가 변경된 객체를 복사한다.
- **[Reference]**: 현 대상물의 크기를 설정한 후, 새로운 크기를 지정한다.

Stretch 명령 옵션

- **[crossing-window]**: 객체 선택 시 실선 박스로 선택한 영역 안의 객체는 이동(Move)이 적용된다.
- **[crossing-polygon]**: 객체 선택 시 점선 박스로 선택한 영역 안의 객체는 늘어나거나 축소가 적용된다.

예제 파일 | 01-18.dwg

■ Scale 기능 따라하기

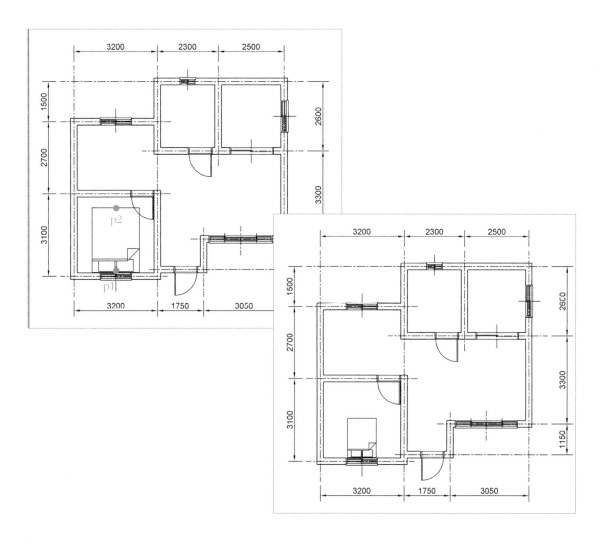

Command: scale

Select objects:

→ 크기를 변경할 객체(침대)를 선택한다.

Select objects:

→ 객체를 선택한 후, Space Bar 를 눌러 다음 메뉴를 진행한다.

Specify base point: end of

→ 기준점(p1)을 선택한다.

Specify scale factor or [Copy/Reference]: r

→ 참조 옵션인 Reference를 선택한다. 만약에 Reference 옵션을 사용하지 않고 크기를 반으로 줄일 경우 0.5((1/2) 수치를

입력하면 바로 적용된다.

Specify reference length <1.0000>: end of

→ 참조 길이의 시작점(p1)을 선택한다.

Specify second point: end of

→ 참조 길이의 끝점(p2)을 선택한다.

Specify new length or [Points] <1.0000>:

→ 확대 또는 축소되었을 때 길이를 입력한다.

Tip Reference 옵션 사용 시 객체의 길이가 되는 양 끝점을 선택하는 방법 외에도 직접 수치를 입력하여 적용할 수 있다. 예로 길이가 100인 객체를 70으로 줄이려면 다음과 같이 입력하여 적용한다. 즉 객체가 70%로 축소된 것이다.

Specify scale factor or [Copy/Reference]: r

Specify reference length <1.0000>: 100

Specify new length or [Points] <1.0000>: 70

■ Stretch 기능 따라하기

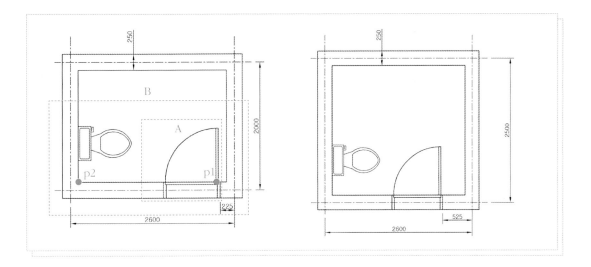

명령 과정 익히기

Command: stretch

Select objects to stretch by crossing-window or crossing-polygon...

Select objects:

→Crossing-Polygon 방식으로 이동할 문(A)을 선택한다.

Select objects:

→선택을 완료한 후, [Space Bar] 를 눌러 다음 메뉴를 진행한다.

Specify base point or [Displacement] <Displacement>:

→Stretch(신축)가 적용될 기준점(p1)을 선택한다.

Specify second point or <use first point as displacement>: 300

→Stretch(신축)가 적용될 방향(왼쪽)을 마우스로 지시한 후, 거리 값 300을 입력한다.

Command: stretch

Select objects to stretch by crossing-window or crossing-polygon...

Select objects:

→Crossing-Polygon 방식으로 늘리기 할 벽체(B)를 선택한다.

Select objects:

→선택을 완료한 후, [Space Bar] 를 눌러 다음 메뉴를 진행한다.

Specify base point or [Displacement] <Displacement>:

→Stretch(신축)가 적용될 기준점(p2)을 선택한다.

Specify second point or <use first point as displacement>: 500

→Stretch(신축)가 적용될 방향(아래쪽)을 마우스로 지시한 후, 거리 값 500을 입력한다.

예제 파일 | 01-20.dwg

창문의 상세도를 3배 확대하여 완성한다. 주어진 도면 소스를 이용하여 방안에 배치 및 크기를 제어한다.

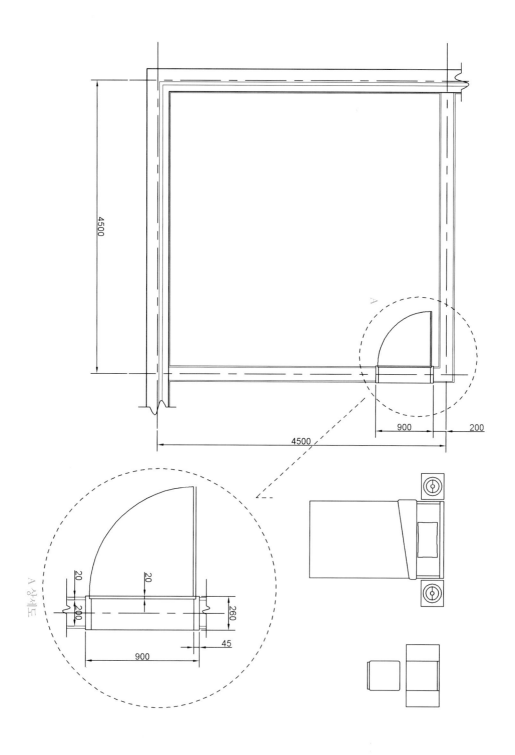

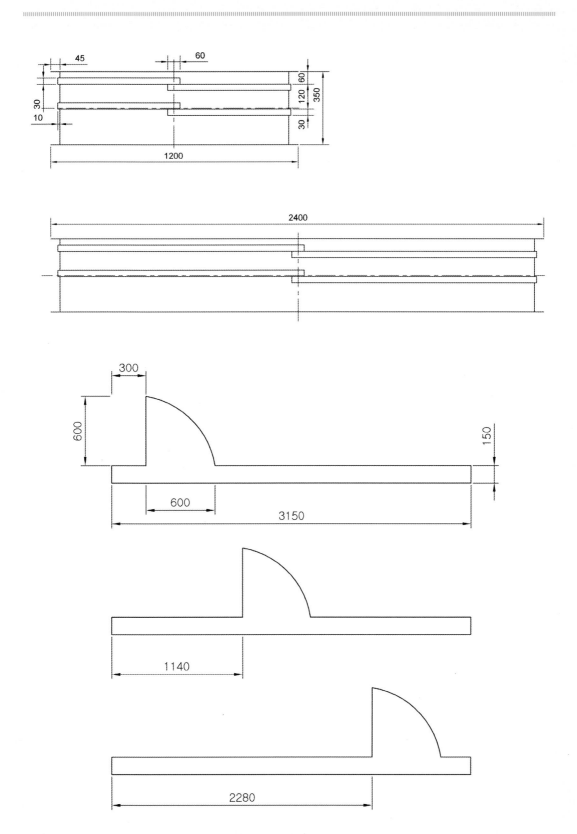

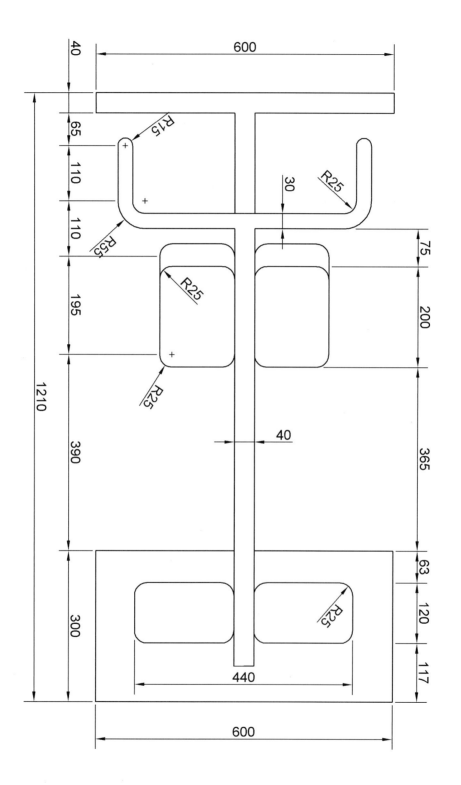

|강|의|

16

인테리어 가구 도면의 모서리 처리하기
Fillet/Chamfer

Fillet이나 Chamfer는 건축물의 아카이드나 계단 연결 부위라든지 대부분의 인테리어 가구들이나 소품, 가전 등 모서리 부분의 모양을 정리할 때 많이 사용되는 기능들이다. 또한 Fillet의 반지름 값을 '0'으로 입력하여 사용하면 교차되는 선들을 Trim 명령으로 정리한 것처럼 응용하여 사용할 수 있다.

■ Fillet(⌒) – 모깎기

Fillet은 모서리 부분을 둥글게 깎아주는 기능이며 이를 모깎기라고 말한다. 두 개의 선과 호 또는 원의 모서리를 사용하여 사용자가 설정한 반지름(Radius) 값으로 둥글게 결합시키거나 모깎기 한다.

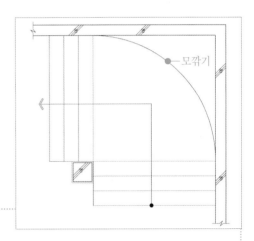

모깎기

옵션별 기능 살펴보기

- **[Undo]**: 전 단계의 모깎기 기능을 취소한다.
- **[Polyline]**: 폴리선(여러 선분이 단일 객체로 결합된 형태)의 모서리를 모깎기 할 때 선택한다.
- **[Radius]**: 모서리에 작성할 호의 반지름 값을 설정한다.
- **[Trim]**: 모깎기가 적용될 객체의 수정 유무를 결정한다.
- **[Multiple]**: 동일한 반지름 값을 다중 선택하여 적용한다.

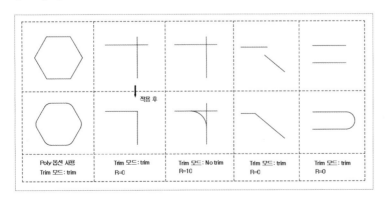

| Poly 옵션 사용
Trim 모드: trim | Trim 모드: trim
R=0 | Trim 모드: No trim
R=10 | Trim 모드: trim
R=0 | Trim 모드: trim
R=0 |

■ Chamfer(╱) – 모따기

Chamfer는 모서리 또는 구석을 비스듬하게 깎아주는 기능이며 모따기라고 말한다. Fillet과 마찬가지로 선, 폴리선, 호, 원 모두 사용할 수 있다.

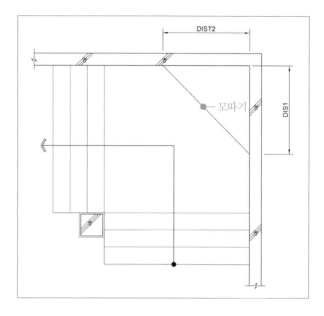

옵션별 기능 살펴보기

- **[Undo]**: 전 단계 모따기 기능을 취소한다.
- **[Polyline]**: 폴리선(여러 선분이 단일 객체로 결합된 형태)의 모서리를 모따기 할 때 선택한다.
- **[Distance]**: 모따기에 사용할 거리 값을 설정한다.
- **[Angle]**: 모따기에 사용할 거리와 각도를 설정한다.
- **[Trim]**: 모따기가 적용되는 객체의 수정 유무를 결정한다.
- **[mEthod]**: 거리와 각도의 방법 중 현재 적용할 방법을 선택한다.
- **[Multiple]**: 동일한 모따기 값을 여러 번 적용해야 할 경우 선택한다.

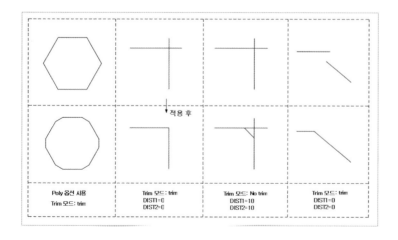

■ Fillet 기능 따라하기

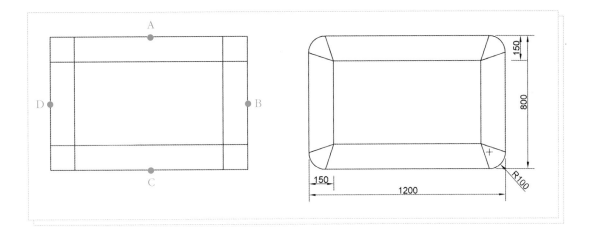

명령 과정 익히기

Command: fillet

Current settings: Mode = TRIM, Radius = 0.0000

Select first object or [Undo/Polyline/Radius/Trim/Multiple]: r

→ Radius 옵션을 선택한다.

Specify fillet radius <0.0000>: 100

→ 적용할 모깎기 값(R=100)을 설정한다.

Select first object or [Undo/Polyline/Radius/Trim/Multiple]:

→ 모깎기 할 첫 번째 객체(A)를 선택한다.

Select second object or shift-select to apply corner:

→ 모깎기 할 두 번째 객체(B)를 선택한다.

Command: fillet

Current settings: Mode = TRIM, Radius = 100.0000

Select first object or [Undo/Polyline/Radius/Trim/Multiple]: m

→ Multiple 옵션을 선택한다.

Select first object or [Undo/Polyline/Radius/Trim/Multiple]:

→ 모깎기 할 첫 번째 객체(B)를 선택한다.

Select second object or shift-select to apply corner:

→ 모깎기 할 두 번째 객체(C)를 선택한다.

Select first object or [Undo/Polyline/Radius/Trim/Multiple]:

→ 모깎기 할 첫 번째 객체(C)를 선택한다.

Select second object or shift-select to apply corner:

→ 모깎기 할 두 번째 객체(D)를 선택한다.

Select first object or [Undo/Polyline/Radius/Trim/Multiple]:

→ 모깎기 할 첫 번째 객체(D)를 선택한다.

Select second object or shift-select to apply corner:

→ 모깎기 할 두 번째 객체(A)를 선택한다.

Select first object or [Undo/Polyline/Radius/Trim/Multiple]:

→ Space Bar 를 눌러 명령을 종료한다.

예제 파일 | 01-22.dwg

■ Chamfer 기능 따라하기

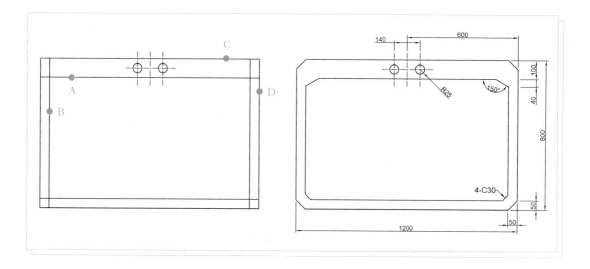

명령 과정 익히기

Command: chamfer

(TRIM mode) Current chamfer Dist1 = 0.0000, Dist2 = 0.0000

Select first line or [Undo/Polyline/Distance/Angle/Trim/mEthod/Multiple]: a

→ Angel(각도) 옵션을 선택한다.

Specify chamfer length on the first line <0.0000>: 60

→ 모따기의 적용할 첫 번째 거리 값을 설정한다.

Specify chamfer angle from the first line <0>: 40

→ 모따기의 적용할 첫 번째 각도 값을 설정한다.

Select first line or [Undo/Polyline/Distance/Angle/Trim/mEthod/Multiple]:

→ 모따기가 적용될 첫 번째 객체(A)를 선택한다.

Select second line or shift-select to apply corner:

→ 모따기가 적용될 두 번째 객체(B)를 선택한다.

Command: chamfer

(TRIM mode) Current chamfer Length = 60.0000, Angle = 40

Select first liDistancene or [Undo/Polyline/Distance/Angle/Trim/mEthod/Multiple]: d

→ Distance(거리) 옵션을 선택한다.

Specify first chamfer distance <0.0000>: 50

→ 모따기의 적용할 첫 번째 거리 값을 설정한다.

Specify second chamfer distance <50.0000>: 50

→ 모따기의 적용할 두 번째 거리 값을 설정한다.

Select first line or [Undo/Polyline/Distance/Angle/Trim/mEthod/Multiple]:

→ 모따기가 적용될 첫 번째 객체(C)를 선택한다.

Select second line or shift-select to apply corner:

→ 모따기가 적용될 두 번째 객체(D)를 선택한다.

나머지 부분도 동일한 방법으로 완성한다.

※ 표기 없는 치수는 임의로 작성

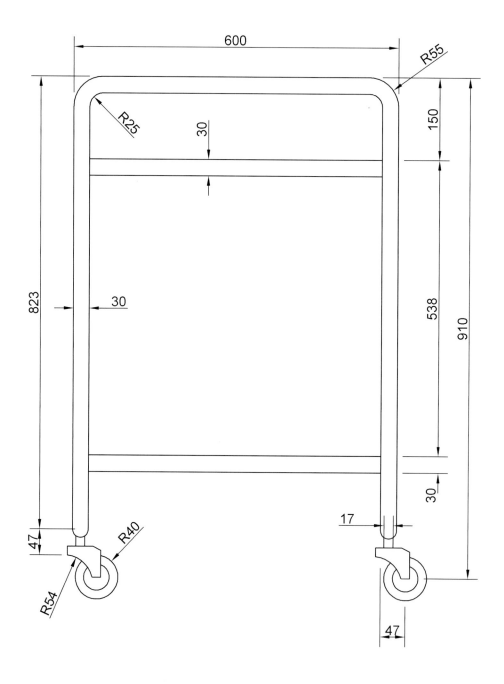

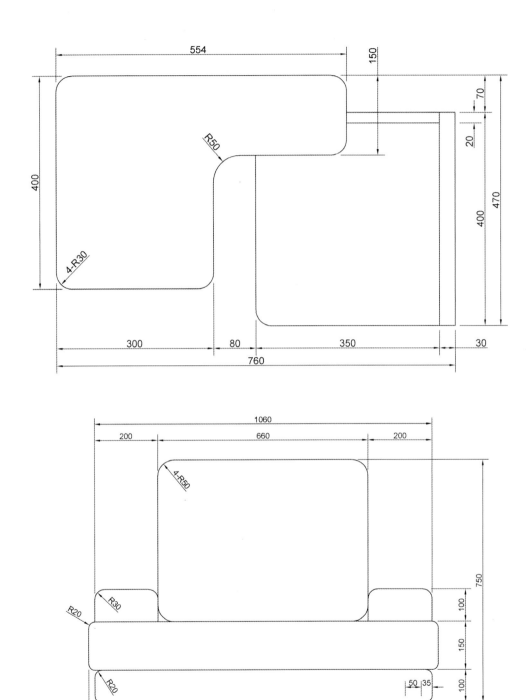

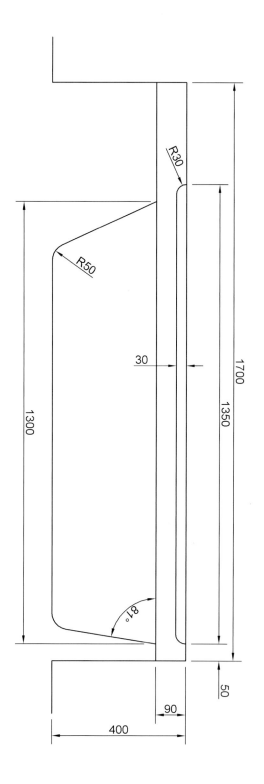

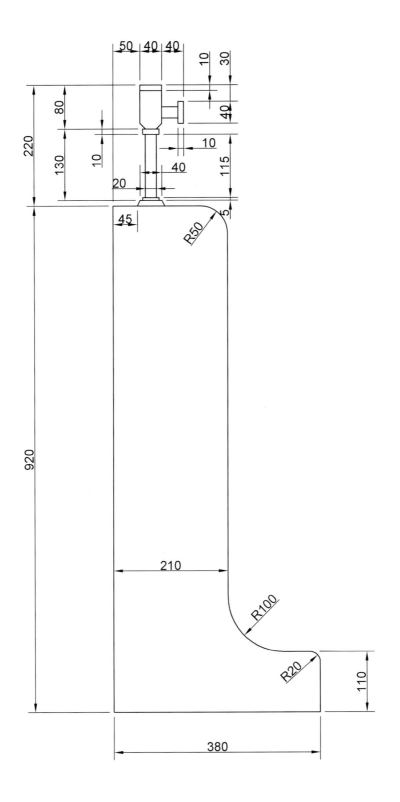

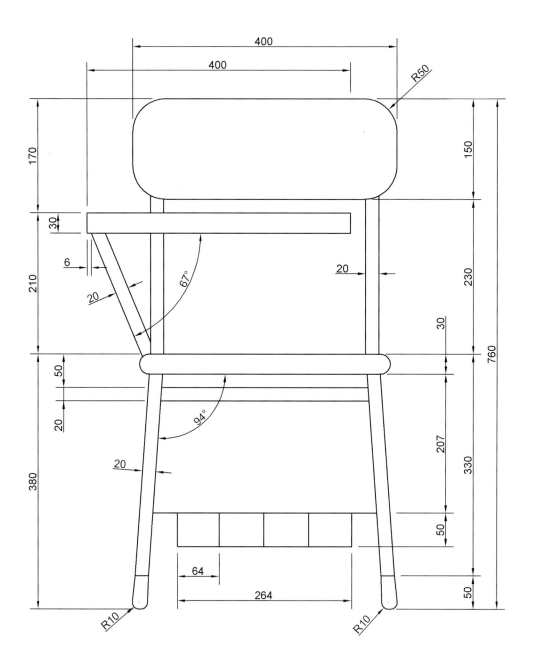

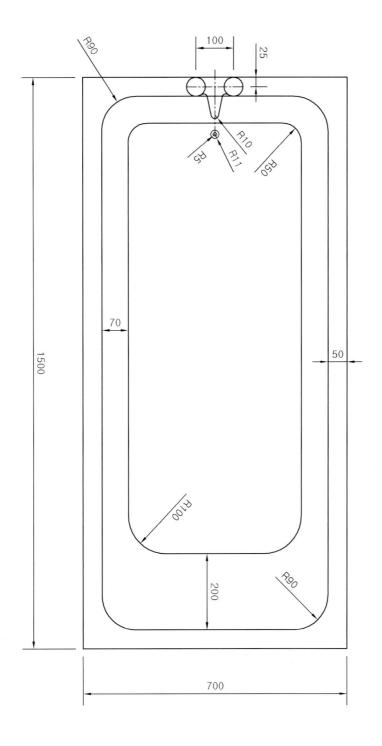

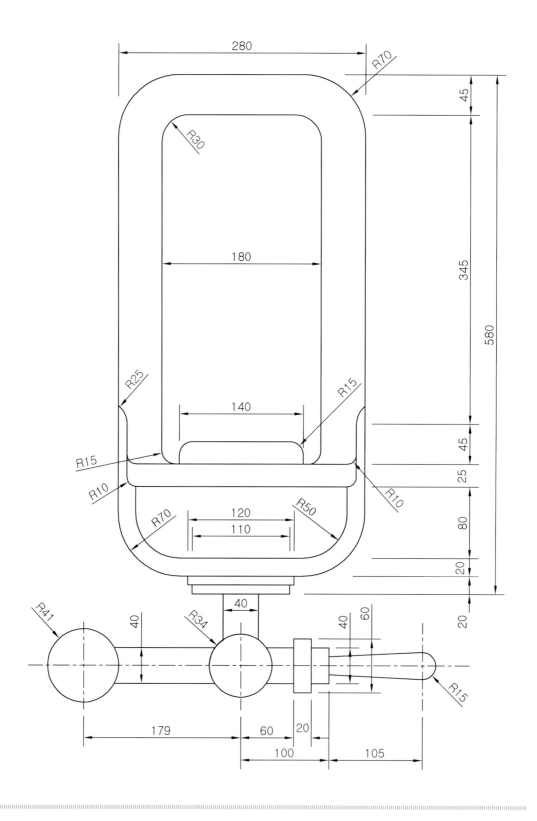

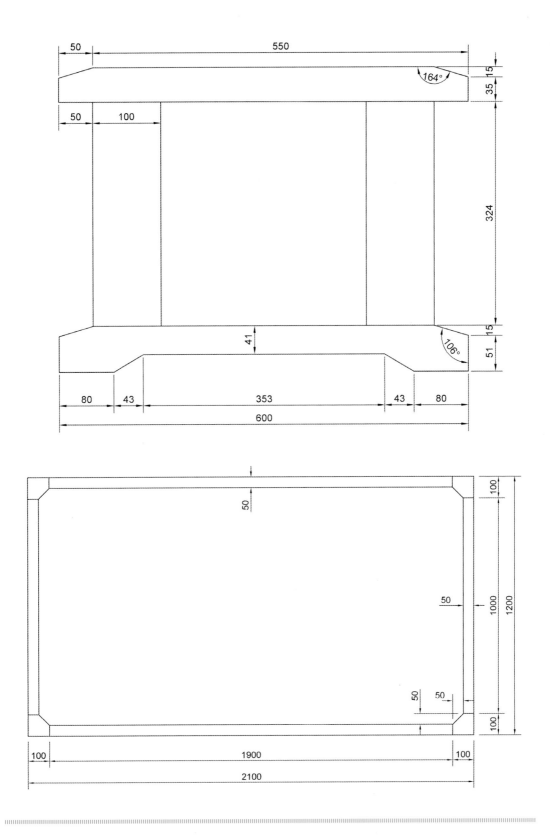

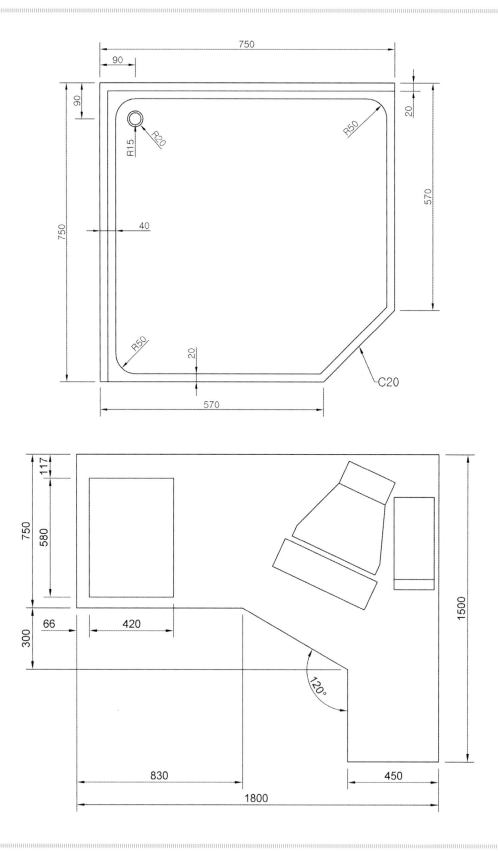

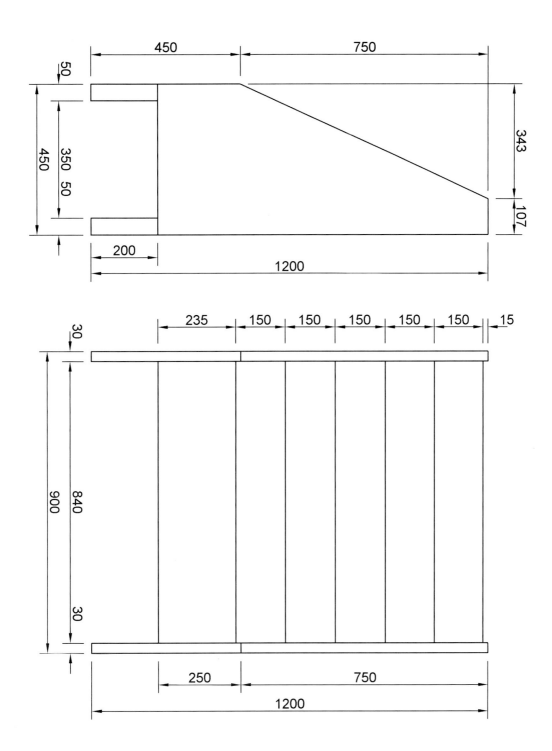

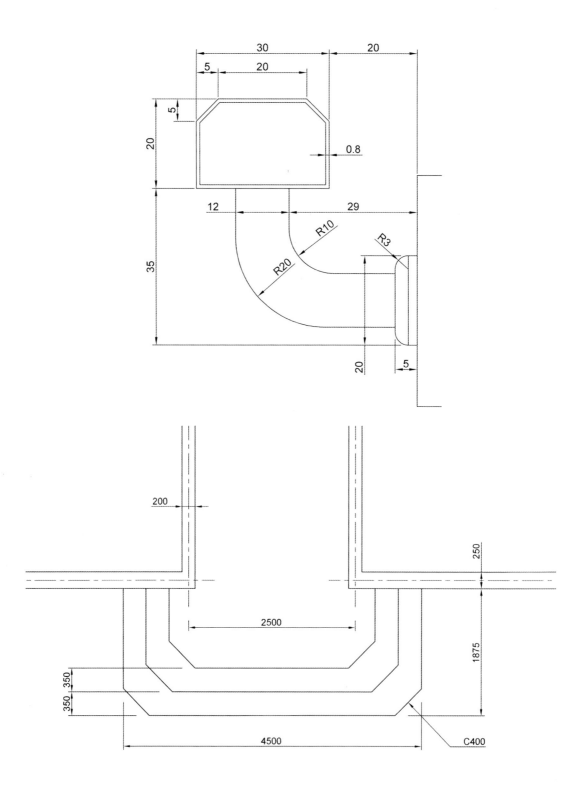

|강|의| 17

하나의 객체로 구성된 다각형 그리기
Polygon/Rectang

건축 도면 작성 시 사각형 및 다각형을 작성해야 하는 경우가 빈번하게 발생한다. 도면의 표제란 및 문 또는 천정의 문양을 표현해야 할 경우 Line 명령으로 작성할 수도 있지만, 관련된 모양의 명령어를 사용하면 신속하게 작성할 수 있다.

■ Polygon(⬠) – 다각형

Polygon은 정다각형으로 최소 3각형부터 최대 1024각형까지 작성할 수 있다. 원을 기준으로 하여 안쪽에 접하는 Polygon을 '내접'이라 하고 원의 바깥쪽에 접하는 Polygon을 '외접'이라 한다.

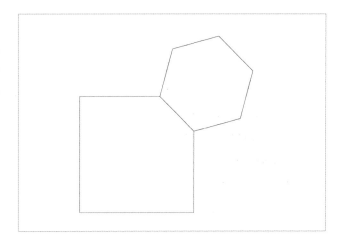

옵션별 기능 살펴보기

- **[Edge]**: 정다각형의 한 변의 길이를 지정하여 작성한다.
- **[Inscribed in circle]**: 원에 내접하는 정다각형을 설정한다.
- **[Circumscribed about circle]**: 원에 외접하는 정다각형을 설정한다.

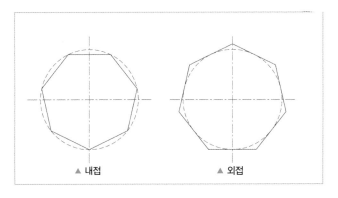

▲ 내접   ▲ 외접

■ Rectang(▭) – 사각형

Rectang은 사각형을 그려주는 명령어이다. 사각형의 대각선 양 끝점을 지정하는 방법으로 그리며 폴리라인으로 구성된 하나의 객체로 인식된다.

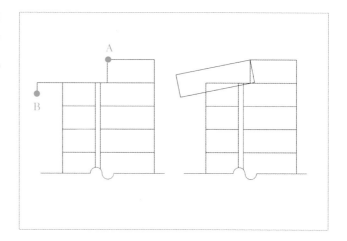

옵션별 기능 살펴보기

- **[Chamfer]**: 사각형의 네 모서리에 모따기를 적용한다.
- **[Elevation]**: 3차원 상에서 사각형의 Z축 위치를 설정한다.
- **[Fillet]**: 사각형의 네 모서리에 모깎기를 적용한다.
- **[Thickness]**: 3차원 상에서 생성되는 사각형의 높이를 설정한다.
- **[Width]**: 사각형 선분의 폭을 설정한다.
- **[Area]**: 지정한 면적의 사각형을 작성한다.
- **[Dimensions]**: 지정한 길이의 사각형을 작성한다.
- **[Rotation]**: 지정한 각도만큼 회전된 사각형을 생성한다.

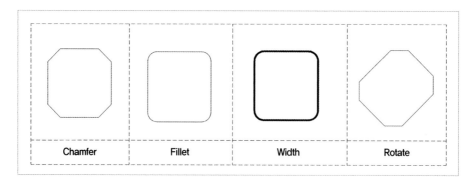

| Chamfer | Fillet | Width | Rotate |

■ Rectang 기능 따라하기

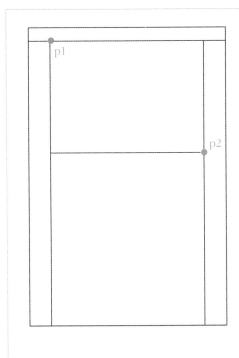
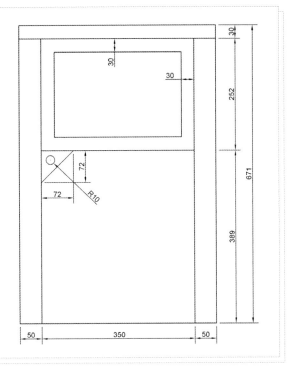

명령 과정 익히기

Command: rectang

Specify first corner point or [Chamfer/Elevation/Fillet/Thickness/Width]:

→ 사각형 대각선의 시작점(p1)을 선택한다.

Specify other corner point or [Area/Dimensions/Rotation]:

→ 사각형 대각선의 끝점(p2)을 선택한다.

Command: offset

Current settings: Erase source=No Layer=Source OFFSETGAPTYPE=0

Specify offset distance or [Through/Erase/Layer] <30.0000>: 30

→ 거리 값을 설정한다.

Select object to offset or [Exit/Undo] <Exit>:

→ 등간격 복사할 객체(전 단계 직성한 사각형)을 선택한다.

Specify point on side to offset or [Exit/Multiple/Undo] <Exit>:

→ 방향을 지정한다.

Select object to offset or [Exit/Undo] <Exit>:

→ Space Bar 를 눌러 명령을 종료한다.

■ Polygon 기능 따라하기

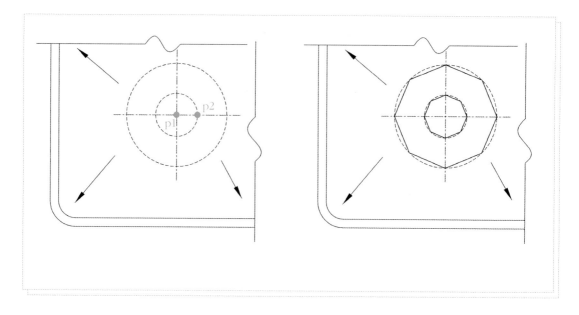

명령 과정 익히기

Command: polygon

Enter number of sides <4>: 8

→ 작성할 정다각형을 지정한다.

Specify center of polygon or [Edge]: cen of

→ 작성될 정다각형의 중심점(p1)을 지정한다.

Enter an option [Inscribed in circle/Circumscribed about circle] <I>: i

→ 내접(I) 옵션을 선택한다. 내접 옵션 선택 시 정다각형의 꼭지점을 사용한다.

Specify radius of circle:

→ 작성될 다각형의 내접점(p2)을 지정한다.

Command: polygon

Enter number of sides <8>: 8

→ 작성될 정다각형을 지정한다.

Specify center of polygon or [Edge]: cen of

→ 작성될 정다각형의 중심점(p1)을 지정한다.

Enter an option [Inscribed in circle/Circumscribed about circle] <I>: c

→ 외접(C) 옵션을 선택한다. 외접 옵션 선택 시 정다각형의 한 변 중간점을 사용한다.

Specify radius of circle: @600<0

→ 작성될 정다각형 외접점까지의 거리와 기울기 각도를 입력한다.

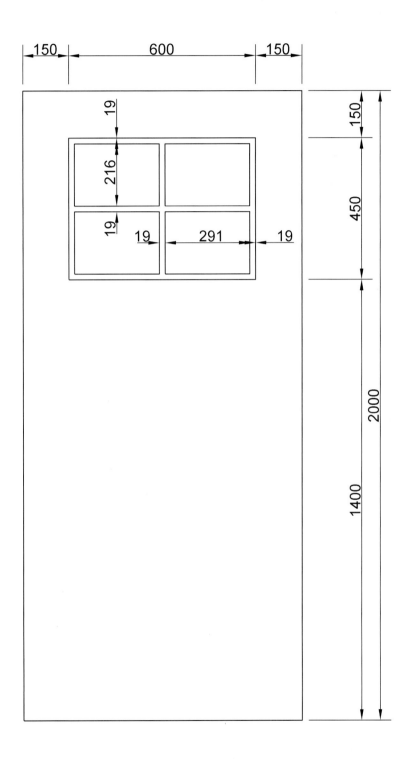

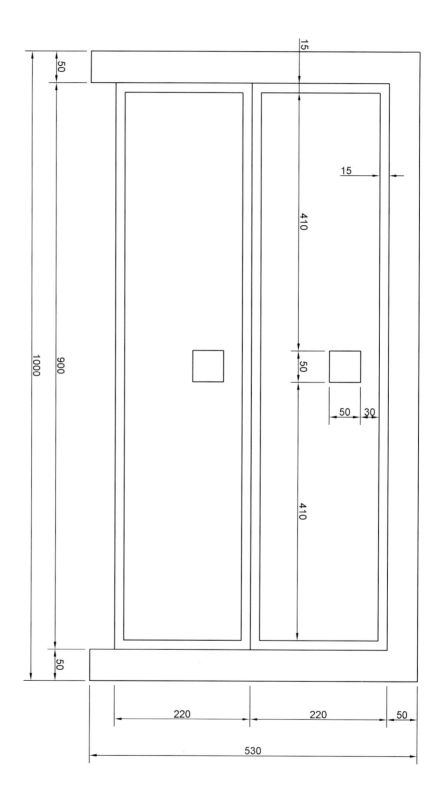

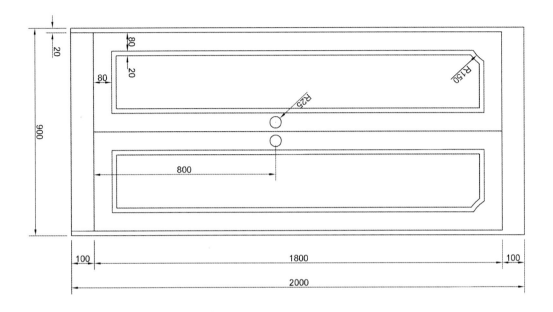

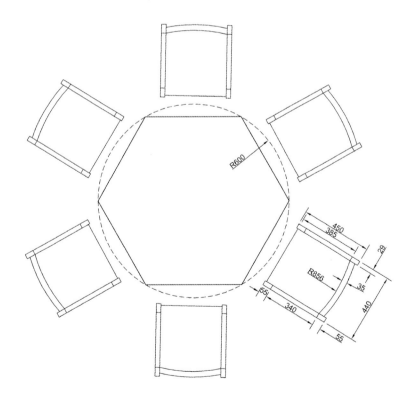

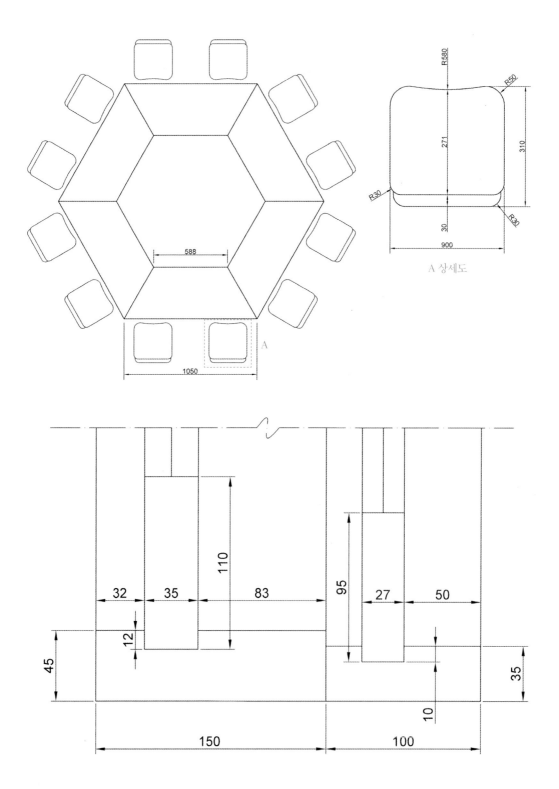

A 상세도

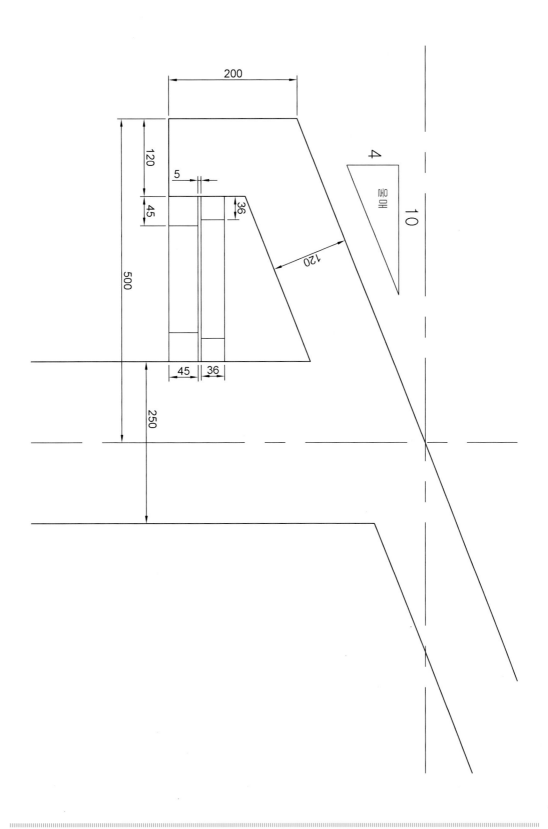

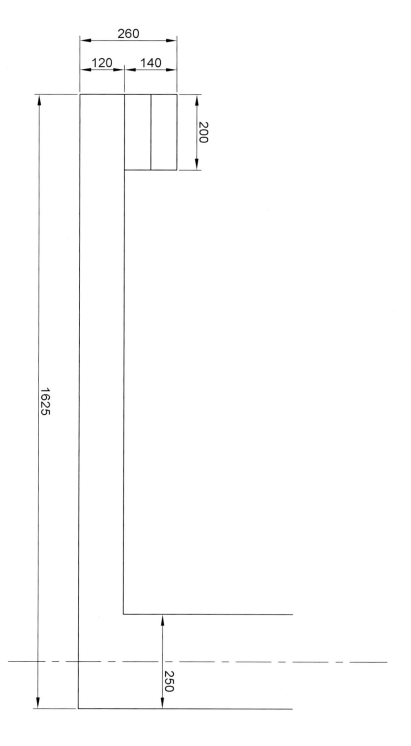

강의
18

건축 도면의 기준선 그리기
Ray/Xline/Spline/Ellipse

도면을 작성 시 기능성이 추가 된 선을 그릴 수 있는 기타 명령어로 자주 사용되지는 않지만 정확한 사용법을 알고 있다면 도면을 좀 더 효율적으로 작성할 수 있다.

■ Ray(✎)/Xline(✎) – 무한대 선

Ray는 사용자가 지정한 점을 기준으로 회전하면서 무한대 선을 그려주는 명령어이다. Ray는 시작점과 통과점에 의해 정의된 방향으로 화면의 모서리까지 연장된다. Xline는 사용자가 지정한 두 점을 통과하는 무한대 선을 작성한다. 건축물 벽체의 중심선을 작성할 때와 같이 도면의 기준선을 작성하거나 경계를 자르는 데 유용하게 사용된다. 또한 특정한 선분의 이등분 내각을 산출할 때 사용하면 편리하다.

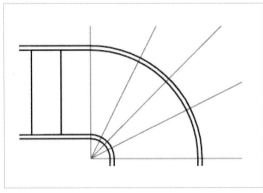

▲ Ray의 무한대 선

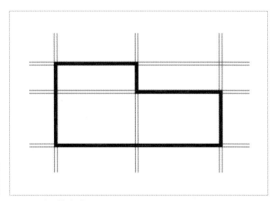

▲ Xline의 무한대 선

옵션별 기능 살펴보기

• [Hor]: 가로 방향 무한대 선을 작성한다.

• [Ver]: 세로 방향 무한대 선을 작성한다.

• [Ang]: 지정한 각도의 기울기를 가진 무한대 선을 작성한다.

• [Bisect]: 선택한 두 객체 사이 각의 이등분점을 통과하는 무한대 선을 작성한다.

• [Offset]: 등간격 복사로 생성되는 객체를 무한대 선으로 변경한다.

■ Spline(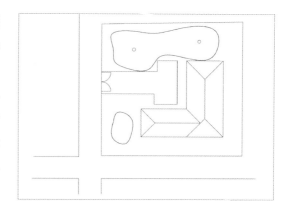) – 곡선

Spline는 사용자가 지정한 점을 기준으로 부드러
운 곡선을 작성할 때 사용되며 이러한 곡선을 스
플라인이라 지칭한다. 스플라인은 크게 맞춤점
(Fit) 방식으로 그러거나 조정 정점(CV) 방식으로
그릴 수 있다. 또한 그린 후, 쉽게 편집이 가능하
다. 실무에서는 주로 지형도 및 등고선, 하천, 산
등을 작성할 때 사용한다. 또한 도면의 생략 기호
및 부분 단면도를 표시할 때도 많이 사용된다.

옵션별 기능 살펴보기

- **[Method]**: 스플라인을 맞춤점으로 작성할 것인지, 조정 정점으로 작성할 것인지를 결정한다.
- **[Knots]**: 생성된 스플라인의 다양한 방식으로 각도를 설정한다. 각도 1(선형), 각도 2(2차원), 각도 3(3차원)
  등의 스플라인을 최대 각도 10까지 작성할 수 있다.
- **[Object]**: 객체의 자유 곡선을 맞춤한다.
- **[Undo]**: 전 단계에 생성한 스플라인을 취소한다.
- **[Close]**: 열려 있는 스플라인을 닫는다.

■ Ellipse( ) – 타원

Ellipse는 타원을 그리는 명령어로 기본적으로 장
축과 단축의 전체 길이로 설정하며 옵션 선택으
로 타원의 중심점을 기준으로 길이를 설정할 수
도 있다. Arc 옵션을 사용하면 타원형 호를 그릴
수 있다. 또한 Isocircle 선택 사항은 Snap 명령의
Style 옵션에서 Isometric을 선택해야 사용할 수
있다.

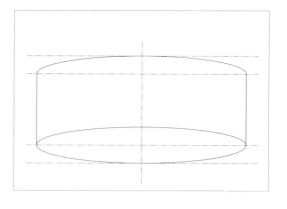

- **[Arc]**: 타원형 호를 작성한다.
- **[Center]**: 지정한 중심점을 기준으로 타원을 작성한다.
- **[Rotation]**: 타원 곡선의 회전 값을 설정한다.

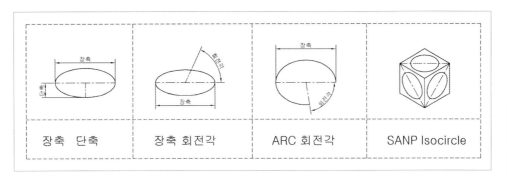

| 장축 단축 | 장축 회전각 | ARC 회전각 | SANP Isocircle |

| 예제 파일 | 01-25.dwg

■ Ray 기능 따라하기

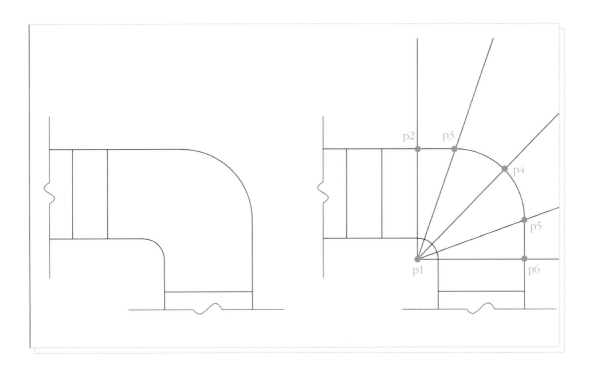

Command: ray

Specify start point: cen of

→Ray 선의 시작점(p1)을 지정한다.

Specify through point: per to

→Ray 선의 첫 번째 통과점(p2)을 지정한다.

Specify through point: end of

→Ray 선의 두 번째 통과점(p3)을 지정한다.

Specify through point: mid of

→Ray 선의 세 번째 통과점(p4)을 지정한다.

Specify through point: end of

→Ray 선의 네 번째 통과점(p5)을 지정한다.

Specify through point: per to

→Ray 선의 다섯 번째 통과점(p6)을 지정한다.

Specify through point:

→ Space Bar 를 눌러 명령을 종료한다.

■ Spline 기능 따라하기

예제 파일 | 01-26.dwg

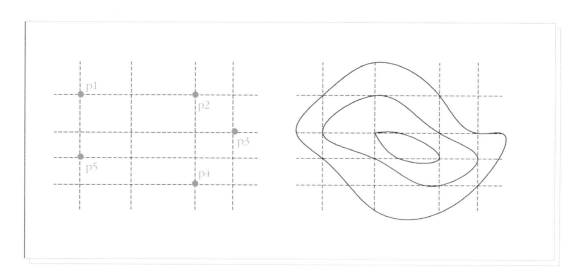

Command: spline

Current settings: Method=Fit   Knots=Chord

Specify first point or [Method/Knots/Object]: int of

→Spline을 작성할 첫 번째(p1) 점을 선택한다.

Enter next point or [start Tangency/toLerance]: int of

→Spline을 작성할 두 번째(p2) 점을 선택한다.

Enter next point or [end Tangency/toLerance/Undo/Close]: int of

→Spline을 작성할 세 번째(p3) 점을 선택한다.

Enter next point or [end Tangency/toLerance/Undo/Close]: int of

→Spline을 작성할 네 번째(p4) 점을 선택한다.

Enter next point or [end Tangency/toLerance/Undo/Close]: int of

→Spline을 작성할 다섯 번째(p5) 점을 선택한다.

Enter next point or [end Tangency/toLerance/Undo/Close]: int of

→Spline을 작성할 여섯 번째(p1) 점을 선택한다.

Enter next point or [end Tangency/toLerance/Undo/Close]: c

→닫기(Close) 옵션을 선택한다.

나머지 두 개의 자유 곡선도 위의 방법을 이용하여 작성한다. 골프장 및 산의 등고선을 작성할 때에도 위와 같은 방식을 사용한다.

■ Ellipse 기능 따라하기

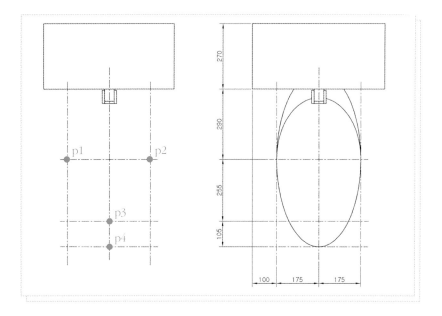

명령 과정 익히기

Command: ellipse

Specify axis endpoint of ellipse or [Arc/Center]: int of

→ 타원 축의 끝점(p1)을 지정한다.

Specify other endpoint of axis: int of

→ 타원 축의 반대편 끝점(p2)을 지정한다.

Specify distance to other axis or [Rotation]: int of

→ 타원의 다른 축의 거리(p3)를 지정한다.

Command: ellipse

Specify axis endpoint of ellipse or [Arc/Center]: int of

→ 타원 축의 끝점(p1)을 지정한다.

Specify other endpoint of axis: int of

→ 타원 축의 반대편 끝점(p2)을 지정한다.

Specify distance to other axis or [Rotation]: int of

→ 타원의 다른 축의 거리(p4)를 지정한다.

작성된 타원들은 Trim 명령으로 정리하여 그림과 같이 완성한다.

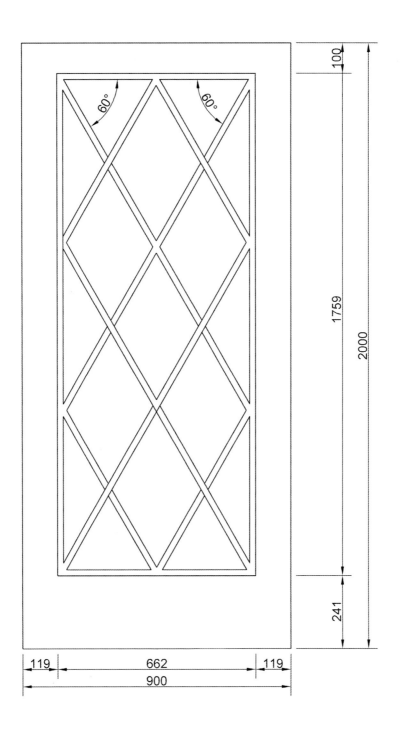

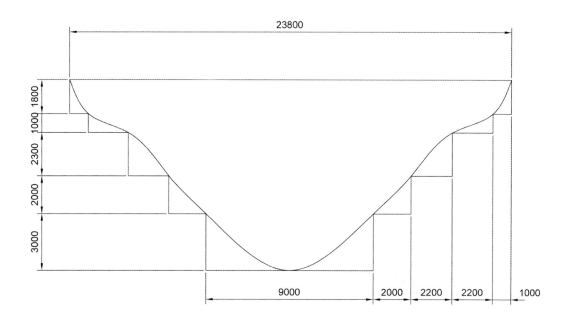

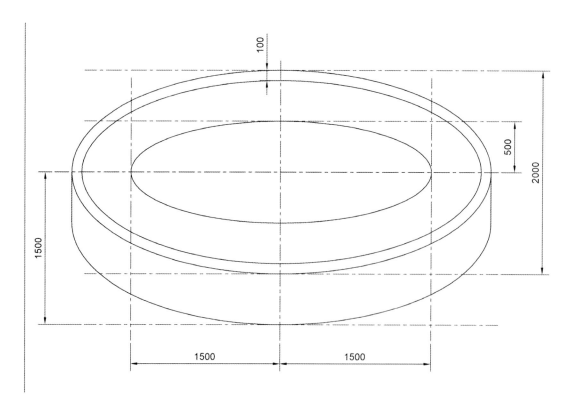

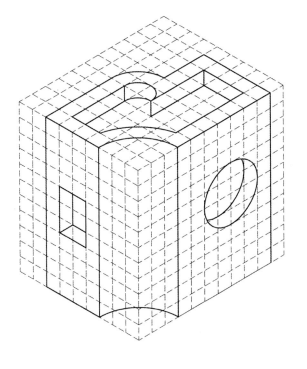

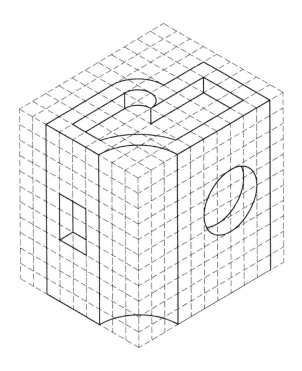

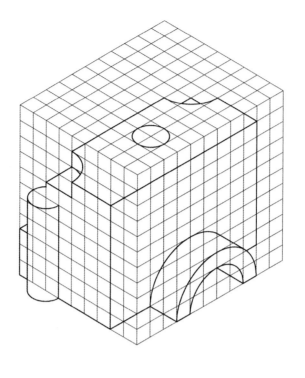

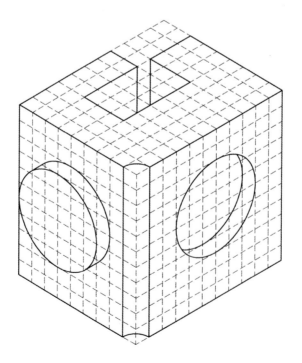

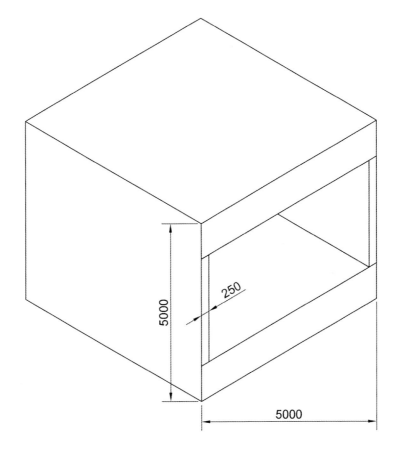

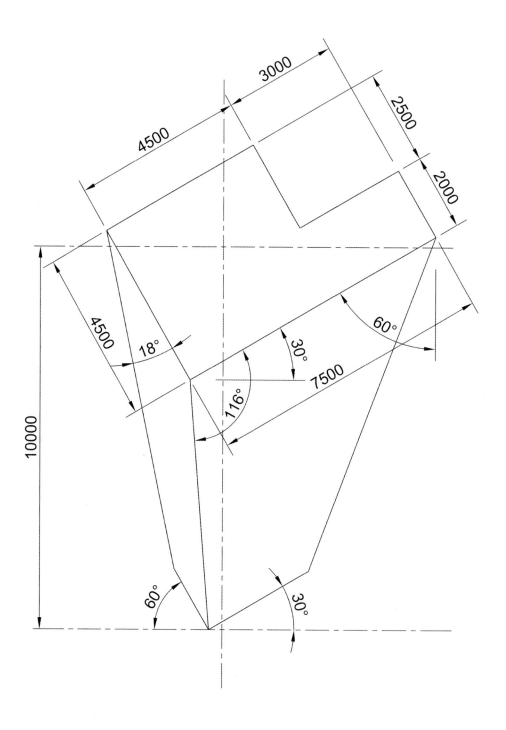

선과 호로 구성된 폴리선 그리기
Pline/Pedit/Donut/Fill

선의 두께를 조정하거나 면에 색상을 채워 작업해야 하는 경우가 발생한다. 실무에서 도면을 구성하는 선분의 두께는 선의 가중치를 조절하여 선분 간의 차이를 표현하지만 도면 표제란 또는 지면선 같이 굵은 두께를 표현할 때에는 선 자체에 두께를 설정해야 한다.

■ Pline( ) – 폴리선

Pline은 선 및 호 세그먼트로 구성된 단일 객체인 2D 폴리선을 작성한다. 실무에서는 주로 도면의 표제란 및 단면도의 지면선(G.L)을 표시할 때 사용한다. 계단의 진행 방향 표시를 작도할 때도 유용하게 사용된다.

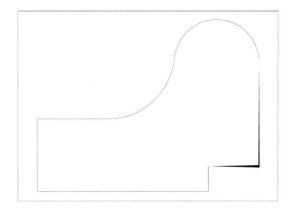

옵션별 기능 살펴보기

- **[Arc]**: 직선 폴리선을 작성하는 도중에 호(Arc) 모드로 전환한다. 호를 작성하는 방법은 앞에서 설명한 Arc 명령과 거의 동일하므로 이를 참고한다.
- **[Close]**: 현재 위치로부터 시작점까지 연결하여 폴리선을 닫는다.
- **[Halfwidth]**: 폴리선의 적용할 두께를 반값으로 설정한다.
- **[Length]**: 폴리선의 마지막 정점을 임의 길이만큼 연장시킨다. 새로운 폴리선에 사용하면 마지막 폴리선 방향과 동일하게 그려진다.
- **[Undo]**: 마지막에 그려진 폴리선을 취소한다.
- **[Width]**: 폴리선의 두께를 설정한다.

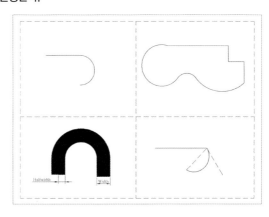

■ Pedit(✎)/Donut(◎)/Fill – 폴리선 편집/도우넛/채우기

Pedit는 폴리선을 편집하는 기능이다. 일반적으로 선택한 객체를 폴리선으로 결합하거나 폴리선을 스플라인 곡선으로 변경할 시 많이 사용하며 선의 두께도 조정할 수 있다. Donut은 튜브 모양의 원형을 작성한다. 완벽하게 채워진 원 또는 원의 폭을 가지는 도넛 형태를 설정할 수 있다. Fill은 채우기 명령으로 작성된 객체들의 채우기 표시 여부를 설정할 때 사용한다.

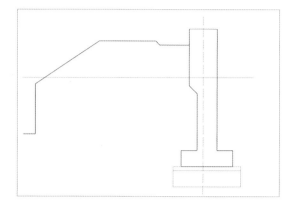

옵션별 기능 살펴보기

Pedit 명령 옵션

· [Multiple]: 여러 선분을 한 개의 세그먼트로 결합한다.

· [Close]: 마지막 세그먼트와 처음 세그먼트를 연결하여 열려있는 폴리선을 닫아준다.

· [Join]: 분리되어 있는 선(Line), 호(Arc), 폴리선(Polyline)을 연결하여 하나의 객체로 만든다. 반드시 결합할 객체들은 선택한 폴리선과 끝점으로 연결되어 있어야 한다.

· [Width]: 선택한 폴리선의 두께를 설정한다.

· [Edit vertex]: 선택한 폴리선의 정점을 편집하는 옵션이다. 정점 편집(Edit vertex) 옵션을 지정하면 선택한 폴리선의 첫 번째 정점에 'x' 표시가 나타난다. 'x'가 위치한 곳이 편집 대상의 정점(Vertex)임을 표시한다.

· [Fit]: 선택한 폴리선을 부드러운 곡선으로 변경한다.

· [Spline]: 선택한 폴리선의 시작 정점과 끝 정점을 통과하는 곡선으로 변경한다.

· [Decurve]: 곡선화(Fit/Spline)한 폴리선을 본래의 직선으로 되돌린다.

· [Ltype gen]: 폴리선의 정점을 통해 연속되는 패턴의 선 종류를 생성하다.

· [Reverse]: 폴리선의 정점 순서를 반전한다.

· [Undo]: 바로 전 명령을 취소한다.

Fill 명령 옵션

· [ON/OFF]: CAD 시스템의 채우기 관련(Trace/Pline/Pedit/Dount/Solid) 명령으로, 생성된 객체의 폭/채우기 표시 유무를 제어한다.

■ Pline 기능 따라하기

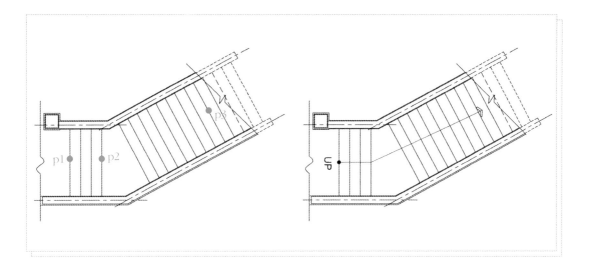

명령 과정 익히기

Command: pline

Specify start point: mid of

→ 폴리선의 시작점(p1)을 선택한다.

Current line-width is 0.0000

Specify next point or [Arc/Halfwidth/Length/Undo/Width]: w

→ 작성될 폴리선의 폭을 설정하기 위하여 Width 옵션을 선택한다.

Specify starting width <0.0000>: 20

→ 폴리선의 시작 두께를 설정한다.

Specify ending width <20.0000>: 20

→ 폴리선의 끝 두께를 설정한다.

Specify next point or [Arc/Halfwidth/Length/Undo/Width]: mid of

→ 폴리선의 두 번째 점(p2)을 선택한다.

Specify next point or [Arc/Close/Halfwidth/Length/Undo/Width]: mid of

→ 폴리선의 세 번째 점(p3)을 선택한다.

Specify next point or [Arc/Close/Halfwidth/Length/Undo/Width]:

→ Space Bar 를 눌러 명령을 종료한다.

■ Pedit 기능 따라하기

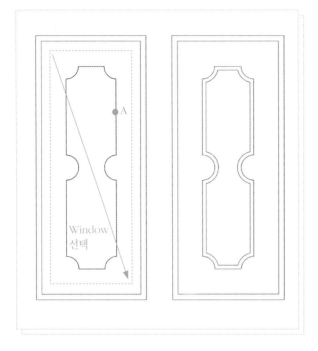

Offset 명령을 이용하여 바깥쪽으로 문양을 등간격 복사한다.

명령 과정 익히기

Command: pedit

Select polyline or [Multiple]:

Object selected is not a polyline

Do you want to turn it into one? <Y> y

→폴리화할 객체(A)를 선택한다.

Enter an option [Close/Join/Width/Edit vertex/Fit/Spline/Decurve/Ltype gen/ Reverse/Undo]: j

→결합(Join) 옵션을 선택한다.

Select objects: 12 found

→Window 선택 방식을 이용하여 객체(제일 안쪽의 문양)를 선택한다.

Select objects:

→폴리화할 객체의 선택이 끝나면 Space Bar 를 눌러 다음 메뉴를 진행한다.

11 segments added to polyline

→폴리화된 객체의 개수를 표시한다. 이때 폴리화가 제대로 안된 경우 선택한 객체수보다 표시된 개수가 적을 수 있다.

Enter an option [Open/Join/Width/Edit vertex/Fit/Spline/Decurve/Ltype gen/Reverse/Undo]:

→ Space Bar 를 눌러 명령을 종료한다.

■ Donut/Fill 기능 따라하기

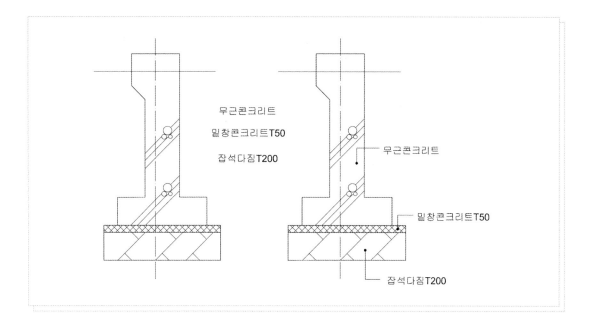

명령 과정 익히기

Command: donut

Specify inside diameter of donut <0.0000>:

→Donut의 내부 안에 채울 두께 값을 선택한다.

Specify outside diameter of donut <20.0000>:

→Donut의 외부에 채울 두께 값을 선택한다.

Specify center of donut or <exit>:

→Donut의 작성 위치를 선택한다.

Specify center of donut or <exit>:

→ Space Bar 를 눌러 명령을 종료한다.

Line을 이용하여 지시선을 작성한 후 글씨를 이동하여 완성한다.

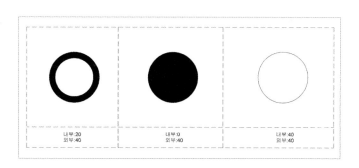

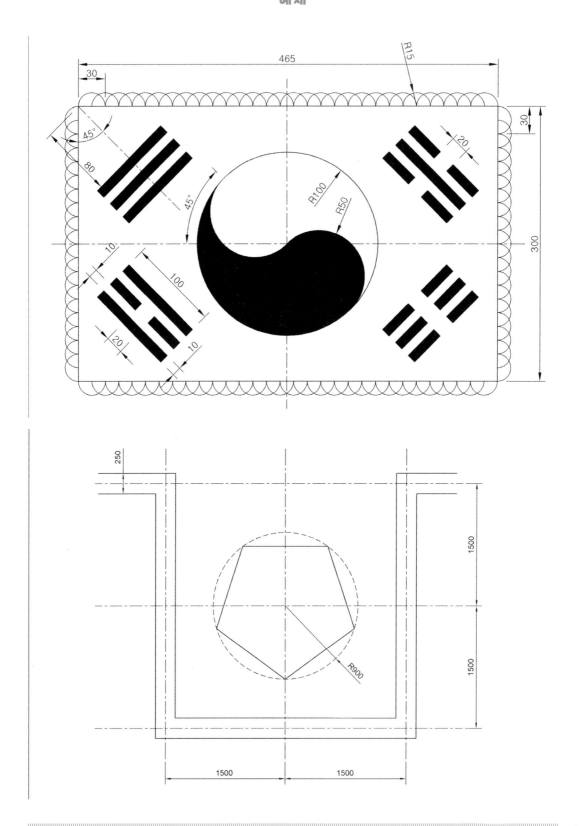

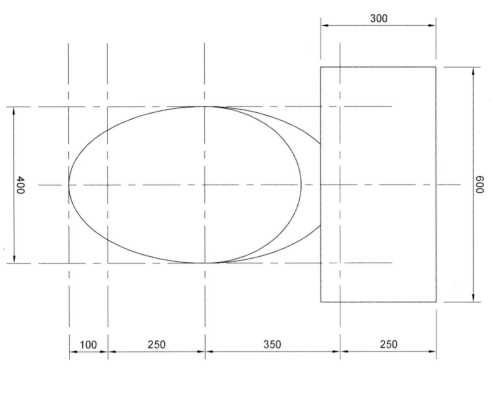

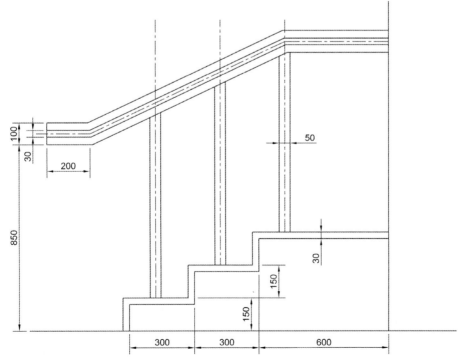

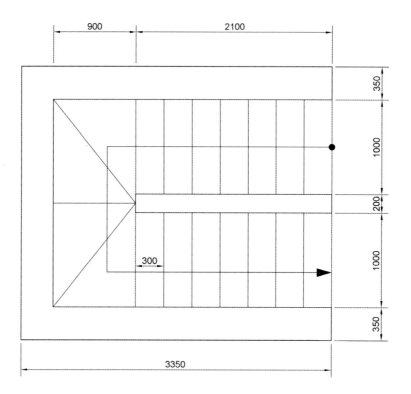

강의 20

도면의 벽체 그리기와 수정하기
Mline/Mlstyle/Mledit

건축 도면 작성 시 벽체를 작성해야 한다. Offset과 Trim을 이용하여 벽체를 작성할 수도 있지만, 이 방법은 시간이 많이 걸리고 단순 과정을 반복해야 한다는 단점이 있다. 실무에서는 벽체에 작성되는 선이 벽체뿐만 아니라 마감선까지 작성해야 한다. Mline과 Mlstyle을 사용하면 복잡한 과정을 다중선의 설정을 통해 한 번에 여러 개의 선을 작성할 수 있다.

■ Mline(✎) – 다중선 ────────────────

Mline은 2개의 이상의 선분을 동시에 작성할 때 사용하는 명령이다. 일반적으로 벽체선을 작성할 때 많이 사용되며 Mlstyle을 이용하면 다양한 벽체를 작성할 수 있다.

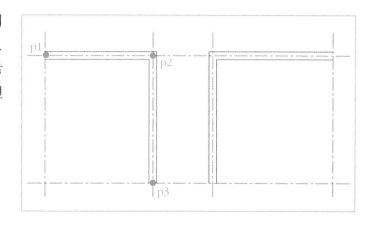

옵션별 기능 살펴보기

- **[Justification]**: 작성할 다중선의 위치를 설정한다.
- **[Top]**: 다중선의 위쪽이 기준점이 된다.
- **[Zero]**: 다중선의 중앙이 기준점이 된다.
- **[Bottom]**: 다중선의 아래쪽이 기준점이 된다.

- **[Scale]**: 다중선 간의 간격 크기를 설정한다.
- **[STyle]**: 다중선의 종류를 설정한다.
- **[Close]**: 시작점과 끝점을 연결한다.
- **[Undo]**: 전 단계 구간을 취소한다.

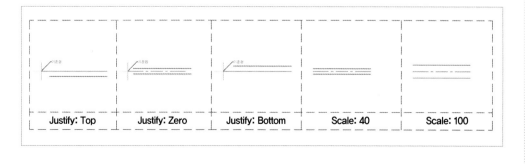

| Justify: Top | Justify: Zero | Justify: Bottom | Scale: 40 | Scale: 100 |

■ Mlstyle(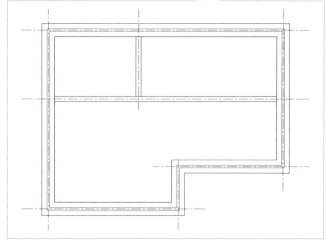)/Mledit( ) – 다중선 스타일/다중선 편집

Mlstyle은 다중선의 스타일을 작성하거나 수정 및 관리한다. 생성되는 선의 개수 및 선 간의 이격 거리 값을 설정하고 선의 마무리 형태를 정의한다. Mledit는 다중선의 교차점, 끊기는 지점 및 정점을 편집한다.

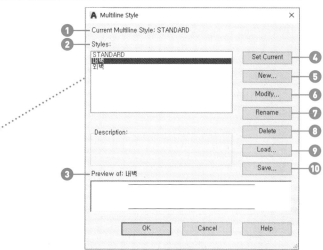

▲ Mlstyle 명령 옵션

① **[Current Multiline Style]**: 사용 중인 다중선 스타일을 표시한다.

② **[Styles]**: 만들어진 다중선 형태의 목록을 표시한다.

③ **[Preview Of]**: 만들어진 다중선의 형태를 미리 보기 창을 통해 표시한다.

④ **[Set Current]**: Style 리스트 항목에서 선택한 Style을 현재 사용할 스타일로 지정한다.

⑤ **[New]**: 새로운 다중선 스타일을 생성한다. 새로운 다중선 스타일의 이름을 설정한 후 [Continue] 버튼을 클릭한다.

⑥ **[Modify]**: 기존의 다중선 스타일을 수정한다.

⑦ **[Rename]**: 다중선 스타일의 이름을 변경한다.

⑧ **[Delete]**: 불필요한 다중선 스타일을 삭제한다.

⑨ **[Load]**: 라이브러리 파일에서 다중선 스타일을 불러온다.

⑩ **[Save]**: 다중선 스타일을 정의한 후 저장하여 사용합니다.

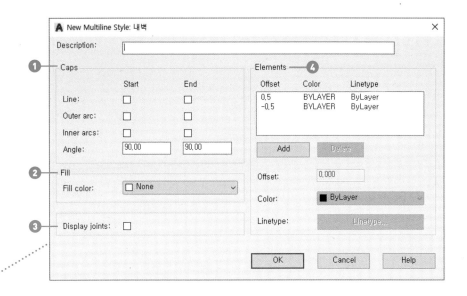

① **[Caps]**: 다중선의 시작과 끝부분의 마감 처리를 설정한다.

　　－ **Line**: 다중선의 시작과 끝부분을 선으로 마감한다.

　　－ **Outer Arc**: 다중선의 시작과 끝부분을 호로 마감한다.

　　－ **Inner Arcs**: 다중선이 벽체선인 경우 효과를 살펴볼 수 있도록 시작과 끝부분을 호로 마감한다.

　　－ **Angle**: 다중선의 시작과 끝부분의 각도를 조정한다.

② **[Fill]**: 다중선의 내부를 지정한 색상으로 채웁니다.

③ **[Display Joints]**: 선이 꺾이는 부분의 처리를 조정하며 체크 표시하면 선이 표시된다.

④ **[Elements]**: 선의 두께, 종류, 색상 등을 조정한다.

　　－ **Add**: 다중선을 추가한다.

　　－ **Delete**: 선택한 선을 지운다.

　　－ **Offset**: 여러 줄 스타일에서 선 요소 간의 간격 띄우기를 지정한다.

　　－ **Linetype**: 선 종류를 표시한다.

　　－ **Color**: 선 색상을 표시한다.

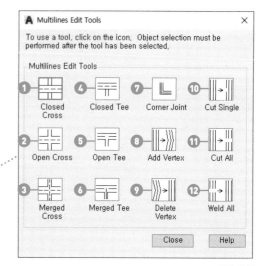

▲ Mledit 명령 옵션

① [Closed Cross]: 2개의 다중선 사이에 닫힌 십자형 교차를 작성한다.

② [Open Cross]: 2개의 다중선 사이에 열린 십자형 교차를 작성한다.

③ [Merged Cross]: 2개의 다중선 사이에 결합형 교차를 작성한다.

④ [Closed Tee]: 2개의 다중선 사이에 닫힌 T자형 교차를 작성한다.

⑤ [Open Tee]: 2개의 다중선 사이에 열린T자형 교차를 작성한다.

⑥ [Merged Tee]: 2개의 다중선 사이에 결합된 T자형 교차를 작성한다.

⑦ [Corner Joint]: 2개의 다중선 사이에 구석 접합을 작성한다.

⑧ [Add Vertex]: 다중선에 정점을 추가 한다.

⑨ [Delete Vertex]: 다중선에 정점을 삭제한다.

⑩ [Cut Single]: 다중선에서 선택한 선분에 대한 구간을 끊기 한다.

⑪ [Cut All]: 선택한 다중선의 전체 구간을 삭제한다.

⑫ [Weld All]: 열린 벽선을 닫는다.

■ Mline 기능 따라하기

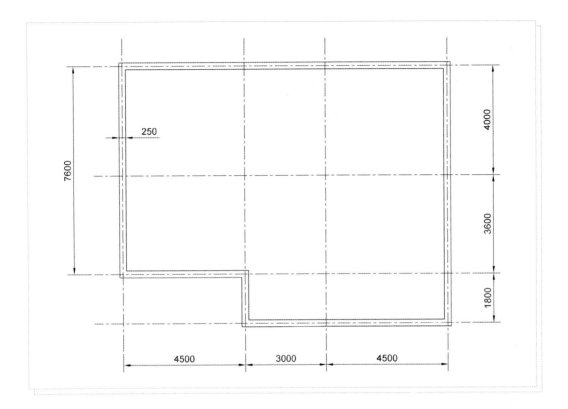

명령 과정 익히기

Command: mline

Current settings: Justification = Top, Scale = 0.00, Style = STANDARD

Specify start point or [Justification/Scale/STyle]: s

→mline의 폭 값을 설정하도록 Style 옵션을 선택한다.

Enter mline scale <0.00>: 250

→mline의 폭 값을 설정한다.

Specify start point or [Justification/Scale/STyle]: j

→mline의 생성 정렬을 설정하도록 Justification 옵션을 선택한다.

Enter justification type [Top/Zero/Bottom] <top>: z

→mline의 정렬 위치를 z값으로 설정한다.

Specify start point or [Justification/Scale/STyle]:int of

→mline의 시작점(p1)을 지정한다.

Specify next point:int of

→mline의 두 번째 점(p2)을 지정한다.

Specify next point or [Undo]:

→mline의 세 번째 점(p3)을 지정한다.

Specify next point or [Close/Undo]:

→mline의 네 번째 점(p4)을 지정한다.

Specify next point or [Close/Undo]:

→mline의 다섯 번째 점(p5)을 지정한다.

Specify next point or [Close/Undo]:

→mline의 여섯 번째 점(p6)을 지정한다.

Specify next point or [Close/Undo]: c

→닫기 옵션으로 명령을 종료한다.

■ Mlstyle 기능 따라하기 예제 파일 | 01-32.dwg

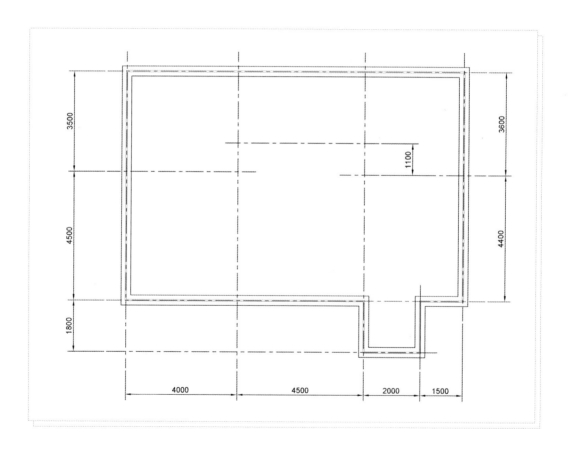

║   Command: mlstyle   ║

❶ [Multiline Style] 창의 [NEW] 버튼을 클릭한다.

❷ [Create New Multiline Style] 창이 표시된다. 새로 만들 Mline Style에 이름을 입력하고 [Continue] 버튼을 클릭한다.

❸ [New Multiline Style] 창의 Elements 항목을 다음과 같이 변경하고 [OK] 버튼을 클릭한다.

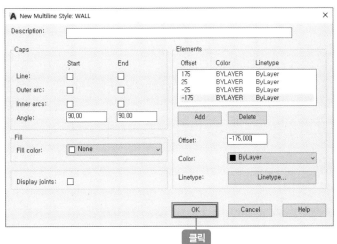

❹ [Multiline Style] 창에서 [Set Current] 버튼을 눌러 새로
생성한 Style을 현재 적용할 Style로 변경한다.

❺ Mline을 실행하여 외벽을 작성
한다.

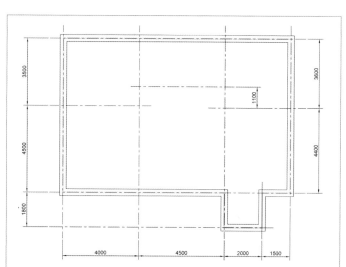

❻ [Mlstyle] 창에서 스타일을 Standard로 설정한다.

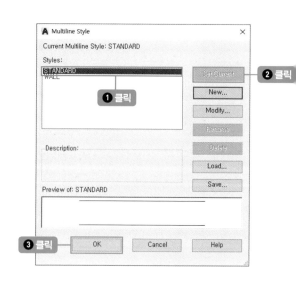

❼ Mline 명령을 이용하여 내벽을 작성한다.

Command: mline
Current settings: Justification = Zero, Scale = 1.00, Style = STANDARD
Specify start point or [Justification/Scale/STyle]: s
→Scale을 이용하여 다중선의 폭을 설정한다.
Enter mline scale <1.00>: 200
→다중선의 폭 값 200을 설정한다.
Current settings: Justification = Zero, Scale = 200.00, Style = STANDARD
Specify start point or [Justification/Scale/STyle]:int of
→다중선의 시작점 (p1점)을 선택한다.
Specify next point:
→다중선의 두 번째 점(p2점)을 선택한다.
Specify next point or [Undo]:
→ Space Bar 를 눌러 명령을 종료한다.

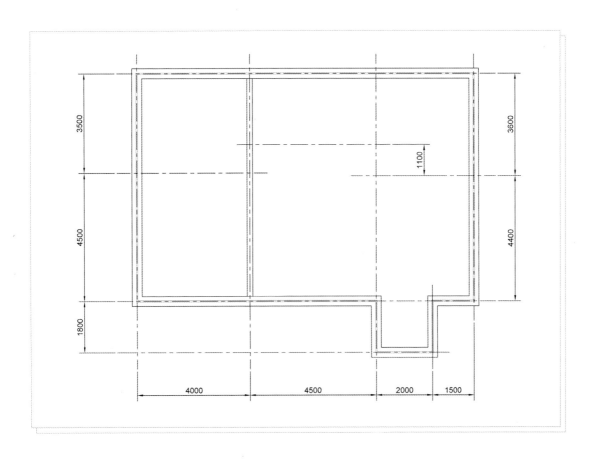

■ Mledit 기능 따라하기

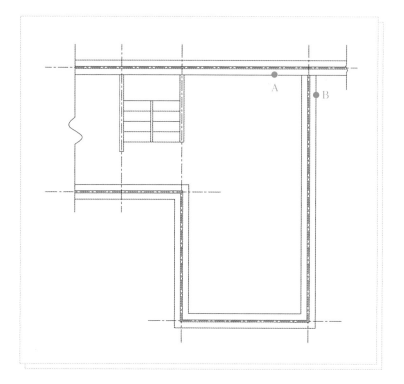

명령 과정 익히기

‖ Command: Mledit ‖

❶ [Multiline Edit Tools] 창에서 Open Tee(⊞) 선택한다.

Select first mline:
→ 수정할 Mline 객체(A)를 선택한다.

Select second mline:
→ 수정할 Mline 객체(B)를 선택한다.

Select first mline or [Undo]:
→ Space Bar 를 눌러 명령을 종료한다. 결과는 다음과 같다.

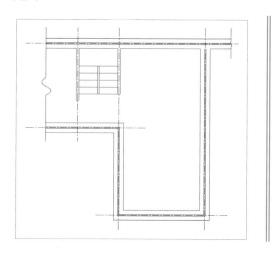

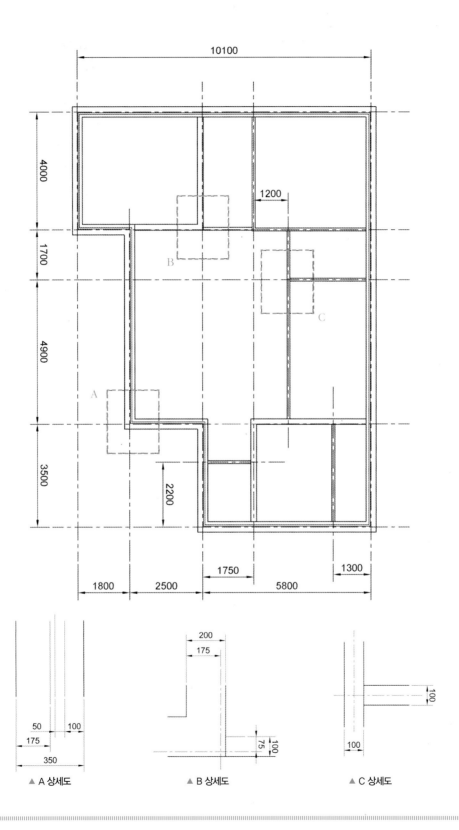

▲ A 상세도   ▲ B 상세도   ▲ C 상세도

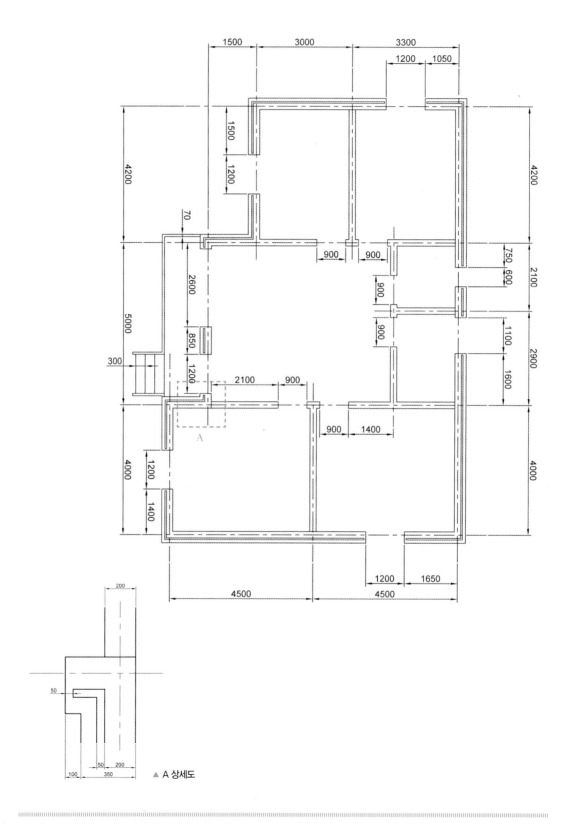

▲ A 상세도

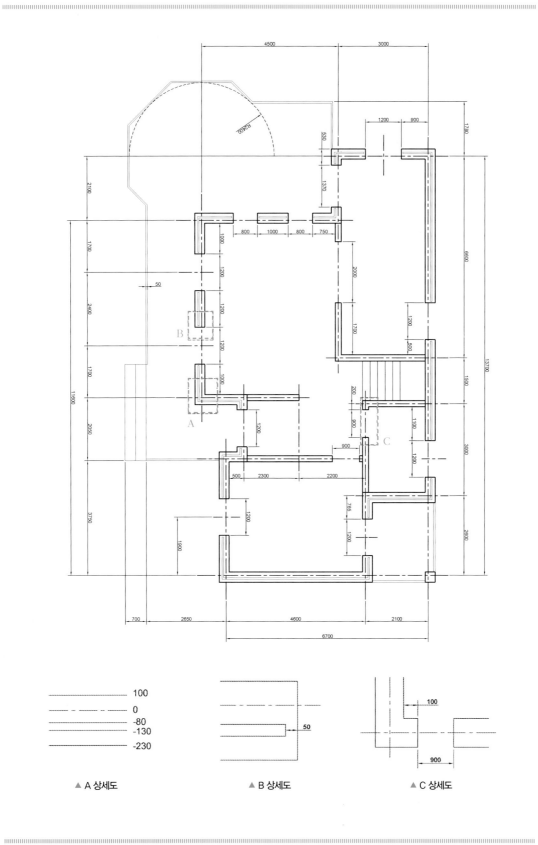

▲ A 상세도   ▲ B 상세도   ▲ C 상세도

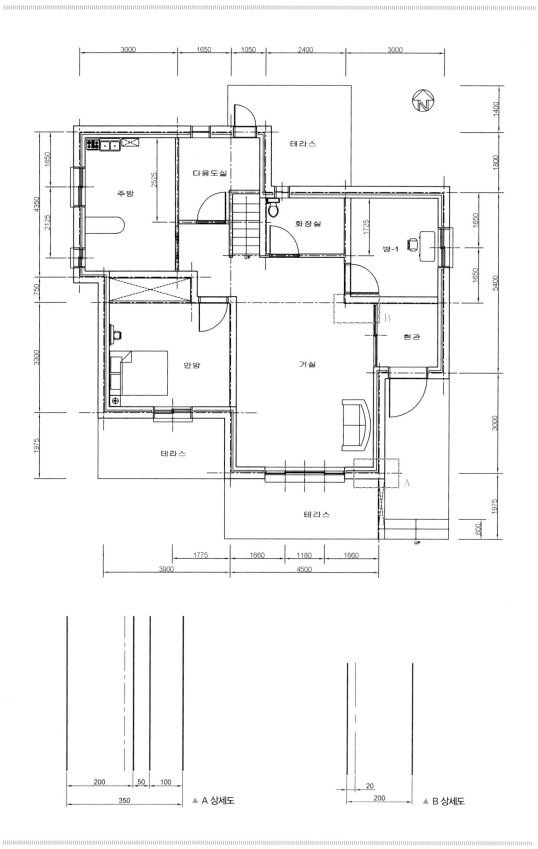

▲ A 상세도

▲ B 상세도

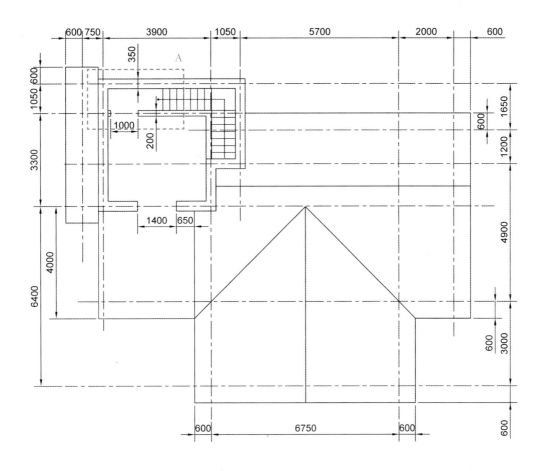

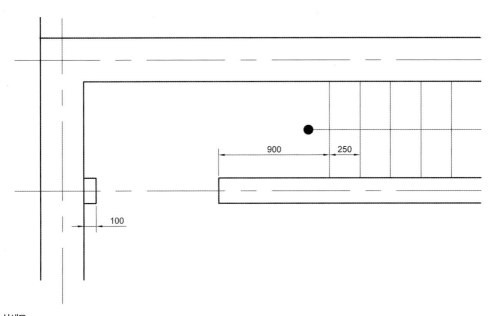

▲ A 상세도

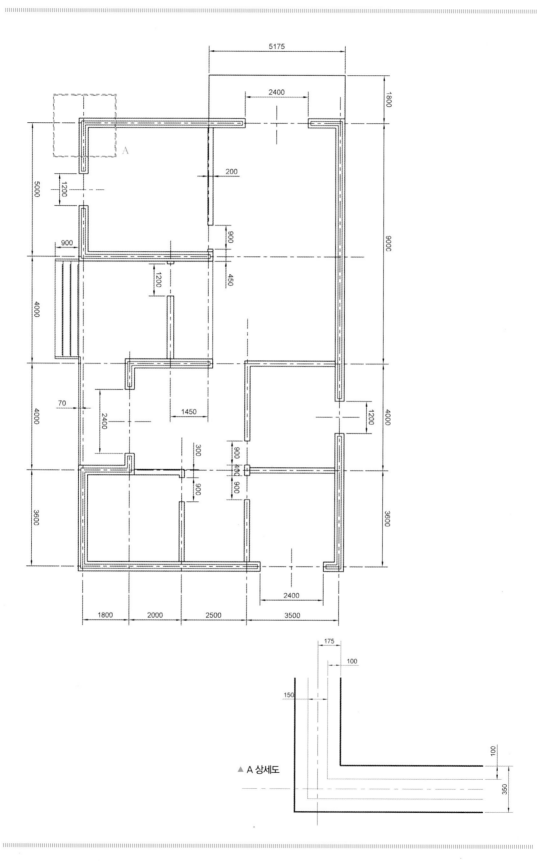

▲ A 상세도

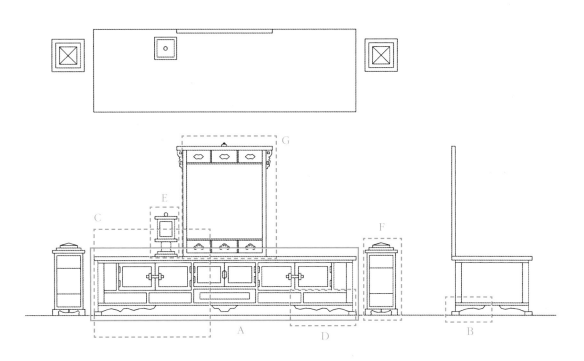

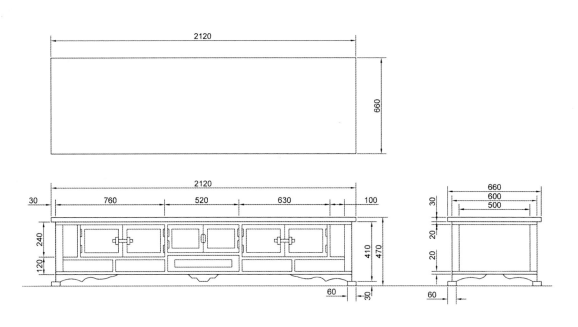

▲ A 상세도

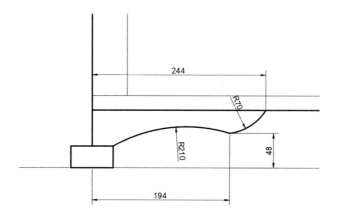

▲ B 상세도

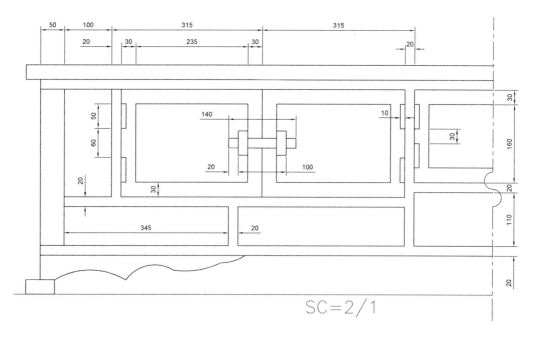

SC=2/1

▲ C 상세도

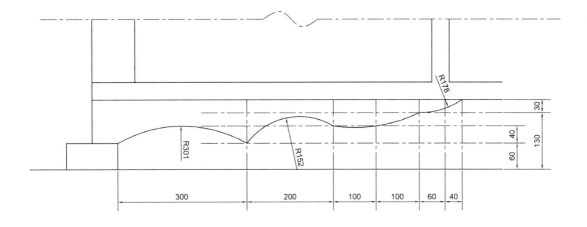

▲ D 상세도

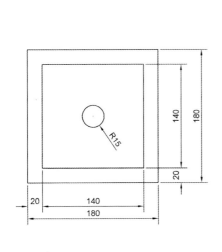

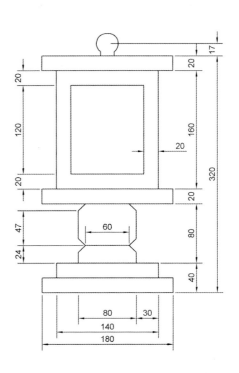

▲ E 상세도

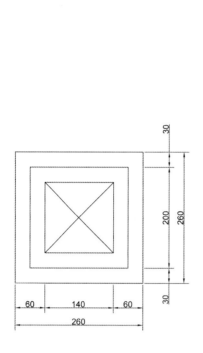

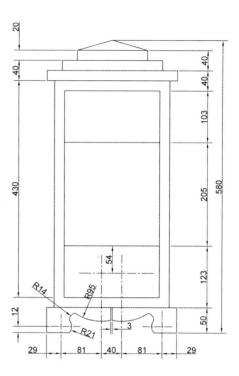

▲ F 상세도

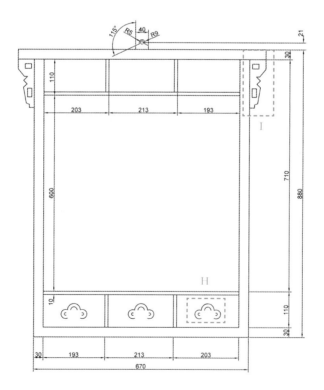

▲ G 상세도

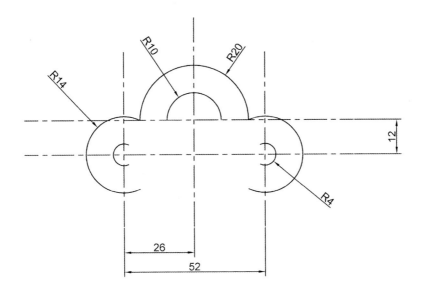

▲ H 상세도

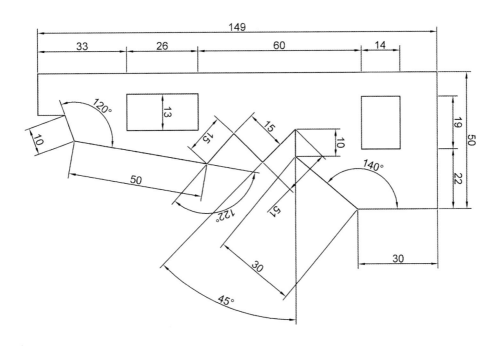

▲ I 상세도

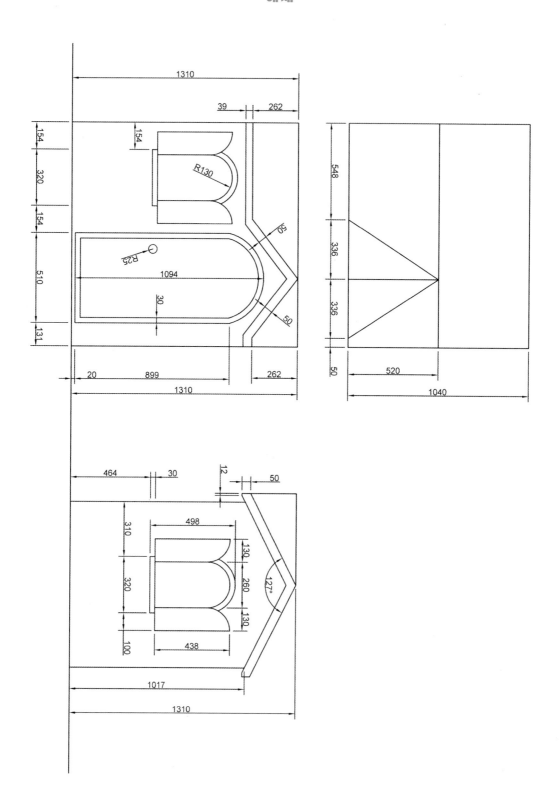

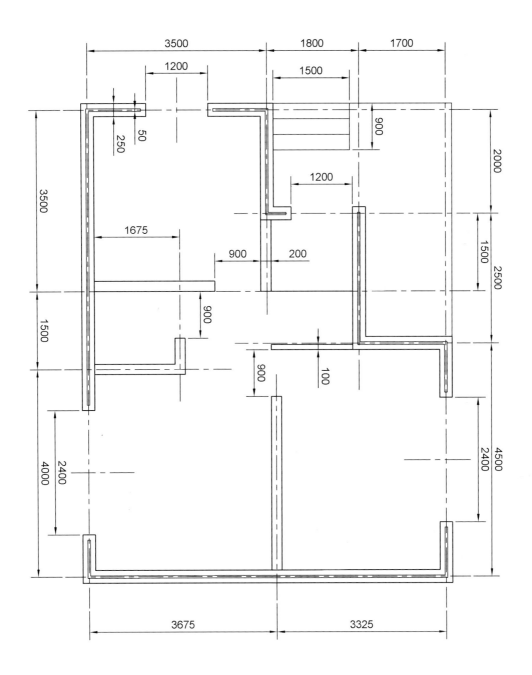

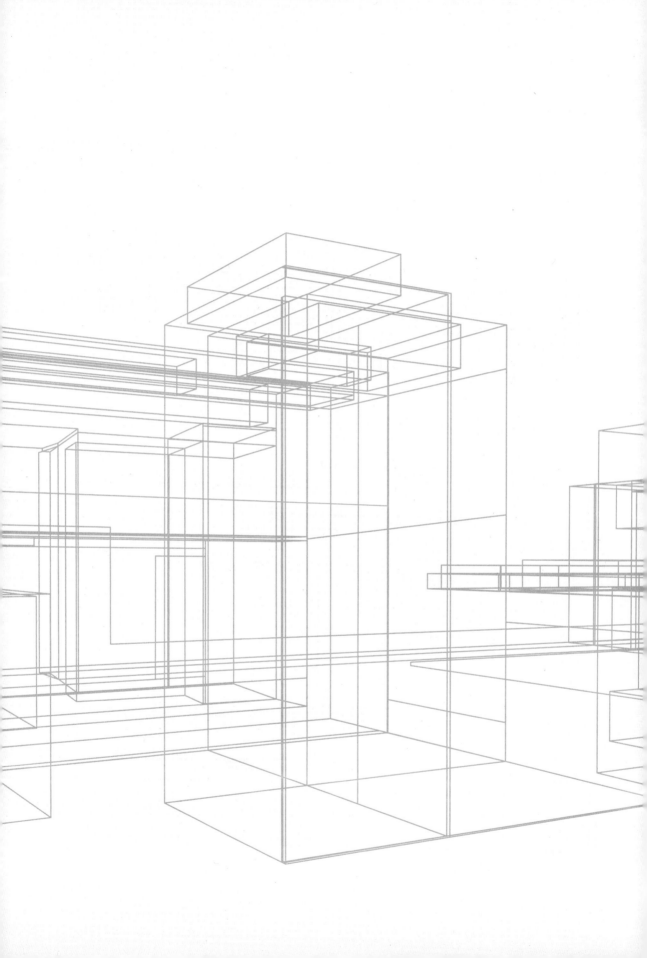

2교시

건축과 인테리어를 위한 실무 도면의 관리와 완성

도면의 외형선 작업이 완료되었다면 복잡한 요소들을 구분하기 위해 도면 특성에 맞는 관리가 필요하다. 또한 건축과 인테리어 도면은 시공에 필요한 정보를 전달하기 위해 정확한 입력 작업이 필요하다. 다음 과정에서 실무 도면의 필요한 관리 방법과 정보 입력 방법에 대해 확인하자.

AutoCAD 2019

|강|의| 21

선의 종류와 축척
Linetype/Ltscale

건축 제도에서 선의 굵기 및 선의 종류에 따라 그 의미가 다양하기 때문에 도면의 형태를 제대로 표현하기 위해서는 도면 특성에 맞게 선의 선택이 중요하다. 대부분은 누가 봐도 도면의 정보를 알아볼 수 있도록 국내 및 국제 표준 규격에 따라 작성된다.

■ Linetype/Ltscale − 선의 종류/선의 축척

Linetype은 선의 유형을 설정하는 기능이며 [Linetype Manager] 창에서 설정할 수 있다. 사용자는 필요한 선의 종류를 선택하여 현재 도면에 불러올 수 있다. 도면을 구성하는 선들의 크기는 Ltscale의 영향을 받는다.

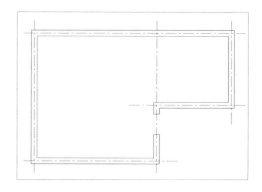

옵션별 기능 살펴보기

① **[Load]**: 현재의 작업 파일에 선의 유형을 불러온다.

② **[Delete]**: 불필요한 선의 유형을 삭제한다.

③ **[Current]**: 선택한 선의 유형을 현재 사용하는 선으로 설정한다.

④ **[Show details]**: 선의 유형을 자세히 표시한다.

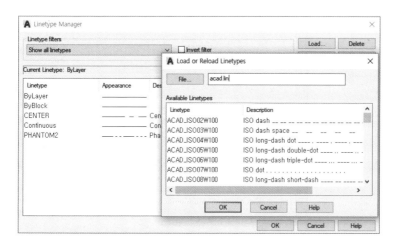

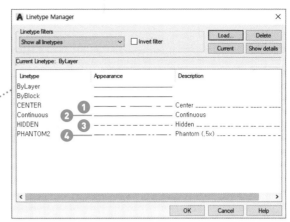

▲ 선의 종류별 기능

① **1점 쇄선(Center)**: 원의 중심선 및 도면의 기준선을 그릴 때 사용한다.

② **실선(Continuous)**: 외형선, 윤곽선, 가는 실선(단면선, 해칭선 등)을 그릴 때 사용한다.

③ **점선(Hidden)**: 숨은선 등 도면에 보이지 않는 부분을 그릴 때 사용한다.

④ **2점 쇄선(Phantom)**: 가상선과 같이 임의로 가상의 선을 그릴 때 사용한다.

■ Linetype 기능 따라하기

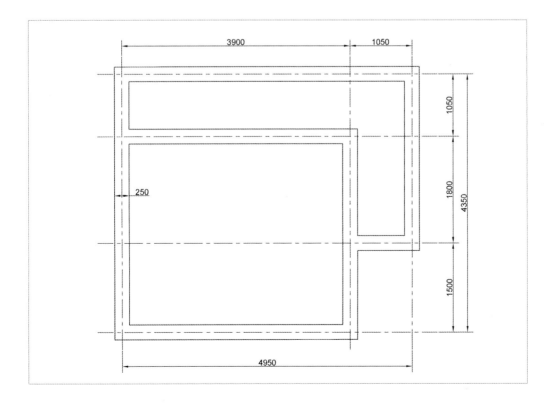

1 | Linetype을 실행하여 현재 사용할 선의 종류로 설정하기

Linetype을 실행하여 [Linetype Manager] 창이 나타나면 [Load] 버튼을 클릭한다.

Command: linetype

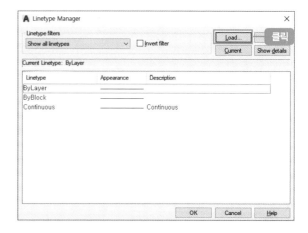

[Load or Reload Linetype] 창이 나타나면 Center를 선택하고 [OK] 버튼을 누른다.

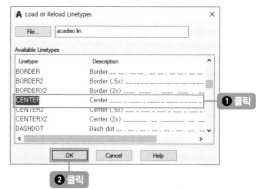

Load된 Center 선을 선택한 후 [Current] 버튼을 클릭하여 현재 선의 유형(Current Linetype)을 Center로 변경하고 [OK] 버튼을 클릭하여 [Linetype Manager] 창을 닫는다.

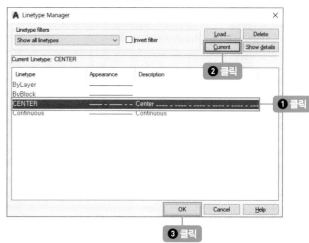

2 | Line 명령을 이용하여 중심선 작성하기

Line 명령을 실행하여 도면에 맞게 중심선을 그려준다. 그러나 현재 선의 종류가 Center로 되어 있지만 그림과 같이 너무 조밀하여 표시되지 않거나 너무 작게 보인다면 선의 스케일(축척)이 맞지 않기 때문이다.

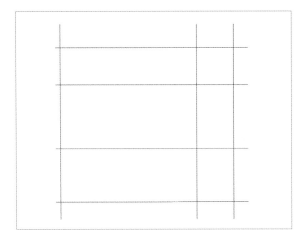

3 | Linetype의 스케일 조절하기

중심선의 선의 간격이 조밀하게 보이는 경우에는 Ltscale 명령어를 이용하여 선의 스케일을 조절해야 한다.

```
Command: ltscale
Enter new linetype scale factor <1.0000>: 10
Regenerating model.
```

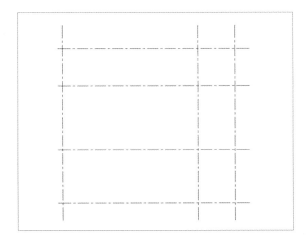

4 | Linetype을 다시 실선으로 변경하기

다시 벽체 외형선을 그리고 위해 실선으로 변경한다. Linetype을 실행하고 실선(Continuos)을 선택한 후, [Current] 버튼을 클릭한다. [OK] 버튼을 눌러 명령을 종료한다. 이제 선의 종류는 중심선(Center)에서 실선(Continuos)로 변경되었다.

Command: linetype

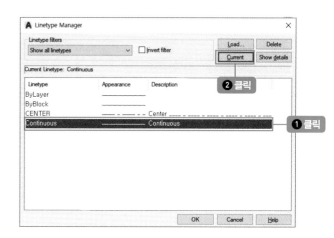

5 | Mline으로 벽체 작성하기

Command: mline
Current settings: Justification=Zero, Scale=20.00, Style=STANDARD
Specify start point or [Justification/Scale/STyle]: s
∠ 벽체의 폭 값을 설정하도록 Scale 옵션을 선택한다.
Enter Mline scale <20.00>: 250
∠ 적용할 벽의 폭 값을 입력한다.
Current settings: Justification=Zero, Scale=250.00, Style=STANDARD
Specify start point or [Justification/Scale/STyle]:
∠ 다중선(Mline)의 시작점(p1)을 선택한다.
Specify next point:
∠ 다중선(Mline)의 두 번째 점(p2)을 선택한다.
Specify next point or [Undo]:
∠ 다중선(Mline)의 세 번째 점(p3)을 선택한다.
Specify next point or [Close/Undo]:
∠ 다중선(Mline)의 네 번째 점(p4)을 선택한다.
Specify next point or [Close/Undo]:
∠ 다중선(Mline)의 다섯 번째 점(p5)을 선택한다.
Specify next point or [Close/Undo]:

∠ 다중선(Mline)의 여섯 번째 점(p6)을 선택한다.

Specify next point or [Close/Undo]: c

∠ Close 옵션으로 명령을 종료한다.

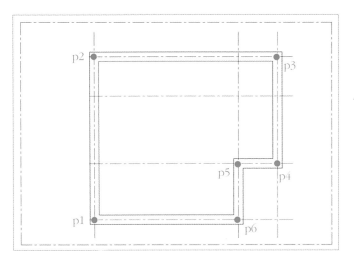

Command: mline

Current settings: Justification=Zero, Scale=200.00, Style=STANDARD

Specify start point or [Justification/Scale/STyle]:

∠ 다중선(Mline)의 시작점(p7)을 선택한다.

Specify next point:

∠ 다중선(Mline)의 두 번째 점(p8)을 선택한다.

Specify next point or [Undo]:

∠ 다중선(Mline)의 세 번째 점(p9)을 선택한다.

Specify next point or [Close/Undo]:

∠ Enter 를 눌러 명령을 종료한다. 결과는 다음 그림과 같다.

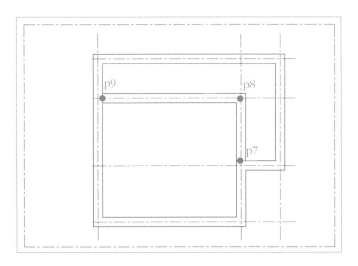

6 | 벽체 정리하기

Mledit를 이용하여 벽체들을 정리한다.

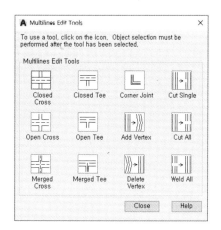

Command: mledit

Select first mline:

∠ A 객체를 선택한다.

Select second mline:

∠ B 객체를 선택한다

Select first mline or [Undo]:

∠ Space Bar 를 눌러 명령을 종료한다.

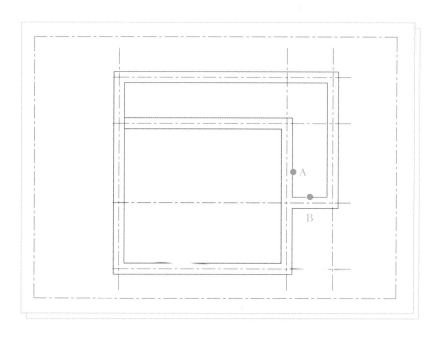

■ Ltscale 기능 따라하기

1 | Ltscale 예제 파일을 불러오면 선의 종류가 전부 실선(Continuos)로 표시되어 보인다.

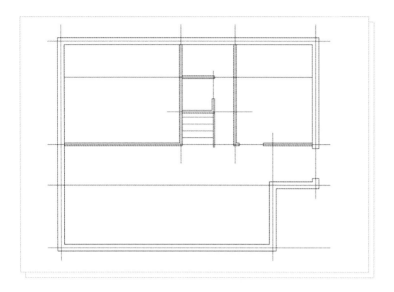

2 | Linetype 스케일 조정하기

Command: ltscale
Enter new linetype scale factor <1.0000>: 10
∠ Linetype의 스케일을 조정한다.

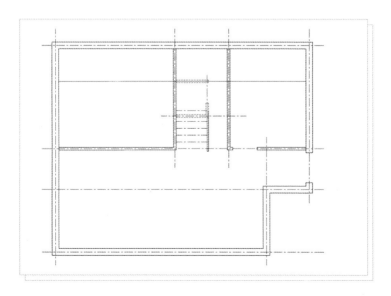

3 | Linetype 변경하기

계단 부분의 선이 중심선으로 구성되어 있는 것을 실선으로 변경해보자. 명령이 실행되지 않은 상태에서 계단 층을 표시한 객체를 선택한다. 그다음 리본 메뉴에서 Properties 항목을 선택하고 Linetype에서 Continuous를 선택한다.

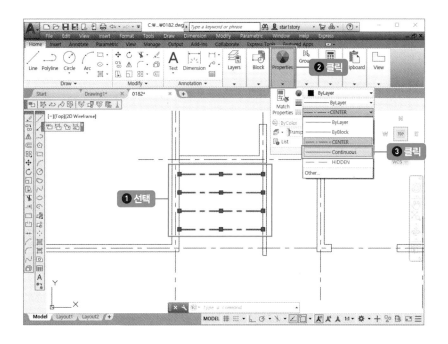

변경이 완료되면 Esc 를 눌러 종료한다.

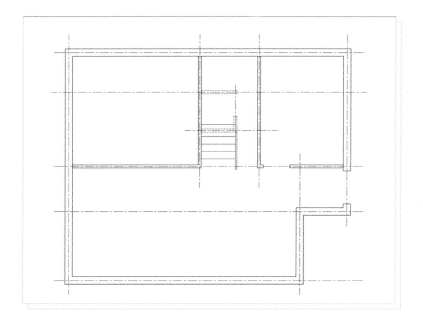

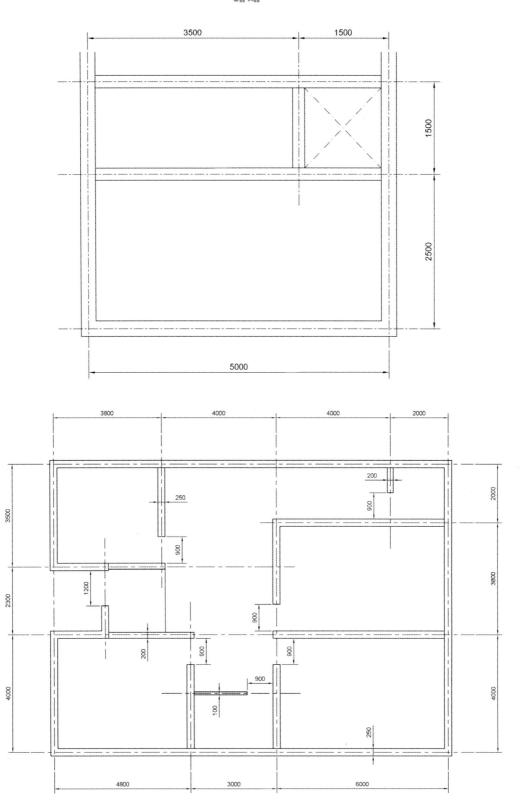

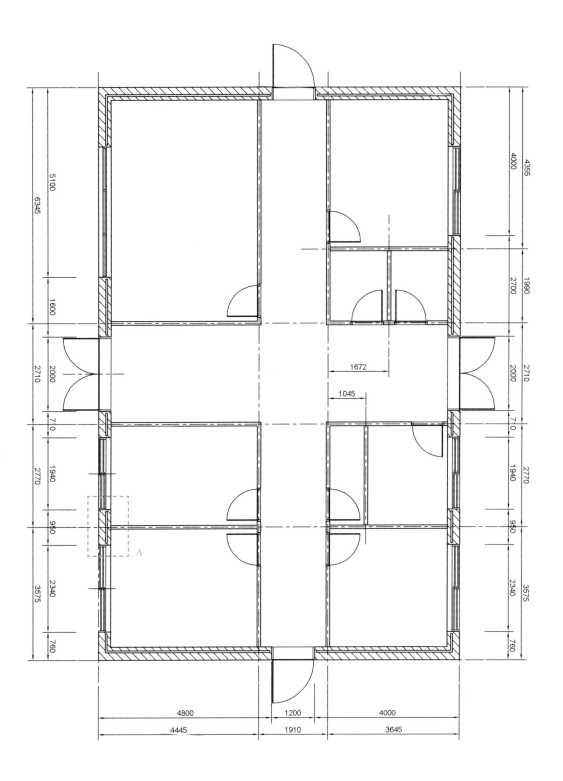

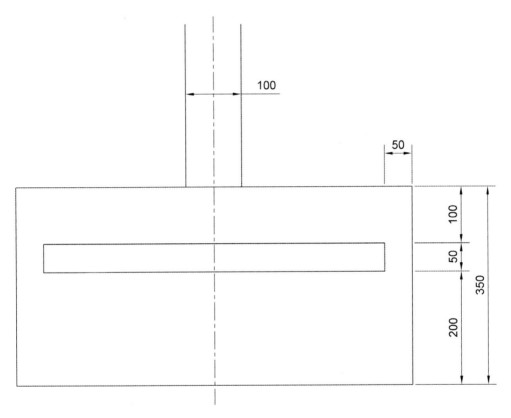

100

50

100

50

350

200

▲ A 상세도

도면층 관리하기

Layer

건축 도면은 무수히 많은 구성 요소들로 구성된다. 이때 같은 선의 종류, 같은 선의 색상들로 구성된다면 사용자가 객체를 구분하는데 많은 시간을 필요하다. Layer를 이용하면 도면의 구성 요소를 특성에 맞춰 관리할 수 있다.

■ Layer(🖺) – 도면층

Layer는 도면층을 말한다. 도면층으로 각각의 성격이 다른 도면들을 투명한 종이에 분리하여 작성할 수 있으며 필요에 따라 숨기거나 변경, 삭제, 색상, 얼림 등 도면의 요소를 신속하고 편리하게 관리하기 위한 기능이다. Layer를 실행하면 [Layer Properties Manager] 창이 표시되며 도면층의 이름은 도면의 특성을 고려하여 생성한다. 예로 건축 평면 도면에서 첫 번째 레이어는 중심선을 작성하고 두 번째 레이어에는 벽체 선을 작성한다. 세 번째 레이어는 문, 창문, 욕조 등을 작성하며 네 번째 레이어는 치수와 문자를 기입한 도면을 작성한다. 이와 같이 특성별로 도면을 작성하게 되면 특정 부분의 도면을 수정 및 변경할 때 작업이 용이하다.

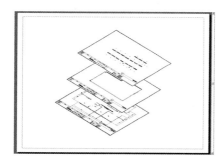

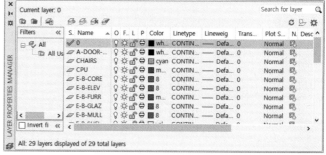

옵션별 기능 살펴보기

- **[New Layer]**: 새로운 도면층을 생성한다.
- **[Delete Layer]**: 선택한 도면층을 삭제한다. 해당 도면층에 객체가 존재하지 않을 때만 삭제할 수 있다.
- **[Set Current]**: 선택한 도면층을 현재 도면층으로 설정한다.
- **[Name]**: 도면층 이름으로 31자까지 포함한다.
- **[On]/[Off]**: 선택한 도면층에 포함된 객체의 보이기와 숨기기 기능을 제공한다. 현재 사용 중인 도면층일 경우 경고문을 표시한다.

- **[Freeze]**: 선택한 도면층에 포함된 객체를 동결한다. 시각적 효과는 On/Off와 동일하지만, 개념적인 차이점이 크다. On/Off를 설정하면 메모리에 남아 있고, 해당 화면에만 표시하지 않는다. Freeze/Thaw를 조정하면 메모리에서 해당 도면층이 없어지므로 AutoCAD 시스템의 처리 속도가 빨라진다.
- **[Lock]**: 선택한 도면층을 잠근다. 잠긴 도면층에서는 객체를 작성할 수 있지만 수정은 불가능하다.
- **[Color]**: 선택한 도면층에 작성될 객체의 색상을 설정한다.
- **[Linetype]**: 선택한 도면층에 작성될 객체의 선의 종류를 설정한다.
- **[Lineweight]**: 선택한 도면층에 작성될 객체의 선의 가중치를 설정한다.
- **[Transparency]**: 선택한 도면층에 작성된 객체의 투명도를 설정한다.

■ Layer 기능 따라하기

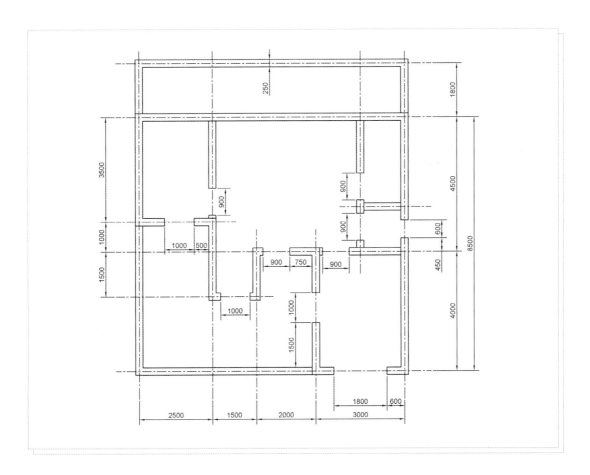

1 | Layer 생성하기

도면을 작성하기 전 먼저 각각의 레
이어를 추가한 후, 도면을 분리하여
작성하는 것이 작업을 편리하게 진행
할 수 있다.

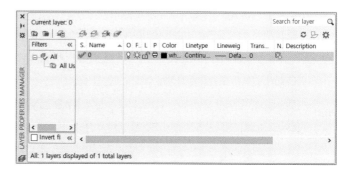

Command: layer

[Layer Properties Manager] 창에서
[New Layer] 버튼을 클릭하여 레이어
를 추가하고 이름을 '중심선'으로 변
경한다.

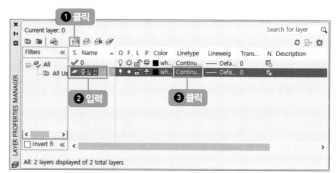

> **Tip** 작성한 후에도 레이어를 변경할 수 있지만 미리 필요한 도면층을 추가하고 작업하는 것이 수월하다. 실무에서는 미
> 리 작업 환경에 맞게 레이어를 종류별로 설정한 폼에서 작업을 시작하기 때문에 새로운 작업 때마다 레이어를 추
> 가하며 작업하는 것은 드물다.

2 | 생성한 레이어에 Linetype 변경하기

중심선 레이어의 Linetype 항목을 클릭하고 [Select
Linetype] 창에서 [Load] 버튼을 클릭한다.

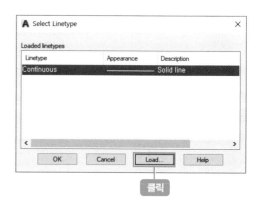

[Load or Reload Linetype] 창에서 Center를 선택하고 [OK] 버튼을 클릭한다.

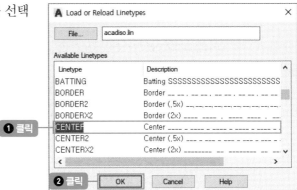

현재의 상태는 작업 파일에 사용할 Linetype을 불러오기만 했을 뿐 적용한 상태가 아니다. 작업자는 반드시 도면층에 적용할 선을 선택하고 [OK] 버튼을 클릭하여 적용해야 한다.

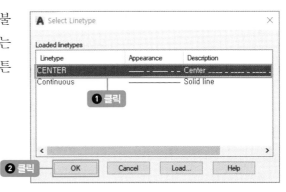

그러면 다음과 같이 Linetype이 실선(Continuous)에서 중심선(Center)로 변경된 것을 확인할 수 있다.

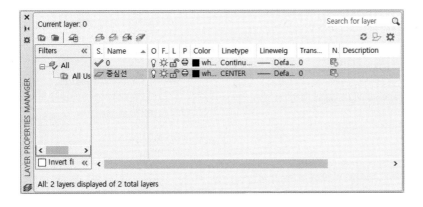

3 | 현재 도면층을 중심선 레이어로 변경하기

'중심선' 레이어를 선택하고 [Set Current] 버튼을 클릭하여 현재 사용할 도면층을 중심선 레이어로 변경한다.

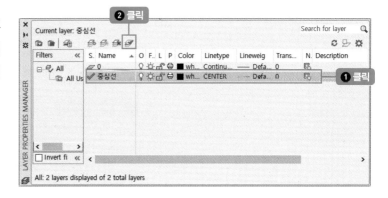

4 | AutoCAD 작업 화면에서 벽체 중심선을 작성하기

이때 중심선이 실선으로 보이거나 너무 조밀하다면 Ltscale 명령어를 실행하여 선의 스케일을 조정한다.

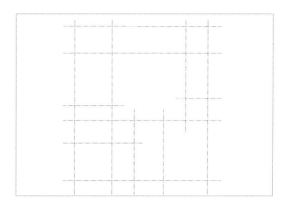

5 | 외벽 도면층 생성하고 외벽 그리기

Layer를 실행하여 [Layer Properties Manager] 창에서 새로운 도면층을 추가한 후, 레이어의 이름을 '외벽'으로 변경한다.

Command: layer

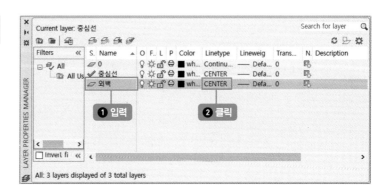

'외벽' 레이어의 선의 유형을 변경하기 위해 Linetype을 클릭하고 실선(Continuous)을 변경한다.

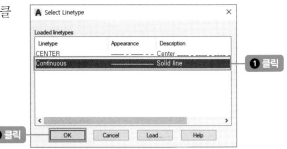

[Set Current] 버튼을 클릭하여 '외벽' 레이어를 현재 레이어로 변경한 후, Mline을 사용하여 외벽을 작성한다. 결과는 다음과 같다.

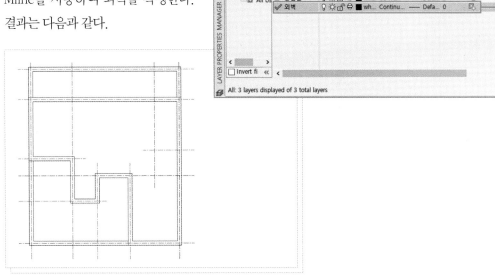

6 | 내벽 도면층을 추가하여 내벽 그리기

앞 과정을 반복하여 '내벽' 도면층을 추가하고 내벽을 작성한다.

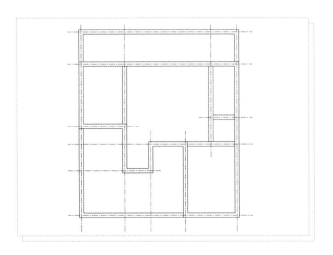

7 | 창문과 문의 위치 작업하기

Offset과 Trim을 이용하여 창문과 문의 위치를 편집한다.

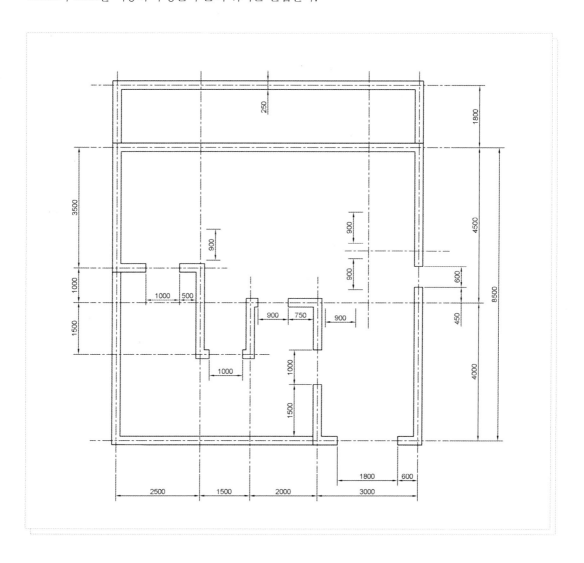

Tip 실무에서 사용되는 도면층 구분 유형과 명칭은 다음과 같다.

분류 기준	기분 설명	예시
재료별	건축 재료의 종류에 따른 구분	콘크리트/벽돌/유리/목재/시트/철재
용도별	건축물 용도에 따라 구분	외벽/내벽/마감/문/창문
복합형	제료와 용도를 혼합	콘크리트/벽돌/문/창문

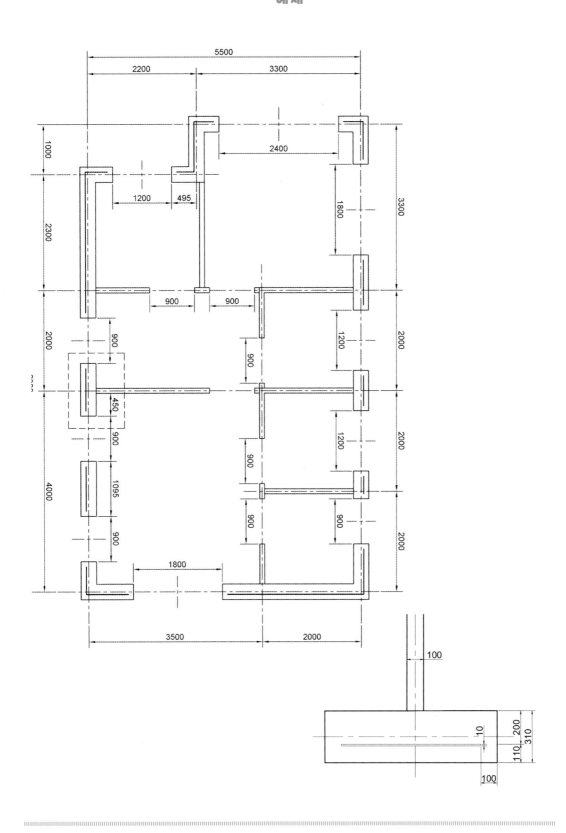

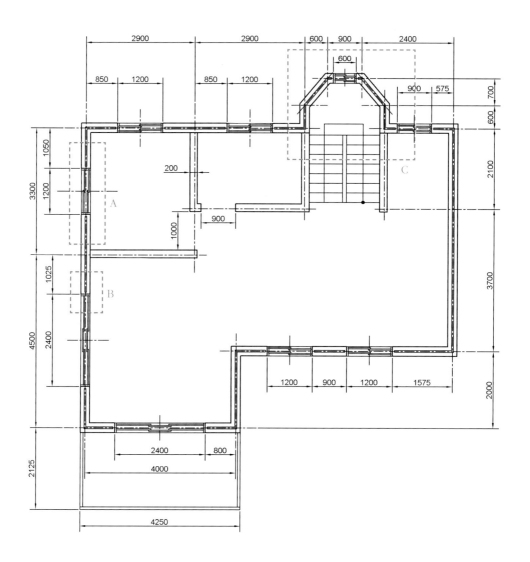

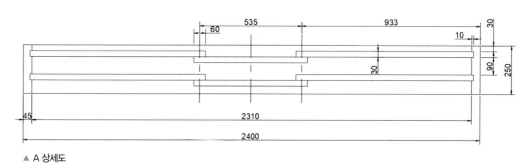

▲ A 상세도

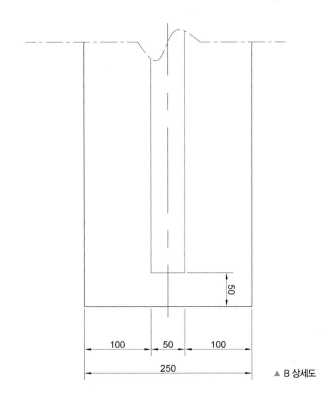

▲ B 상세도

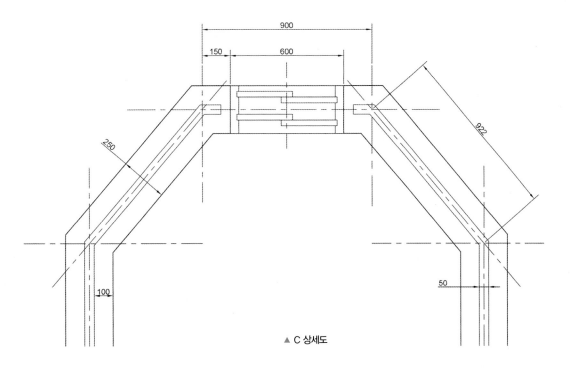

▲ C 상세도

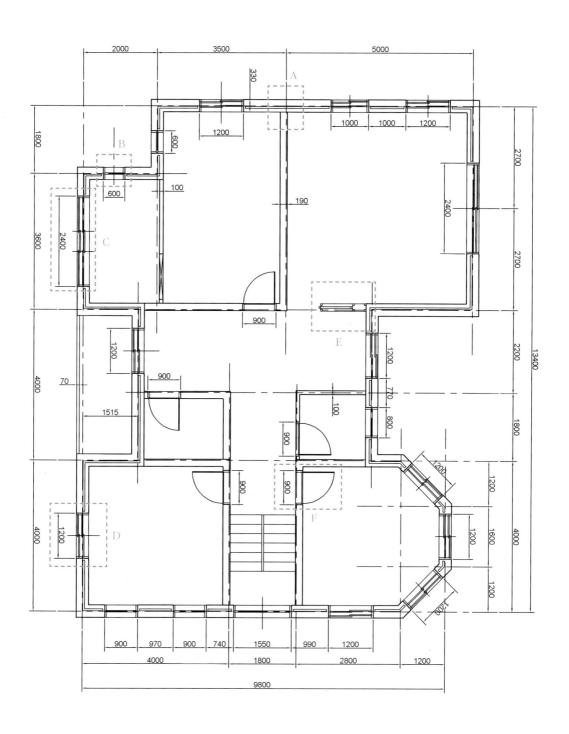

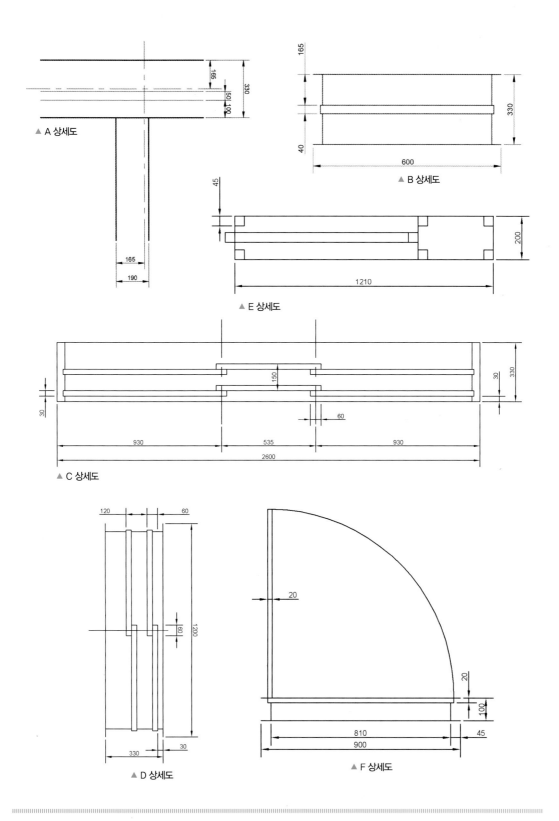

▲ A 상세도

▲ B 상세도

▲ E 상세도

▲ C 상세도

▲ D 상세도

▲ F 상세도

※ 방문과 창문을 임의로 추가하여 완성한다.

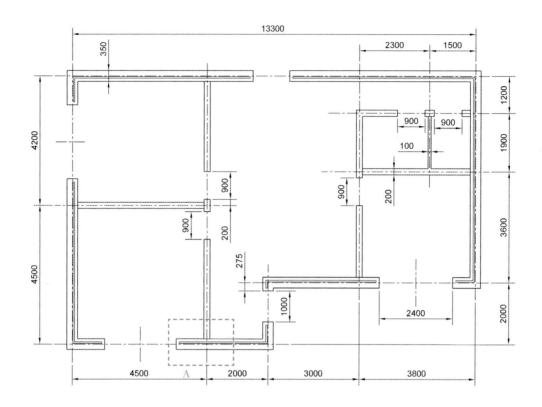

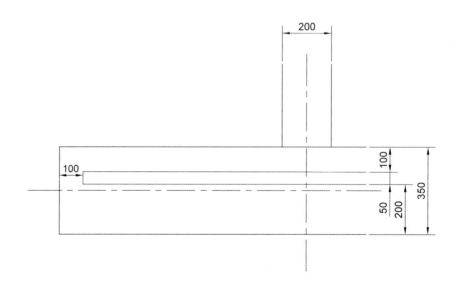

▲ A 상세도

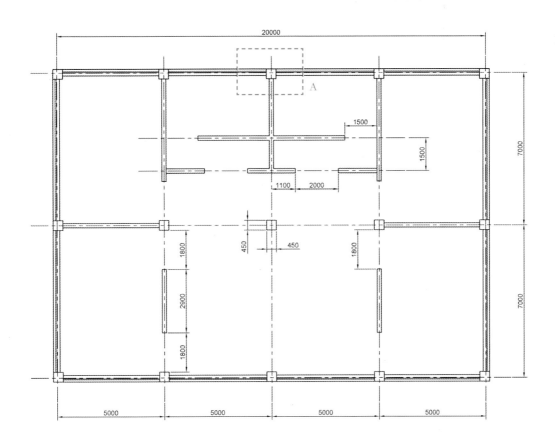

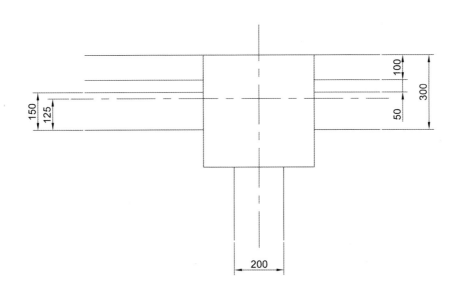

▲ A 상세도

객체 특성 관리하기
Properties/Matchprop

|강|의|
23

건축 도면 작성 시 객체의 특징에 맞추어 Layer(도면층)을 변경해야 하는 경우가 발생한다. 예를 들어 벽체의 중심선을 이용하여 간격 띄우기(offset)를 하였을 경우, 생성된 객체는 원본의 중심선이 가지는 특성을 그대로 유지하고 있는 상태가 된다. 생성된 객체가 중심선이 아닌 일반 실선일 경우, 그 선의 특성을 변경해주어야 한다. AutoCAD의 구버전에서는 Change 명령으로 객체의 특성을 변경하였지만, 최근의 AutoCAD 버전들은 Properties를 이용하여 좀 더 쉽게 변경할 수 있다.

■ Properties(▤)/Matchprop(▨) – 특성 팔레트/특성 일치

Properties는 객체의 속성을 표시한다. Propertise를 실행하면 [Propertise] 창이 표시되며 한 개의 객체를 선택하였을 경우와 다수의 객체를 선택하였을 경우 창에 표시되는 항목이 달라진다. 객체를 여러 개 선택한 경우, 공통된 특성만 표시된다. 객체를 선택하지 않으면 일반 특성의 현재 설정만 표시된다. Matchprop는 색상, 도면층, 선의 종류, 선의 축척, 선가중치 등 객체의 특성을 복사하여 다른 객체에 적용하는 기능이다.

특성을 변경할 객체를 선택하고 Propertise를 실행한 후, 변경할 속성 항목을 선택하여 적용한다.

① 변경할 객체를 선택한다.

② 변경할 카테고리를 선택한다.

③ 변경할 세부 항목을 선택하여 변경한다.

④ 객체의 크기, 도면층, 선의 종류, 선의 크기 등을 변경할 수 있다.

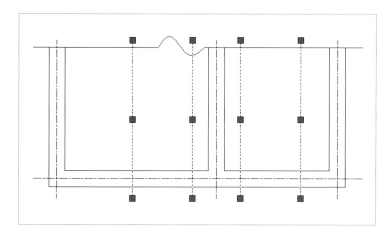

■ Properties 기능 따라하기

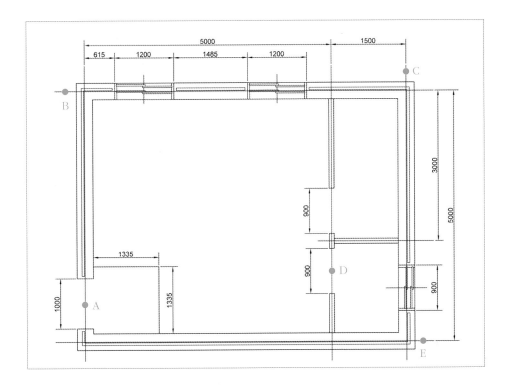

1 | 중심선 레이어로 변경하기

도면에서 벽체 중심선(A/B/C/D/E)에 해당하는 객체를 선택한다. 명령 입력창에서 Properties를 실행하거나 선택한 객체를 우 클릭하고 팝업 메뉴에서 Properties를 선택한다.

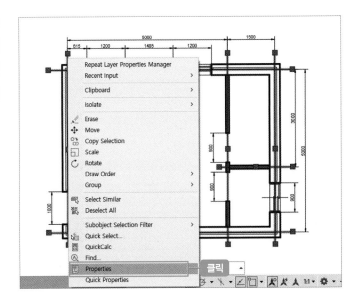

[Properties] 창이 표시되면 Layer
항목에서 '0' 레이어를 '중심선' 레
이어로 변경한다.

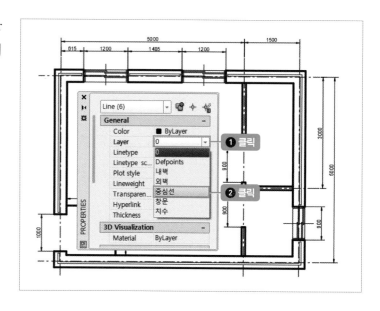

2 | 외벽체 도면층 변경하기

작업할 영역을 확대하여 객체를
원활하게 선택할 수 있도록 한다.

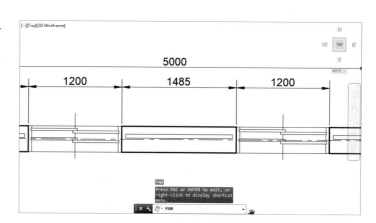

외벽에 해당하는 객체(A/B/
C/D)를 선택하고 우 클릭하여
Properties 메뉴를 선택한다.

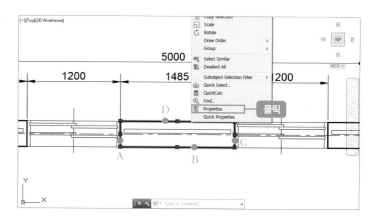

[Properties] 창이 표시되면 Layer 항목에서 '외벽' 레이어로 변경한다.

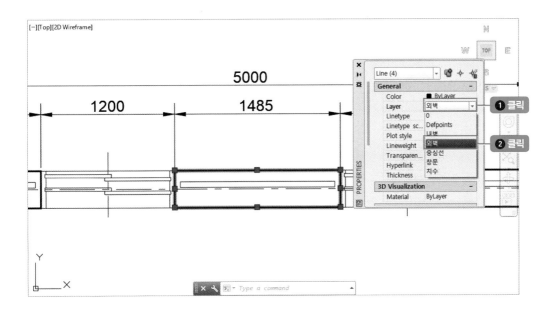

동일한 방법으로 창문과 치수도 각각 해당 Layer로 변경하여 완성한다.

예제 파일 | 02-03.dwg

■ Matchprop 기능 따라하기

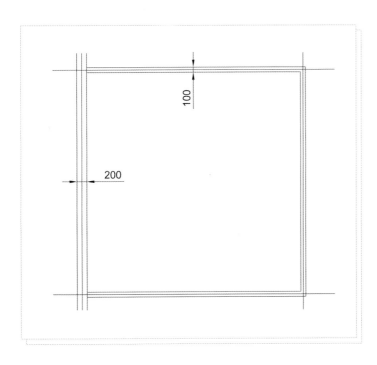

1 | Layer 변경하기

벽체의 중심선(A) 객체를 선택한 후, Properties를 실행하여 Layer를 중심선으로 변경한다.

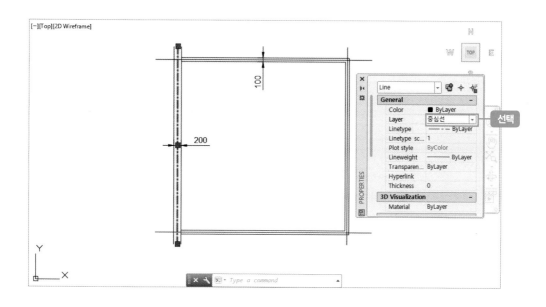

2 | 객체의 속성 변경하기

중심선으로 변경한 A 객체의 속성을 B/C/D 객체에 적용하기 위해 Properties 리본 메뉴에서 [Match Properties]를 클릭하거나 명령 입력창에서 Matchprop를 실행한다.

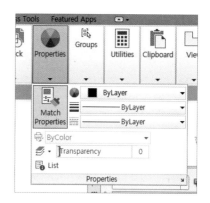

Command: matchprop

Select source object:

∠ 원본 객체(A)를 선택한다.

Current active settings: Color Layer Ltype Ltscale Lineweight Transparency
Thickness PlotStyle Dim Text Hatch Polyline Viewport Table Material Shadow
display Multileader Center object

Select destination object(s) or [Settings]:

∠ 속성을 변경할 객체(B)를 선택한다.

Select destination object(s) or [Settings]:

∠ 속성을 변경할 객체(C)를 선택한다.

Select destination object(s) or [Settings]:

∠ 속성을 변경할 객체(D)를 선택한다.

Select destination object(s) or [Settings]:

∠ Enter 를 눌러 명령을 종료한다.

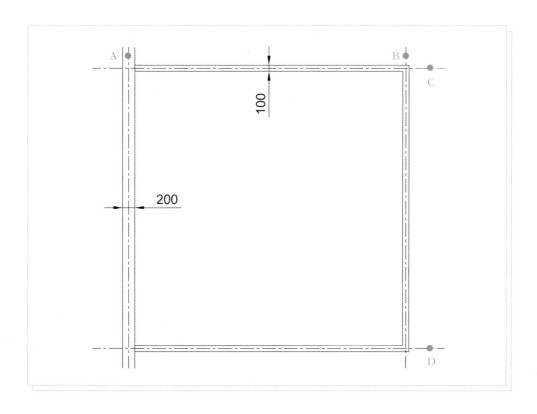

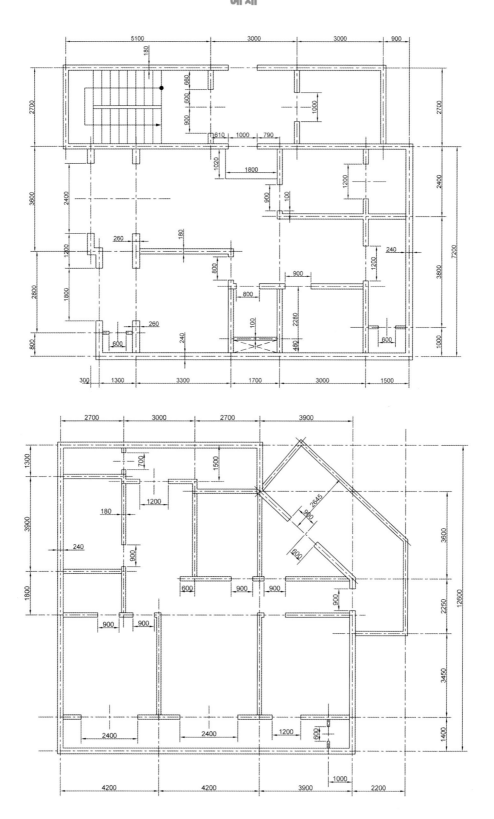

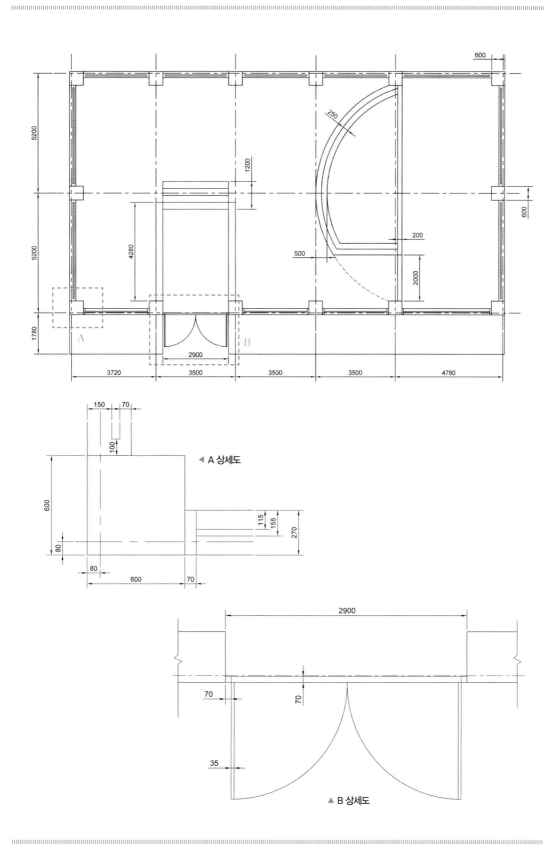

◀ A 상세도

▲ B 상세도

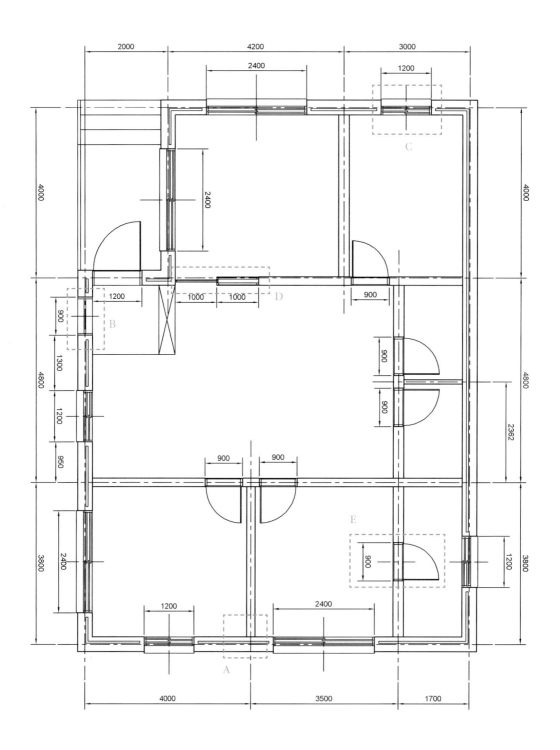

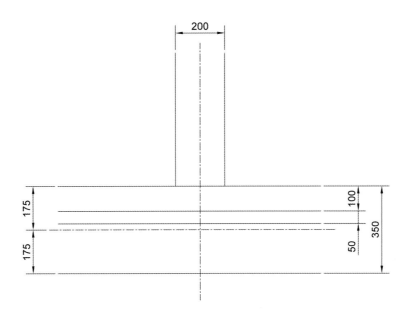

▲ A 상세도

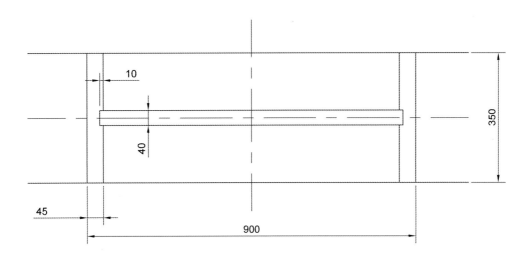

▲ B 상세도

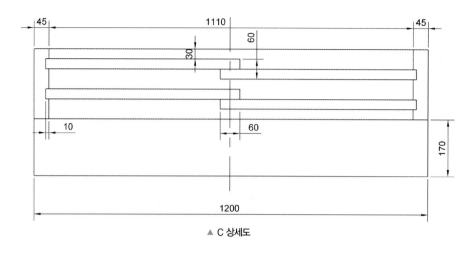

▲ C 상세도

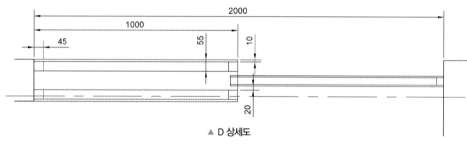

▲ D 상세도

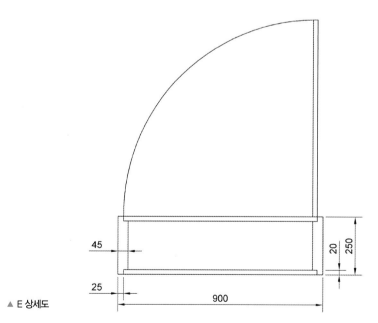

▲ E 상세도

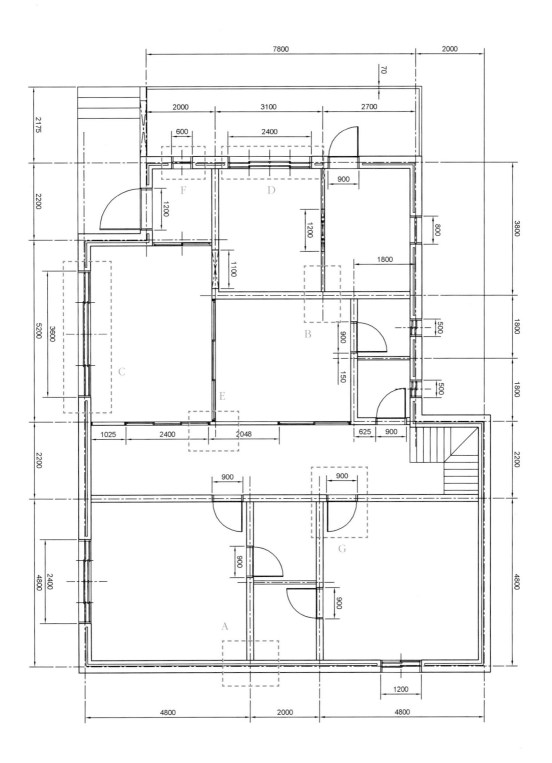

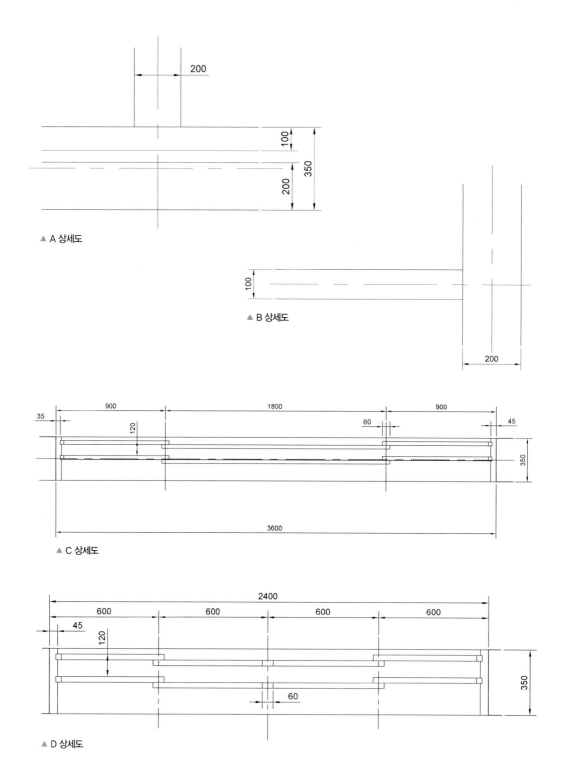

▲ A 상세도

▲ B 상세도

▲ C 상세도

▲ D 상세도

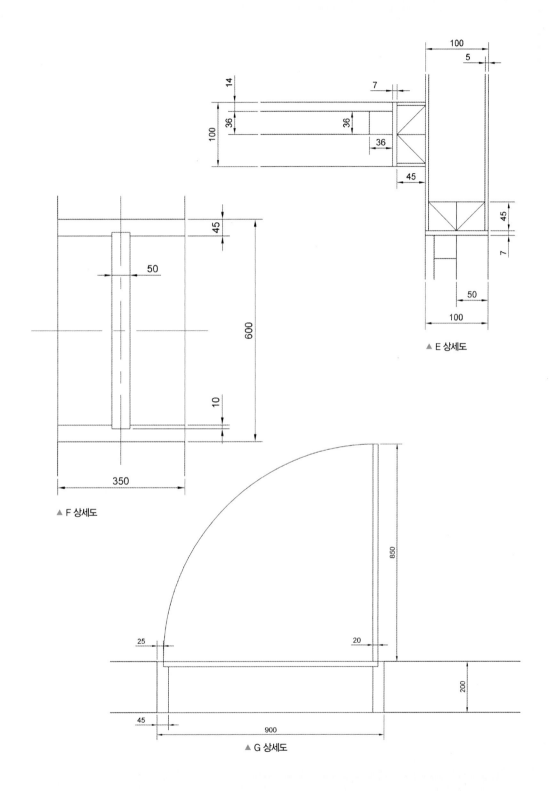

▲ E 상세도

▲ F 상세도

▲ G 상세도

블록의 생성과 관리
Block/Wblock/Insert/ ADCenter

여러 도면에서 반복적으로 사용되는 도면들을 매번 그려야 된다면 불필요한 작업 시간이 늘어나게 된다. 실무에서는 작업 시간을 단축하기 위해 책상, 의자, 소파, 문, 창문, 싱크대, 변기, 조명 등 규격화되어 있는 집기 및 도면 요소들은 미리 그려놓은 도면들을 불러와 삽입하는 방식으로 작업을 진행한다.

■ Block( )/Wblock − 블록

이미 작성된 객체의 일부 또는 전체를 지정하여 하나의 세트로 만드는 것을 '블록화한다'라고 말하며, 반복적으로 작성하는 객체들을 블록으로 지정하면 언제든지 불러와 삽입할 수 있다. Block으로 작성된 객체는 블록을 생성한 도면 안에서만 사용할 수 있다. Wblock은 블록을 다른 도면에서도 사용할 수 있도록 DWG 파일로 저장하는 기능으로 사용 방법은 Block 기능과 거의 동일하다.

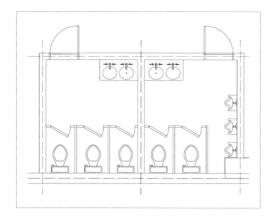
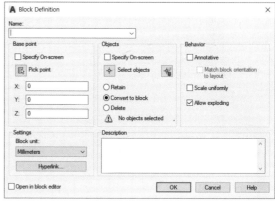

옵션별 기능 살펴보기

- [Name]: 블록의 이름을 지정한다.
- [Base Point]: 블록의 기준점을 지정한다.
- [Objects]: 블록으로 지정할 객체를 지정한다.
- [Retain]: 블록을 작성한 후 선택된 객체의 형태를 그대로 유지한다.
- [Convert to block]: 도면에서 블록을 작성한 후 선택된 객체를 블록 객체로 변경한다.
- [Delete]: 블록을 작성한 후 선택된 객체는 삭제한다.
- [Open in block editor]: 체크 표시를 하면 블록을 생성한 후 수정 화면으로 자동 전환된다.

■ Insert( ) – 블록 삽입

Insert는 블록을 현재 도면에 삽입하는 명령어이다. 삽입된 객체는 Explode 명령어로 분해한 후 편집할 수 있다.

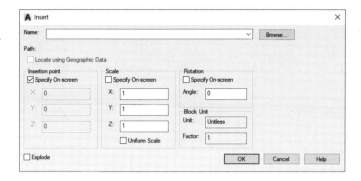

옵션별 기능 살펴보기

- **[Name]**: 삽입 가능한 블록 및 기존에 삽입된 목록이 표시된다.
- **[Browse]**: 삽입할 블록이나 도면 파일을 선택한다.
- **[Insertion point]**: 블록의 삽입 점을 지정한다.
- **[Scale]**: 삽입될 블록의 축척 여부를 설정한다.
- **[Rotate]**: 삽입될 블록의 회전 각도를 지정한다.
- **[Block Units]**: 삽입될 블록의 단위를 설정한다. 축척의 설정에 따라 확대/축소를 설정할 수 있다.
- **[Explode]**: 삽입될 블록의 객체별 분해 여부를 설정할 수 있다. 객체 분해 기능을 체크하였다면 작업하는 도면의 용량이 증가된다.

> **Tip**
> - **Minsert**: 블록(Block)으로 생성된 객체를 다중 배열하여 배치한다. 삽입(Insert)된 객체들은 한 세트로 묶여 있기 때문에 수정할 수 없다.
> - **Array**: 블록화하지 않은 객체들을 다중 배열하여 배치한다. AutoCAD 2012 버전부터는 Array 명령 적용 시 단일 세트로 묶여 생성된다. Array로 배열한 객체는 Arrayedit를 이용하여 수정할 수 있다.

■ ADCenter( ) – 디자인 센터

ADCenter는 블록, 외부 참조 및 해치 패턴과 같은 콘텐츠를 관리하거나 삽입한다. AutoCAD 2000 버전 이상부터 사용되기 시작한 디자인 센터는 블록을 좀 더 효과적으로 사용하기 위해 만들어진 기능이다. 설계자가 자주 사용하는 도면 라이브러리를 제공하며, 사용자가 생성한 블록들을 좀 더 시각적으로 제공하여 사용자의 편리성을 극대화하였다. 디자인 센터 내부의 각 파일마다 다양한 산업군에서 사용하는 블록들이 제공된다.

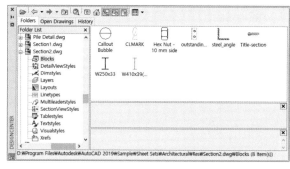

예제 파일 | 02-04.dwg

■ Block/Wblock/Insert 기능 따라하기

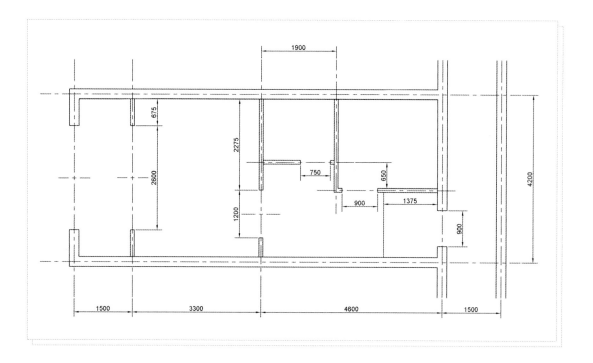

1 | 블록(Block)에 사용할 소스 작성하기

예제 도면에서 사용할 블록을 생성하기 위하여 문을 작도한다. 블록을 생성하는 기준은 현재 작업하는 도면에서 반복되는 도면 요소이거나 다른 도면에서 자주 사용되는 도면 요소일 때 사용한다. 다음 치수를 참고로 도면의 빈 공간에 문을 작성한다.

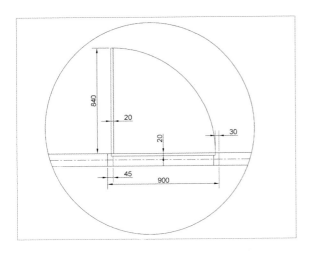

2 | 블록 생성하기

Block을 실행한 후 [Block Definition] 창
의 Name 항목에서 블록의 이름을 'w900'으
로 설정한다. 블록 생성 시 이름을 쉽게 구
분할 수 있도록 설정하는 것이 좋다. [Select
Objects] 버튼을 클릭하여 블록으로 생성할
객체를 선택한다.

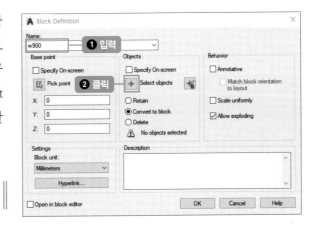

Command: block

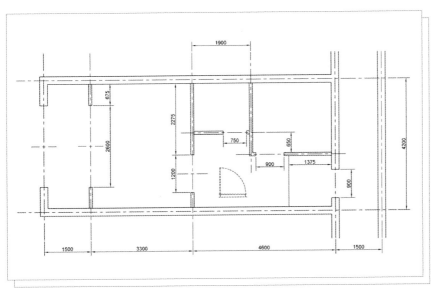

블록으로 문을 지정한 후 Enter 를 누르면 다
시 [Block Definition] 창이 나타나고 문 이미
지가 표시된다.

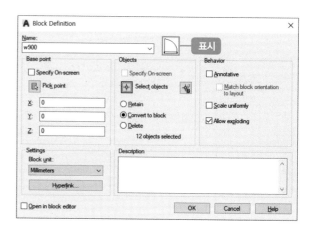

생성된 블록의 삽입(Insert) 시에 사용할 기준점을 지정한다. 기준점을 지정하지 않으면 절대 좌표의
0,0 점을 기준으로 삽입된다. [Pick insertion Base Point] 버튼을 클릭한 후, 블록 객체에서 삽입점을 지
정한다. 삽입 기준점을 지정하면 자동으로 [Block Definition] 창으로 돌아간다. 블록의 세부 설정이 완
료되었으므로 [OK] 버튼을 클릭하여 명령을 종료한다.

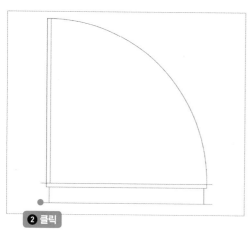

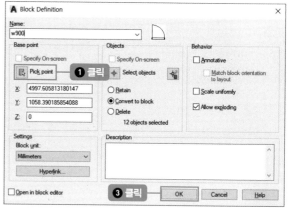

3 | 블록 삽입하기

생성한 w900 블록을 도면에 삽입하여 문을 설치한다. Insert 명령어를 실행한다. [Insert] 창이 나타나
면 자동으로 Name 항목에 블록이 표시된다. 최근 생성한 블록부터 우선적으로 표시된다. [OK] 버튼을
클릭하면 작업 화면으로 자동 전환된다.

Command: insert
Specify insertion point or [Basepoint/Scale/X/Y/Z/Rotate]:
∠ 내벽의 문 위치(p1점)에 삽입하여 명령을 종료한다.

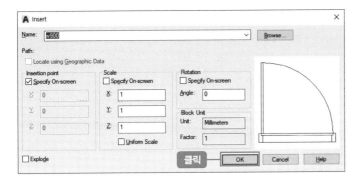

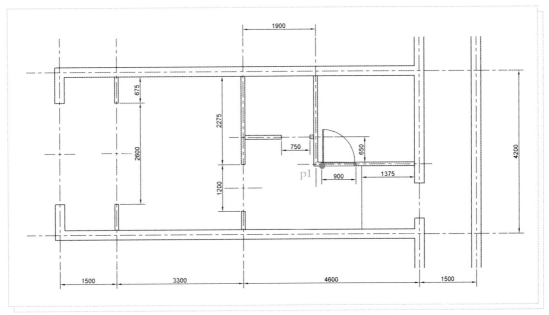

4 | 동일한 블록을 다른 위치에 삽입하기

현관문의 위치에 문을 삽입하기 위해 Insert 명령을 실행한다. 문의 방향이 다르기 때문에 회전이 필요하다. Angle 항목에서 각도 값을 '-90'으로 입력한다.

Command: insert
Specify insertion point or [Basepoint/Scale/X/Y/Z/Rotate]:
∠ 현관문의 삽입점을 지정한다.

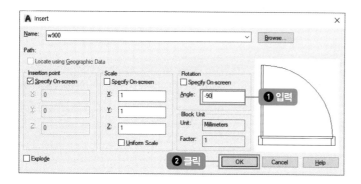

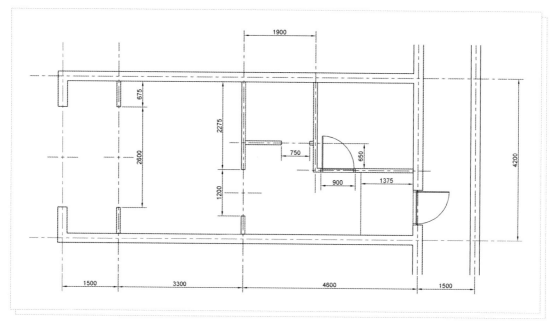

5 | 'w900' 블록을 Wblock으로 저장하기

'w900' 블록을 다른 도면에서도 사용할 수 있도록 만들어 보자. Wblock를 실행한다. [Write Block] 창에서 Source를 Block으로 선택하고 w900을 지정한다.

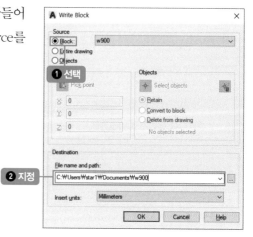

Command: wblock

Tip 블록으로 지정된 파일이 아니더라도 Wblock 에서도 객체를 선택하고 기준점을 설정하여 새로운 블록으로 저장할 수 있다.

예제 02-05.dwg 파일을 연다.

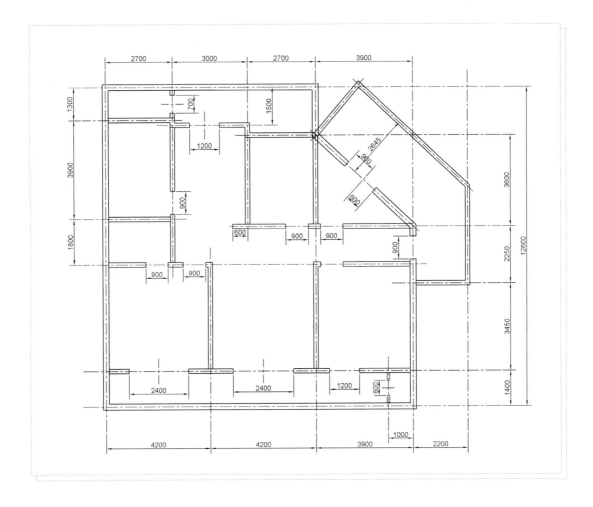

6 | Wblock로 생성한 블록 삽입하기

Insert 명령을 실행한다. [Insert] 창에서 [Browse] 버튼을 클릭하고 저장되어 있는 블록 파일을 선택한
다. 그다음 [OK] 버튼을 클릭하여 도면에 블록 이미지 삽입한다.

‖　Command: insert　‖

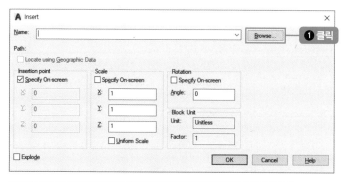

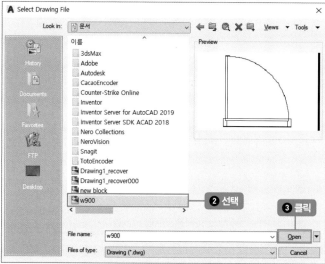

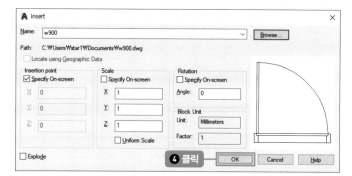

Insert 명령을 반복적으로 사용하거나 블록을 복사하여 다음과 같이 완성한다.

Specify insertion point for block :

∠방문 위치에 삽입한다.

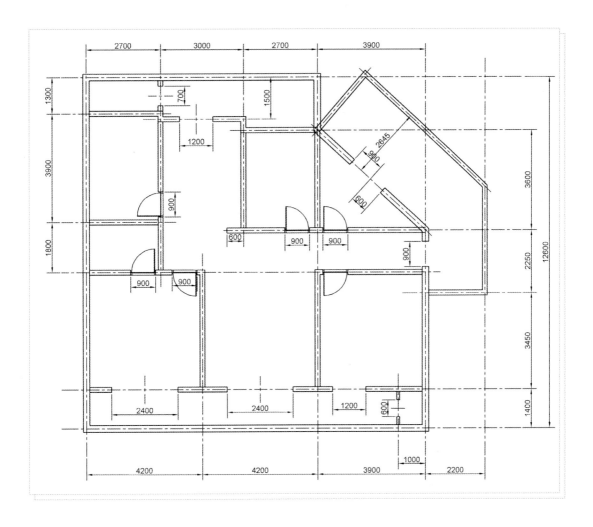

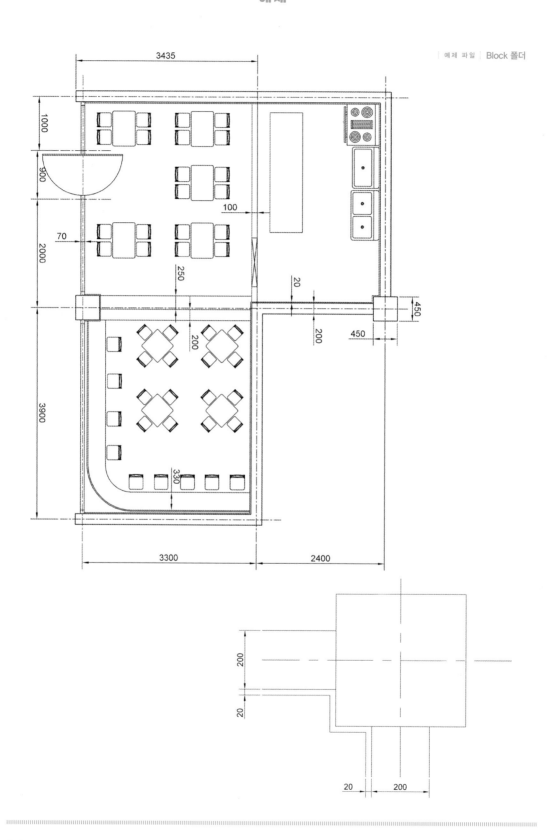

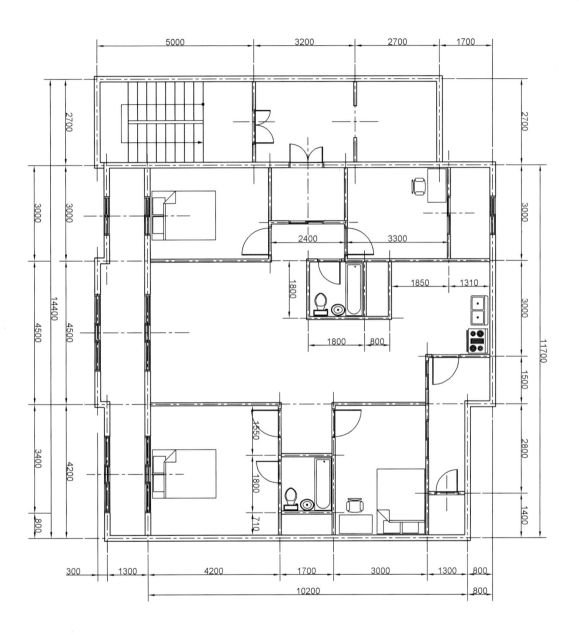

건축 도면의 재질 표현하기
Hatch/Hatchedit

Hatch는 필요한 영역에 다양한 문양을 추가하는 기능이다. 건축 구조물을 구분하기 위해 특정 영역에 재질 표시를 한다. 예를 들어 건축 평면도의 경우 각각 실내 바닥의 재질을 표시하거나 입면도의 경우 벽의 재질을 대략적으로 표시한다.

■ Hatch(🖾) – 해치

Hatch는 닫힌 영역이나 선택한 객체를 해치 패턴, 솔리드 또는 그라데이션으로 채워주는 기능이다. Draw 패널에서 Hatch 버튼을 클릭하거나 명령 입력창에 Hatch를 입력하여 실행하면 리본 메뉴에서 [Hatch Creation] 패널이 표시된다. [Hatch Creation] 패널에서 해칭의 패턴, 영역, 축척, 색상, 각도 등 해치의 기본적인 옵션을 설정할 수 있다.

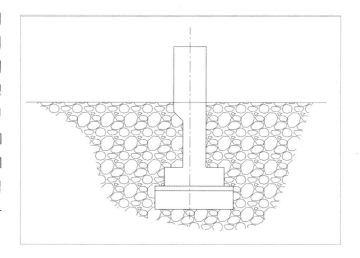

▲ Hatch 패널

■ Hatch and Gradient(🖾 /Hatch Edit(🖾) – 해치 설정 창

해치의 세부 옵션을 설정하기 위해서는 [Hatch Creation] 패널에서 Options의 [화살표] 버튼을 클릭하거나 명령 입력창에서 'Hatch'를 입력하여 실행한 후, Settings 옵션을 선택한다. 또한 적용되어 있는 해치를 수정하기 위해서는 [Hatch Creation] 패널에서 Modify의 [Edit Hatch] 버튼을 클릭하거나 명령 입력창에 'Hatchedit'를 입력하여 실행한다. [Hatch and Gradien] 창과 [Hatch Edit] 창의 모양은 동일하다.

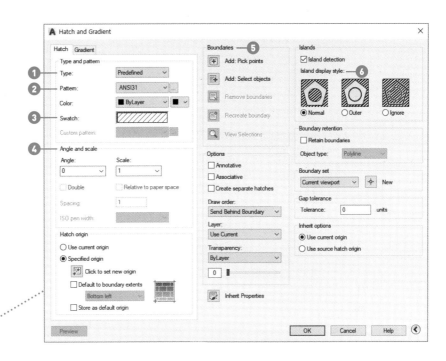

① **Type**: 해치에 사용될 패턴 형식을 결정한다.

  – **Predefined**: 미리 정의된 형태를 사용한다.

  – **User defined**: 사용자 정의의 패턴을 사용한다. 사용자는 해치선 사이의 간격 및 기울기를 설정할 수 있다.

  – **Custom**: 사용자가 마지막으로 사용한 해칭 패턴을 적용한다.

② **Pattern**: 사용 가능한 패턴의 목록을 표시한다.

③ **Swatch**: 사용 가능한 패턴의 형태를 미리 보기로 표시한다.

④ **Angle and Scale**: 선택한 해치 패턴의 축척 및 각도를 설정한다.

⑤ **Boundaries**: 해치를 넣기 위한 영역을 지정한다.

  – **Add: Pick Points**: 지정한 영역을 자동으로 탐지하여 해치를 채울 영역을 설정한다.

  – **Add: Select Objects**: 해치가 채워질 객체를 선택한다.

  – **Remove Boundaries**: 해치 선택 영역 중 불필요한 부분을 선택 영역에서 제외한다.

⑥ **Islands display style**: 해치 패턴의 채우기 유형을 설정한다.

  – **Normal**: 선택한 외부 경계로부터 안쪽을 채우며 채우기와 비우기를 반복한다.

  – **Outer**: 선택한 영역의 가장 바깥쪽 부분에만 채우기를 한다. 안쪽 영역은 비운다.

  – **Ignore**: 선택한 영역의 가장 바깥쪽을 기준으로 안쪽 영역은 무시한 채 채운다.

[Gradient tab]: 색상으로 선택한 영역을 채운다.

[Preview]: 채워질 해치의 적용 여부를 미리보기 해본다.

■ Bhatch 기능 따라하기

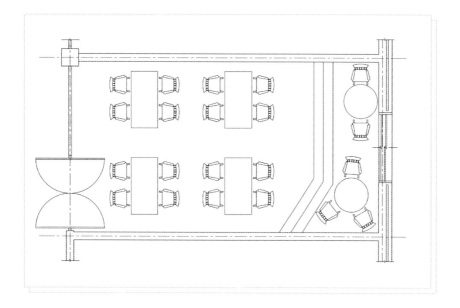

1 | 해치 패턴 설정하기

Home 패널에서 [Hatch] 아이콘(▦)을 클릭하거나 명령 입력창에 'Hatch'를 입력하여 실행한 후, [Hatch Pattern] 아이콘을 클릭하여 'ANGLE' 패턴을 선택한다. 그다음 [Hatch Creation] 패널에서 [Pick Points] 아이콘을 클릭하고 해치를 적용할 영역으로 커서를 이동해본다. 그러면 화면에 해치가 적용되는 영역을 미리 확인할 수 있다.

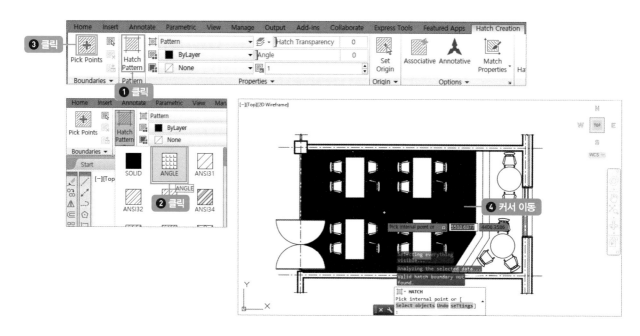

2 | 해치 패턴 채우기

해치 영역이 검정색으로 채워지거나 패턴의 크기가 너무 작을 경우 패턴의 스케일을 조정해준다.
[Hatch Creation] 패널에서 Hatch Pattern Scale 값을 '20'으로 변경하고 바닥 영역을 클릭하여 패턴을
채워준다.

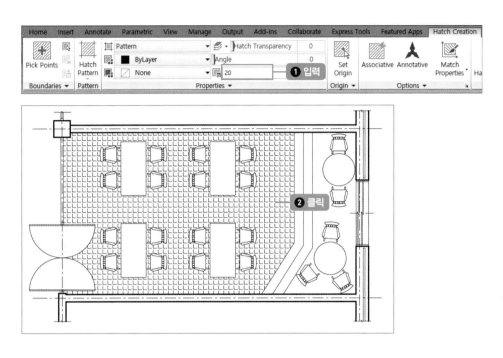

나머지 공간들도 다음 그림과 같이 해치를 채워보자.

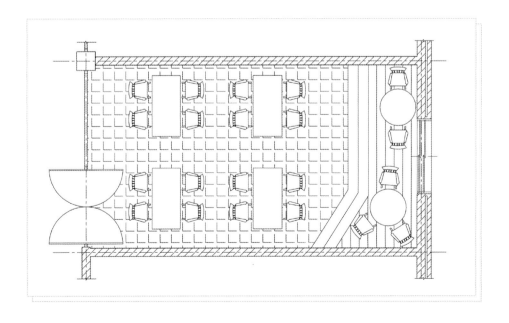

3 | 적용된 해치의 패턴 변경하기

해치의 패턴을 수정해보자. [Home] 패널에서 Modify의 [Edit Hatch] 아이콘을 클릭하거나 명령 입력창
에 'Hatchedit'을 입력하여 실행한다.

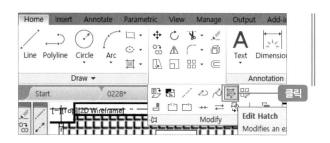

Command: _hatchedit
Select hatch object:
∠ 수정할 해치 객체를 선택한다.

수정할 해치를 선택하고 [Hatch Edit] 창이 표시되면 Swatch에서 패턴을 그림과 같이 'AR-HBONE'으로
선택하고 [OK] 버튼을 클릭한다. 그다음 Scale 값을 '3' 정도로 변경하고 [OK] 버튼을 클릭하여 수정을
완료한다.

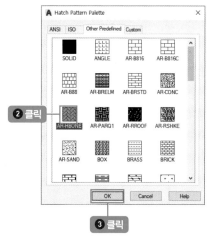

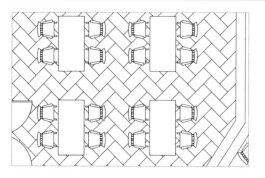

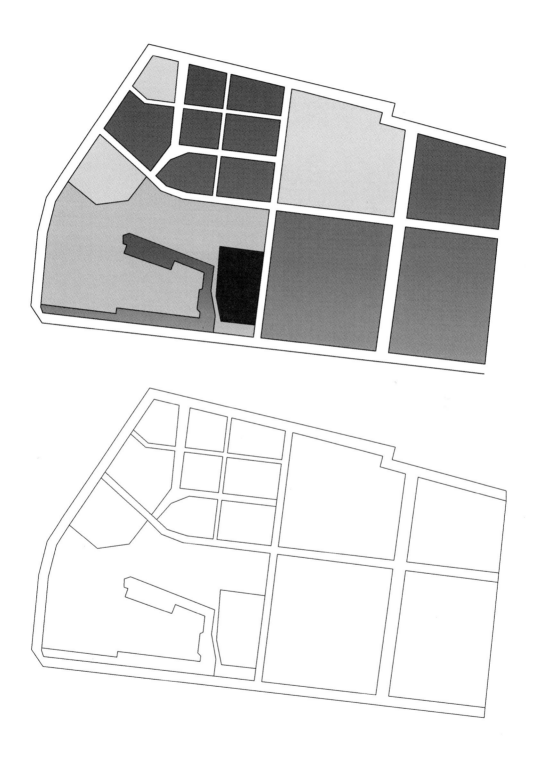

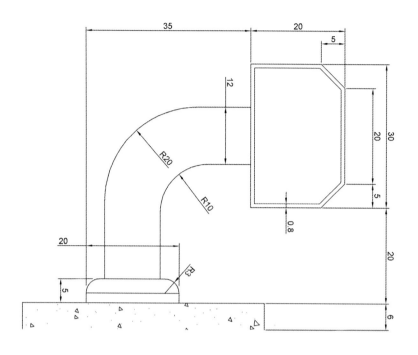

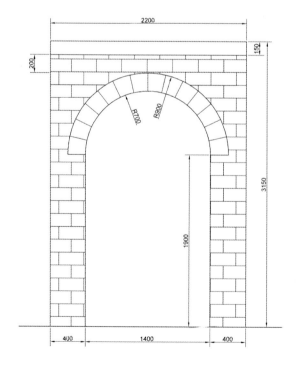

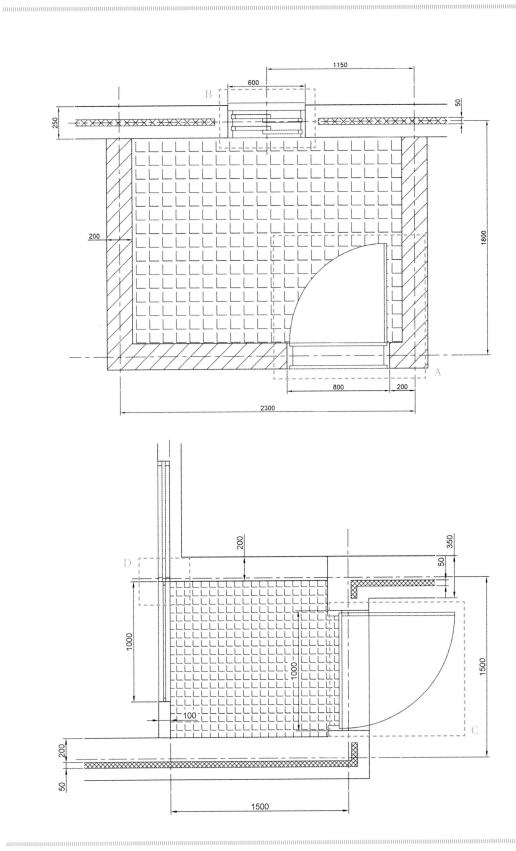

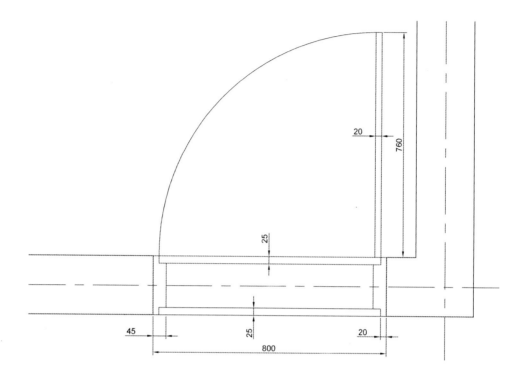

▲ A 상세도

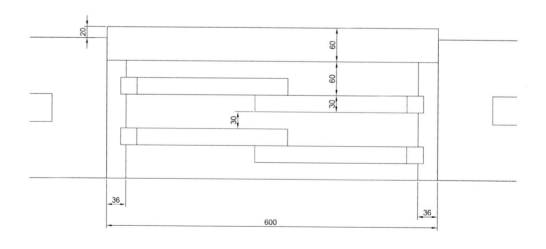

▲ B 상세도

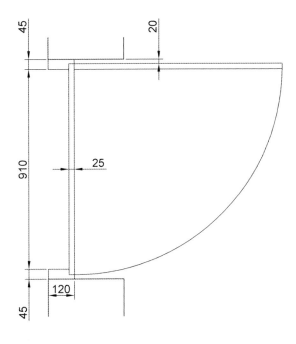

▲ C 상세도

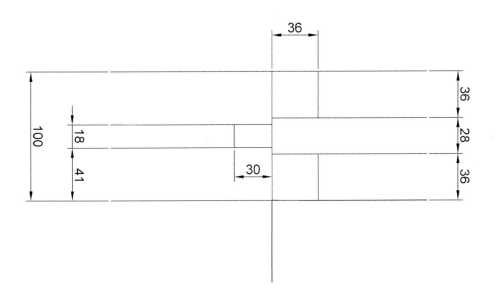

▲ D 상세도

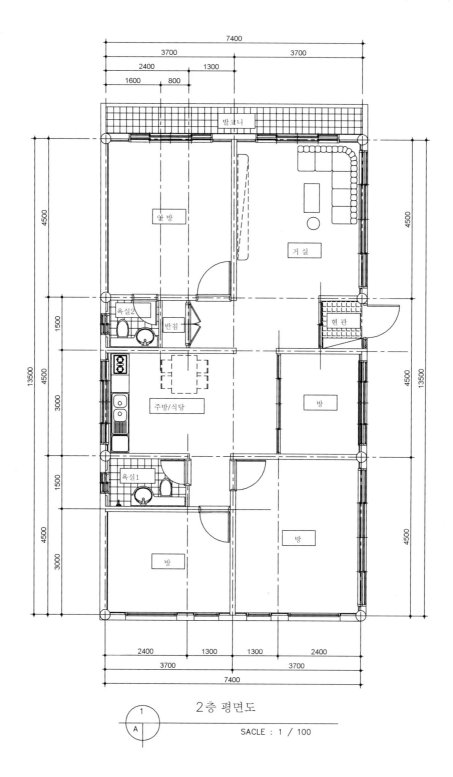

2층 평면도

SACLE : 1 / 100

강의 26

도면의 문자 작성하기
Style/Text/Mtext/Tedit/Mtedit

문자의 기입은 공간의 용도 및 마감재의 주서, 도면에 대한 정보 등 도면의 다양한 내용을 전달하는데 필수적인 역할을 한다. 도면의 적재적소에 문자를 입력하기 위해 문자의 크기, 폰트, 간격 등 문자 스타일을 설정하고 문자를 입력하는 방법에 대해 확인해보자.

■ Style(A♪) – 문자 스타일

Style은 서체, 크기, 스타일, 효과 등 문자의 스타일을 설정한다.

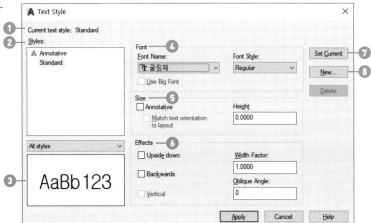

옵션별 기능 살펴보기

① **Current text style:** 현재 사용되는 문자 스타일의 이름을 표시한다.

② **Style:** 사용 중인 문자 스타일의 리스트를 표시한다.

③ **Preview:** 서체의 스타일을 미리보기 한다.

④ **Font:** 지정한 스타일에 적용될 서체를 지정한다.

⑤ **Size:** 지정한 스타일에서 작성되는 문자의 크기를 지정한다. 스타일 항목에서 문자 크기 지정 시 글씨 작성 명령(Text, Mtext)에서는 글씨의 크기를 지정할 수 없다.

⑥ **Effect:** 글씨의 너비, 기울기 등을 설정한다.

⑦ **Set Current:** 지정하는 스타일을 현재 사용될 문자 스타일로 변경한다.

⑧ **New:** 새로운 스타일을 생성한다.

■ Text/Mtext(A) – 단일 행 문자/여러 줄 문자

Text/Mtext는 도면에 문자를 기입하는 명령어들이다. Text의 경우 Single Line 형식으로 단일 행 문자를 입력할 때 사용한다. 여러 줄의 문장을 한 번에 입력하여도 한 줄 단위로 분리되어 인식한다. 문자 작성 요령은 크기를 설정하고 방향을 지정한 다음 문자를 입력한다. Text로 작성된 문자 스타일은 Style에서 Current text style의 영향을 받는다. Mtext는 Multiline Text 형식으로 여러 줄 문자를 작성할 때 사용한다. Mtext는 박스 형태로 문자 영역 틀을 먼저 지정하고 사용한다. 문자 입력 시 리본 메뉴에 Text Editor 패널이 표시되어 문자의 크기 및 서체, 특성, 정렬 등 문자 스타일을 쉽게 변경할 수 있다.

▲ Text 명령으로 입력된 문자

▲ Mtext 명령으로 입력된 문자

▲ Mtext 사용 시 Text Editor 화면

> **Tip** Mtexttoolbar 시스템 변수 값을 '1'로 변경하면 다음 그림과 같이 문자 형식(Text Formatting) 툴바를 화면에 표시할 수 있다.

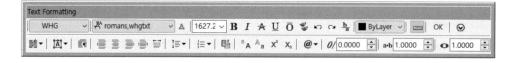

옵션별 기능 살펴보기

- **[Justify]**: 문자의 정렬 및 배열 방식을 선택한다.
- **[Style]**: 작성될 문자의 스타일을 선택하거나 변경할 수 있다.

▶ **N o t e** ◀

■ 특수 문자 삽입 요령

문자 작성 시 다음과 같이 입력하면 특수 문자가 입력된다.

① %%O: 문자 위에 줄을 긋는다.

　예시: %%OABC → $\overline{ABC}$

② %%u: 문자 밑에 줄을 긋는다

　예시: %%UABC → ABC

③ %%d: 각도를 나타낸다.

　예시: 40%%D → 40˚

④ %%C: 원의 지름 기호를 표시한다.

　예시: %%c30 → Ø30

⑤ %%P: 공차 기호를 표시한다.

　예시: %%P0.01 → ±0.01

⑥ %%%: 비율을 나타내는 기호를 표시한다.

　예시: 30%%% → 30%

■ 기타 특수 기호

Text Editor 패널에서 Symbol 클릭한 후, Other 메뉴를 선택한다. 그러면 사용 중인 글꼴의 문자열이 표시되며 사용할 특수 문자를 선택하여 복사하여 사용할 수 있다.

■ Tedit(Textedit)/Mtedit − 문자 편집

문자(Text)와 속성(Attribute)을 편집한다. Tedit는 Text와 Mtext로 작성된 문자 모두를 선택하여 수정할 수 있으며 Mtedit는 Mtext로 작성된 문자만 수정 가능하다. 문자 수정 시 명령어를 실행할 필요 없이 문자를 더블클릭하면 바로 문자 수정 화면으로 변경된다.

▲ 문자를 선택 후 표시되는 화살표로 박스 크기를 조절

▲ 문자를 더블클릭하면 바로 수정 화면으로 변경

예제 파일 | 02-09.dwg

■ Style 기능 따라하기

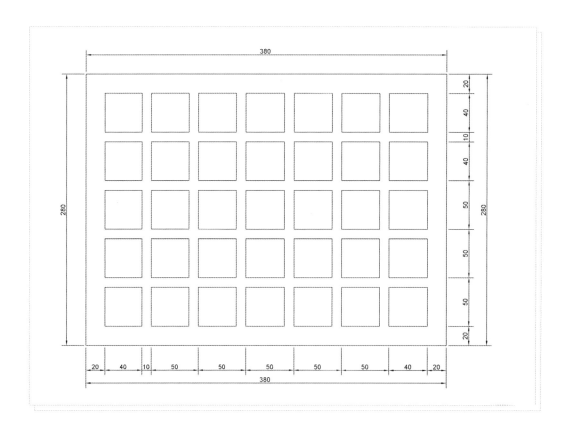

❶ Style 명령어를 실행하고 [Text Style] 창이 표시되면 [New] 버튼을 클릭한다.

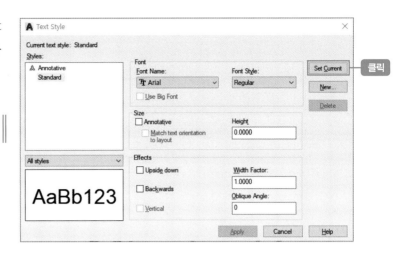

Command: style

❷ [New Text Style] 창이 표시되면 Style Name을 지정한 후, [OK] 버튼을 클릭한다.

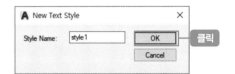

❸ Styles 항목에 새로운 문자 스타일이 추가된 것을 확인할 수 있으며 서체 및 크기 등 사용자가 사용할 문자 스타일을 설정하고 [Apply] 버튼을 클릭하여 새로운 문자 스타일로 적용한다.

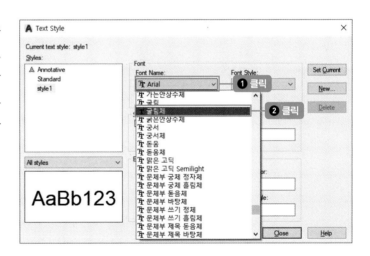

■ Text 기능 따라하기

Command: text
Current text style: "style1" Text height: 13.7646 Annotative: No
Specify start point of text or [Justify/Style]:
∠ 글씨가 작성될 위치를 마우스로 선택한다.
Specify height <13.7646>: 15
∠ 작성될 문자의 크기를 설정한다.
Specify rotation angle of text <0>: 0
∠ 작성될 문자의 각도를 설정한다.

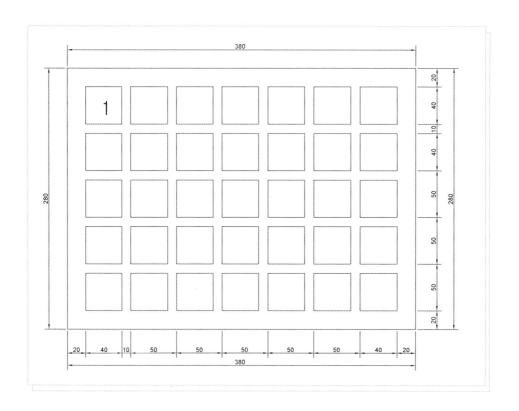

문자를 복사하여 배치한다.

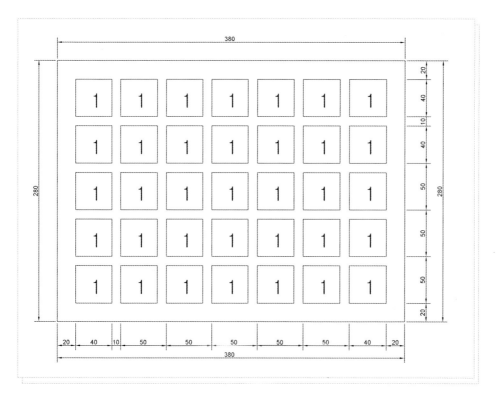

■ Tedit(Textedit) 기능 따라하기

❶ 문자를 수정하기 위해 Tedit 명령어를 실행하거나 수정할 문자를 더블클릭한다.

> Command: tedit
> ∠ 본문 중 수정할 문자를 선택한다.
> Select an annotation object or [Undo]:
> ∠ 수정할 본문 내용을 입력한다.

❷ 동일한 방법으로 그림과 같이 문자 전체를 수정하여 완성한다.

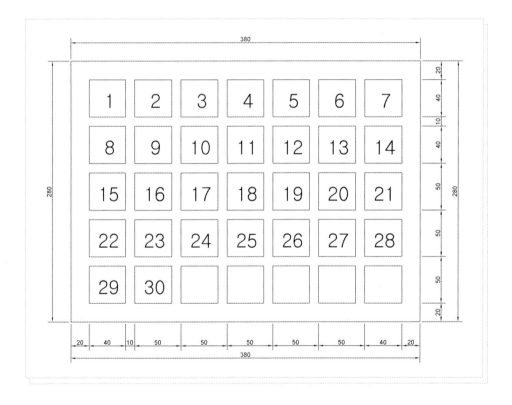

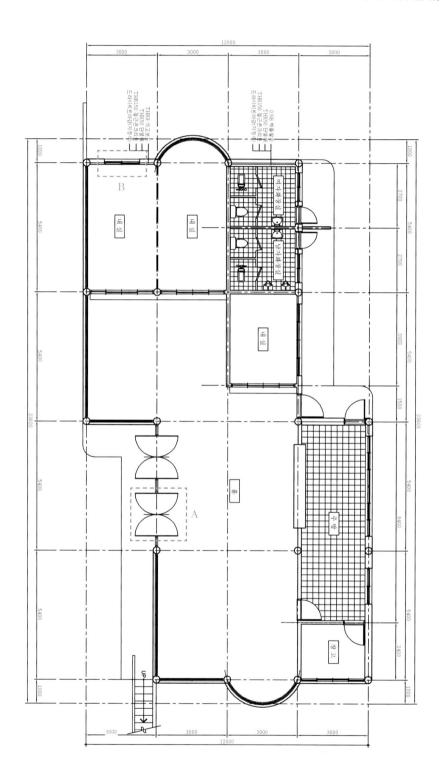

① 1층 평면도
SACLE : 1 / 100

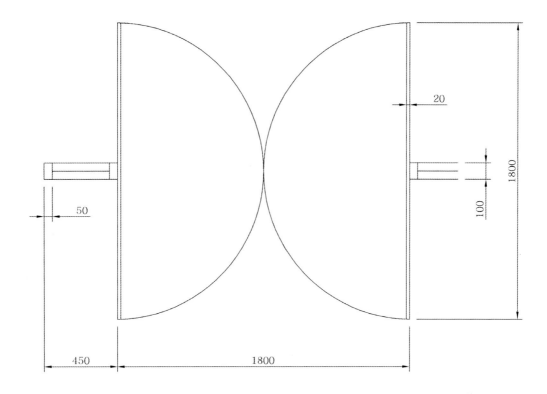

▲ A 상세도

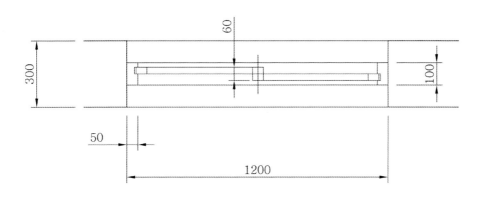

▲ B 상세도

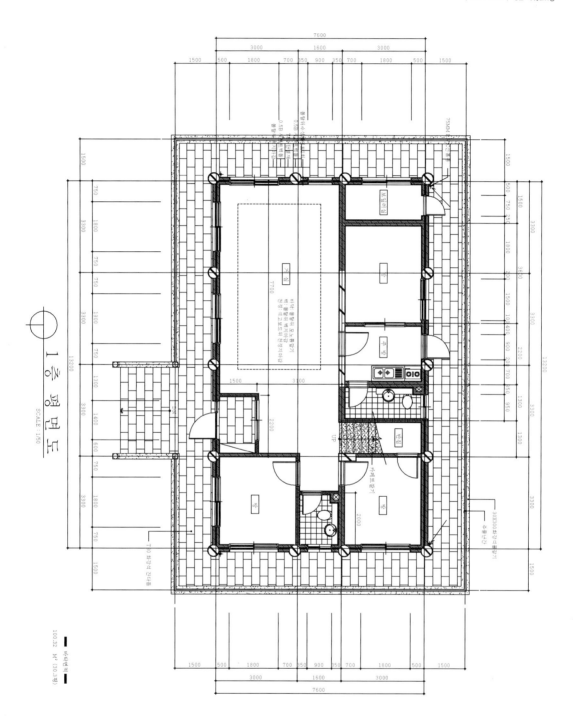

1층 평면도
SCALE 1/50

100.32 M² (30.3평)

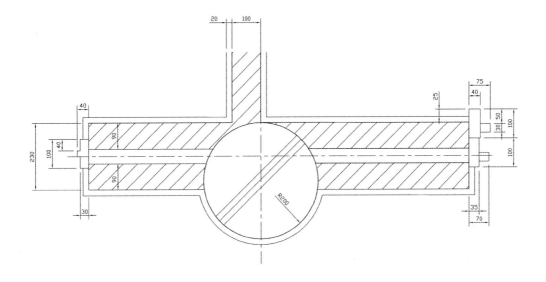

▲ A 상세도

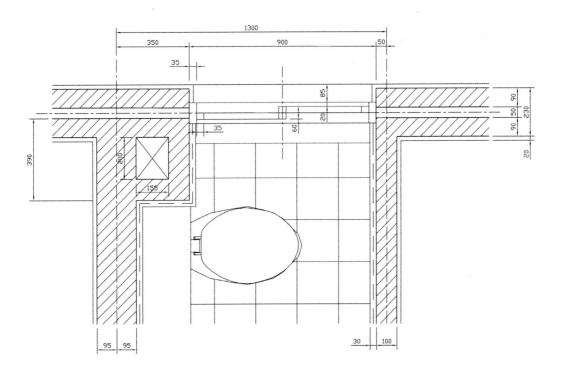

▲ B 상세도

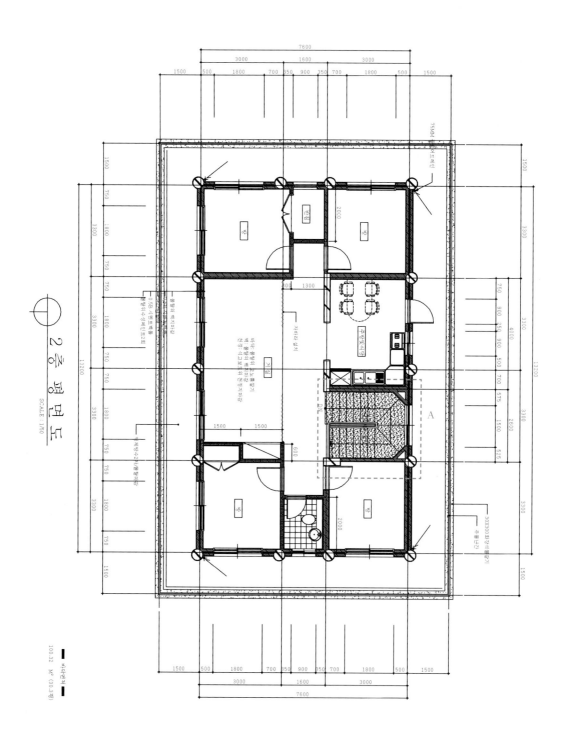

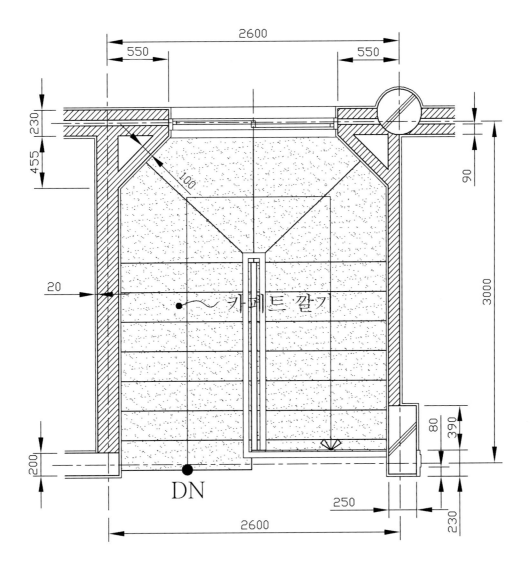

2600

550

550

230

455

90

100

20

3000

카페트 깔기

80

390

200

DN

250

2600

230

▲ A 상세도

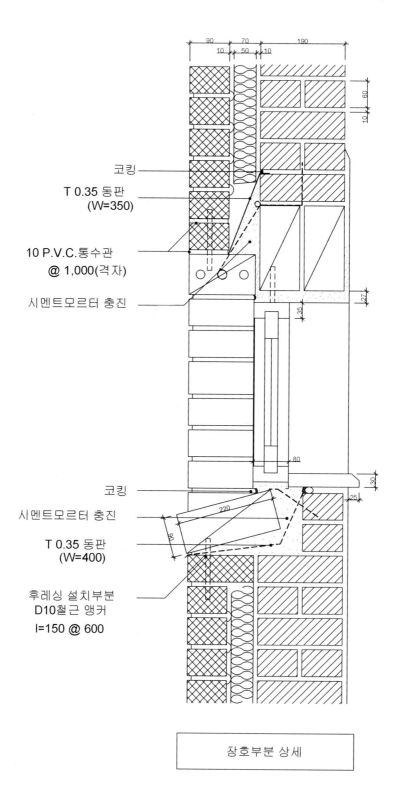

코킹

T 0.35 동판
(W=350)

10 P.V.C.통수관
@ 1,000(격자)

시멘트모르터 충진

코킹

시멘트모르터 충진

T 0.35 동판
(W=400)

후레싱 설치부분
D10철근 앵커
l=150 @ 600

장호부분 상세

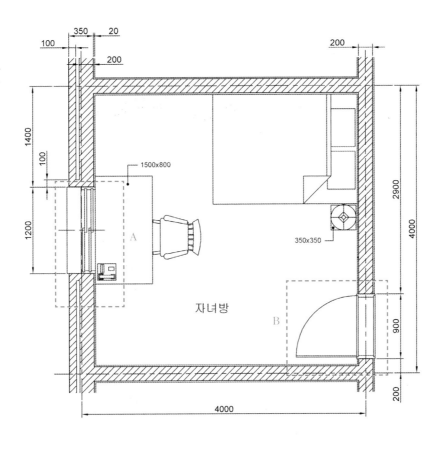

자녀방

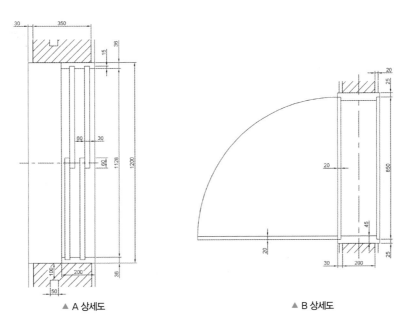

▲ A 상세도   ▲ B 상세도

건축 도면의 치수 스타일 설정하기
Dimstyle

도면에 표시되는 정보는 시공자 및 후속 작업자를 위한 것이며 그 중 핵심은 치수 기입이다. AutoCAD에서 치수 입력 시 그려진 크기대로 자동 기입되며 도면의 축척을 다르게 작성할 경우 실제 치수와 기입 치수가 다르므로 사용자가 치수를 변경하여 입력해야 한다.

■ 치수(Dimension)의 구성 요소

대표적인 치수 기입의 구성 요소는 치수선, 치수 보조선, 치수 문자, 지시선이다. 치수 기입은 기본적으로 도면의 외형선과 잘 구별될 수 있도록 설정하는 것이 필요하다. AutoCAD에서는 치수와 관련된 명령과 변수들이 매우 많기 때문에 치수를 구성하는 요소에 대한 정확한 이해가 필요하다.

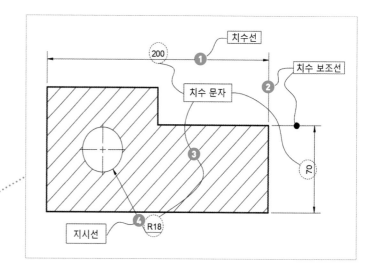

① **치수선(Dimension Line)**: 측정된 거리나 각을 나타내는 선으로 양 끝에 화살표(모양은 다를 수 있음)가 그려진 선을 말한다.

② **치수 보조선(Extension Lines)**: 치수선의 양 끝에서 치수 기입 대상 객체까지 그려진 보조선을 말한다.

③ **치수 문자(Dimension Text)**: 치수선에 표시한 치수 보조선 사이의 거리나 각을 나타내는 문자나 숫자를 말한다.

④ **지시선(Leader Line)**: 원 또는 호의 지름 및 반지름을 표시하거나 대상물이 작아서 치수와 치수선을 함께 표시할 수 없을 때 적당한 위치로 끌어내는 선을 말한다.

■ Dimsty(Dimstyle) – 치수 스타일 설정

Dimstyle은 치수 스타일을 설정하는 명령어로 치수가 기입되는 모양을 결정한다. [Dimension Style Manager] 창을 통해 사용자는 치수 기입과 관련된 시스템 변수를 쉽고 빠르게 설정할 수 있다.

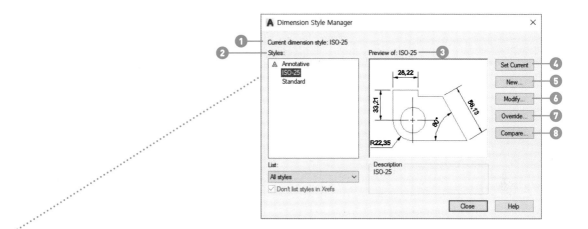

① **Current dimension style:** 현재 사용 중인 치수 유형을 표시해준다.

② **Style:** 작업 중인 도면에 포함된 치수 유형의 목록을 표시한다.

③ **Preview:** 현재 적용되는 치수 유형의 형태를 미리보기 형태로 보여준다.

④ **Set Current:** Styles 항목에서 선택한 치수 유형을 현재 사용할 치수 유형으로 설정한다.

⑤ **New:** 새로운 치수 유형을 생성한다.

⑥ **Modify:** 사용 중인 치수 유형 또는 기존에 사용한 치수 유형의 형태를 변경한다.

⑦ **Override:** 치수 유형을 별도로 만들지 않고 부분적으로 다른 치수 형태가 필요할 때 변수를 조정하여 해당 객체에 적용할 수 있다.

⑧ **Compare:** Dimension Style의 모든 특성을 비교할 수 있다.

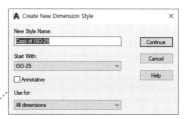

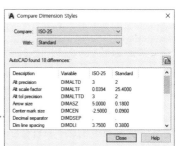

■ 치수선 및 치수 보조선의 설정 – [Line] 탭

[Dimension Style Manager] 창에서 [Modify] 버튼을 클릭하면 [Modify Dimension Style] 창이 표시되며 [Line] 탭에서 치수선 및 치수 보조선의 스타일을 설정할 수 있다.

치수선에 관련된 치수 변수를 설정한다.

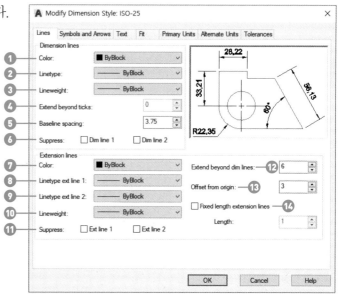

Dimension lines(치수선) 항목 옵션

① **Color**: 치수선의 색상을 설정한다.

② **Linetype**: 치수선에 사용될 선 종류를 설정한다.

③ **Lineweight**: 치수선에 선의 두께를 설정한다.

④ **Extend beyound ticks**: 치수 보조선 너머로 치수선을 연장할 길이를 설정하며 화살표의 종류에 따라 활성화와 비활성화가 결정된다.

⑤ **Baseline spacing**: 기준선 치수의 치수선 사이에 간격을 설정한다.

⑥ **Suppress**: 치수선의 표시를 제한한다.

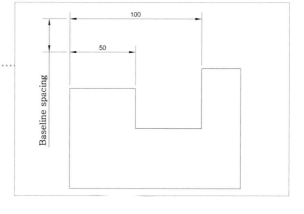

치수 보조선에서 관련된 변수 값을 설정한다.

⑦ **Color:** 치수 보조선의 색상을 설정한다.

⑧ **Linetype Ext line1:** 1번 치수 보조선의 선 종류를 설정한다.

⑨ **Linetype ext line2:** 2번 치수 보조선의 선 종류를 설정한다.

⑩ **Lineweight:** 치수 보조선의 두께를 설정한다.

⑪ **Suppress:** 치수 보조선의 표현을 억제한다. ··········

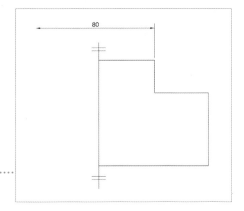

⑫ **Extend beyond diMlines:** 치수선 위로 치수 보조선의 연장 거리를 지정한다. ················

⑬ **Offset from origin:** 치수 보조선의 첫 점과 객체 간의 간격 띄우기 값을 설정한다.

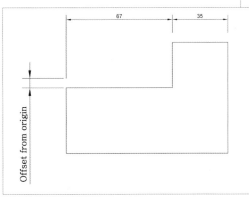

⑭ **Fixed length extension lines:** 설정한 거리 값만큼 작성될 치수 보조선의 길이가 고정된다.

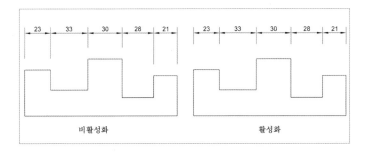

■ 기호 및 화살표 설정 – [Symbols and Arrows] 탭

화살표의 종류, 크기, 중심점 마크의 표
현 형태, 호와 현의 길이 표현 방식, 꺾
기 치수의 각도 및 크기 등을 설정한다.

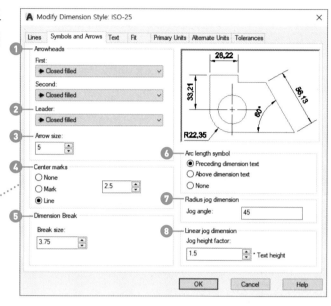

① **Arrowhead:** 치수선 양 끝의 화살표에 다양한 형태 및 크기를 설정한다.

② **Leader:** 지시선 화살표의 형태를 설정한다.

③ **Arrow size:** 화살표의 크기를 제어한다.

④ **Center marks:** 원, 호의 중심점을 표기 유형으
로 설정한다.

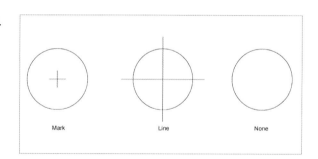

⑤ **Dimension break:** 치수 끊기 시 사용되는 간
격 값을 설정한다.

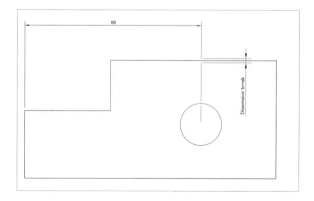

⑥ **Arc length symbol**: 호 현의 도면 기호 표시를 설정한다.

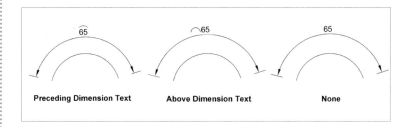

⑦ **Radius jog dimension**: 꺾기 반지름 치수 지시선의 꺾기 각도를 설정한다.

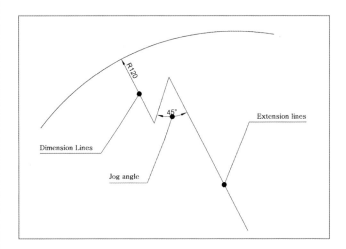

⑧ **Linear jog dimension**: 선형 치수의 꺾기 표현 시 꺾기 높이 값을 설정한다.

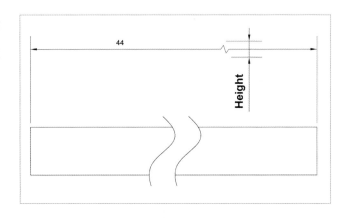

■ 치수 문자의 설정 – [Text] 탭

치수 문자의 크기, 배치, 정렬 방식을 설
정한다.

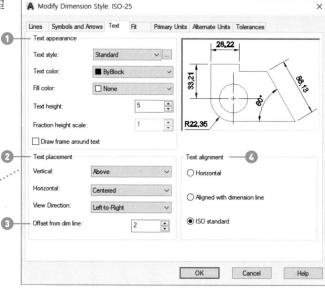

① **Text appearance**: 치수 문자 형식과 크기를 제어한다.

　ⓐ **Text style**: 치수 문자의 현재 적용되는 Style(문자 스타일)을 표시하고 설정한다.

　ⓑ **Text color**: 치수 문자에 사용할 색상을 선택한다.

　ⓒ **Fill color**: 치수 문자가 복서체일 때 채우기할 색상을 설정한다.

　ⓓ **Text height**: 현재 적용될 치수 문자의 크
　　기를 설정한다.

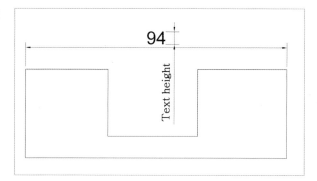

　ⓔ **Fraction height scale**: Tolerance(허용
　　공차)를 사용 시 치수 문자의 크기를 설정한
　　다.

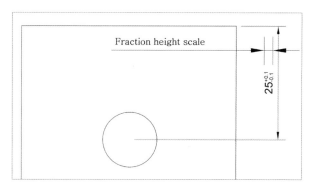

ⓕ **Draw frame around text**: 치수 문자 주위에 프레임 박스를 표시한다.

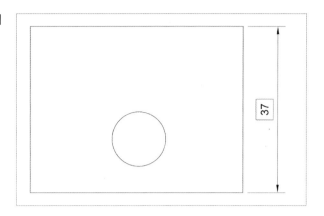

② **Text placement**: 치수 기입 시 치수 문자의 배치를 설정한다.

   ⓐ **Vertical**: 치수선과 관련하여 치수 문자의 수직 배치를 조정한다.

   – **Centered**: 치수선의 중간에 치수 문자가 위치한다.

   – **Above**: 치수선 위에 치수 문자를 올려놓는다.

   – **Outside**: 치수선에 치수 문자가 겹치지 않도록 외곽에 배열한다.

   – **JIS**: JIS(Japanese Industrial Standards) 표기법에 따라 치수 문자를 배치한다.

   – **Below**: 치수선의 아래쪽에 치수 문자가 위치하도록 한다.

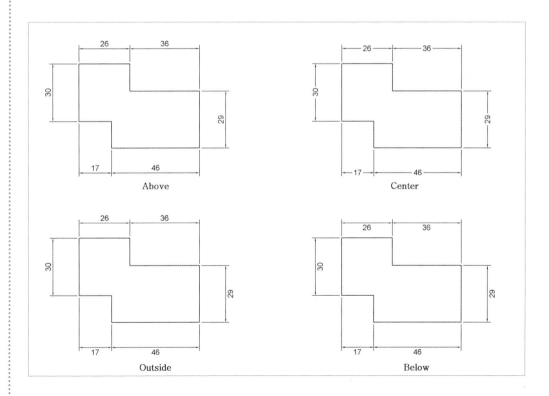

ⓑ **Horizontal**: 치수 보조선을 기준으로 치수선에 대한 치수 문자의 수평 배치를 설정한다.

– **Centered**: 치수 문자를 치수 보조선 사이의 중간에 오도록 한다.

– **At Ext Line 1**: 치수 문자를 첫 번째 치수 보조선 쪽에 정렬한다.

– **At Ext Line 2**: 치수 문자를 두 번째 치수 보조선 쪽에 정렬합니다.

– **Over Ext Line 1**: 치수 문자를 첫 번째 치수 보조선 위쪽에 정렬한다.

– **Over Ext Line 2**: 치수 문자를 두 번째 치수 보조선 위쪽에 정렬한다.

③ **Offset from dimline**: 치수선과 치수 문자 사이의 간격 띄우기 거리 값을 설정한다.

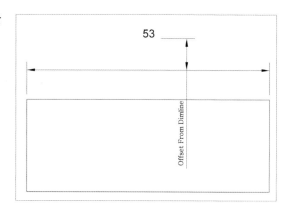

④ **Text alignment**: 치수 보조선 안 또는 밖에서 치수 문자의 방향을 설정한다.

ⓐ **Horizontal**: 치수 문자를 항상 수평으로 기입한다.

ⓑ **Aligned with dimension line**: 치수선에 항상 치수 문자는 평행하게 기입한다.

ⓒ **ISO standard**: 치수 문자가 치수 보조선 안에 있을 때는 치수선과 평행을 유지하며 치수 문자가 치수 보조선을 벗어날 때 치수 문자는 수평으로 작성된다.

■ **치수 문자와 화살표 위치 설정 – [Fit] 탭** ━━━━━━━━━━━━━

치수선 보조선 사이의 공간에 따라서 치수 문자, 화살표의 생성 위치를 설정한다.

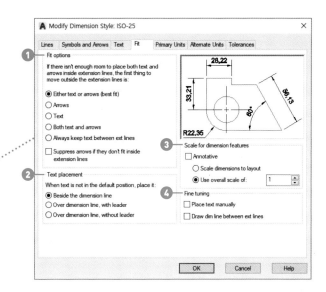

① **Fit options**: 치수 보조선 사이의 사용 가능 공간을 기준으로 문자 및 화살표의 배치를 조정한다.

ⓐ **Either text or arrows (best fit)**: 치수 문자와 화살표의 위치를 가장 좋은 조건에 맞춘다.

ⓑ **Arrows**: 치수 보조선의 간격이 좁을 경우 치수 문자는 치수 보조선 사이에, 화살표는 치수선 밖에 위치한다.

ⓒ **Text**: 치수 보조선 사이의 간격이 좁을 경우 치수선은 치수 보조선 사이에, 치수 문자는 밖에 위치한다.

ⓓ **Both text and arrows**: 치수 보조선 사이의 간격이 좁을 경우 치수 보조선 밖으로 화살표와 치수 문자를 위치한다.

ⓔ **Always keep text between ext lines**: 문자를 항상 치수 보조선 사이에 배치한다.

ⓕ **Suppress arrows if they don't fit inside extension lines**: 치수 문자가 치수 보조선의 안에 있는 경우와 화살표와 치수선이 겹칠 경우 화살표를 표시하지 않는다.

② **Text placement**: 치수 보조선 사이의 간격이 치수 문자가 들어가기에는 좁을 때 치수 문자의 위치를 조정한다.

ⓐ **Beside the dimension Line**: 치수 보조선의 안쪽에 치수 보조선을 작성하고 치수 문자는 밖에 치수선과 평행으로 작성한다.

ⓑ **Over dimension line, with leader**: 치수선 위에 지시선을 긋고 치수 문자를 기입한다.

ⓒ **Over dimension line, without leader**: 치수선 위에 치수 문자를 작성하며 지시선은 작성하지 않는다.

③ **Scale for dimension features**: 전체 치수 축척 값 또는 도면 공간 축척을 설정하며 배척을 적용한 상세도를 작성 시 치수 기입에 유용하다.

ⓐ **Scale for dimension to layout**: 현재 모형 공간 뷰포트와 도면 공간 사이의 축척을 기준으로 축척 비율을 결정한다.

ⓑ **Use overall scale of**: 문자 및 화살표 크기를 비롯하여 크기 거리 또는 간격을 지정하는 모든 치수 스타일 설정에 대한 축척을 설정한다.

④ **Fine tuning**: 치수 문자 배치 맞춤을 상세하게 한다.

ⓐ **Place text manually**: 치수 기입 시 문자의 위치를 마우스로 선택한다.

ⓑ **Draw dim line between ext lines**: 치수 문자를 치수선 영역에서 벗어나 작성할 때에는 중심점까지의 치수선 표시를 제어한다.

■ 치수 문자의 단위와 소수점 – [Primary Units] 탭

치수 문자의 단위계 및 소수점 표시 억제, 머리말, 꼬리말을 설정한다. 건축 도면에서는 단위계 항목만을 사용하므로 나머지 설명은 생략한다.

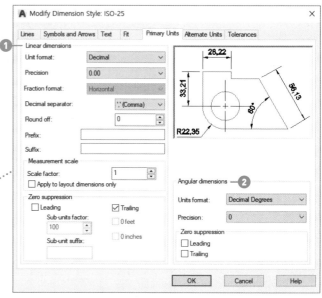

① **Linear dimensions**: 치수 문자의 표현 단위계 설정 및 소수점 표현 자릿수를 설정한다.

  ⓐ **Units**: 치수에 사용할 단위계를 설정한다.

  ⓑ **Precision**: 치수 문자의 소수점 자릿수를 설정한다.

  ⓒ **Fraction format**: 분수 단위의 형식을 설정한다.

  ⓓ **Decimal separator**: 십진 단위계 사용 시 소수점 구분자를 마침표, 쉼표, 공백으로 설정한다.

  ⓔ **Round**: 각도 치수를 제외한 모든 치수 유형의 치수 측정값에 대한 반올림 규칙을 설정한다.

  ⓕ **Prefix**: 치수 문자에 머리말을 삽입한다.

  ⓖ **Suffix**: 치수에 꼬리말을 삽입한다.

  ⓗ **Measurement scale**: 배치에 있는 치수에만 선형 축척 요인을 적용한다.

② **Angular dimensions**: 치수 각도의 표현 단위와 소수점 표현을 제어한다.

  ⓐ **Units format**: 치수 문자의 표현 단위를 설정한다.

  − **Decimal Degrees**: 각도를 소수 형식으로 표시한다.

  − **Degrees Minutes Seconds**: 각도를 도/분/초 형식으로 표시한다.

  − **Gradians**: 각도를 등급으로 표시한다.

  − **Radians**: 각도를 라디안 단위로 표시한다.

  ⓑ **Precision**: 치수 문자의 소수점 자릿수를 설정한다.

건축 도면의 치수 기입하기

|강|의|

28

건축 도면의 최종 목적은 시공 현장에서 사용하기 위한 것이다. 현장에서는 도면이 지시하는 수치를 기준으로 시공을 진행하기 때문에 건축 도면에서 치수는 매우 중요한 의미를 가진다. 그러므로 설계자는 치수 기입 시 치수를 누락하거나 중복 기입하지 않도록 주의해야 한다.

■ Dimlinear(Linear)(⊢⊣) – 선형 치수

도면의 수직(Vertical) 및 수평(Horizontal) 방향의 치수를 작성한다. 치수 문자의 회전 및 치수 문자 기울기를 설정할 수 있다.

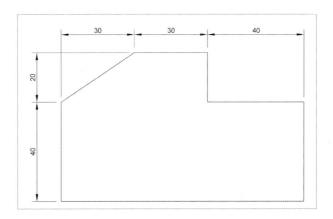

옵션별 기능 살펴보기

- [Mtext]: 치수 문자를 Mtext로 작성한다.
- [Text]: 치수 문자를 Text로 작성한다.
- [Angle]: 치수 문자의 기울기를 설정한다.

- [Horizontal]: 치수 문자를 수평 방향으로 작성한다.
- [Vertical]: 치수 문자를 수직 방향으로 작성한다.
- [Rotated]: 치수 문자의 회전 각도를 설정한다.

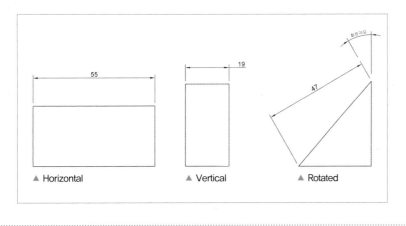

▲ Horizontal ▲ Vertical ▲ Rotated

■ Dimaligned(↘) - 정렬된 선형 치수

정렬된 선형 치수를 작성한다. 사용자가 지정한 치수 보조선의 두 원점과 평행하게 치수선을 기입한다. 치수 보조선이 위치할 두 원점을 지정하거나 객체를 선택하는 방법으로 치수를 기입한다.

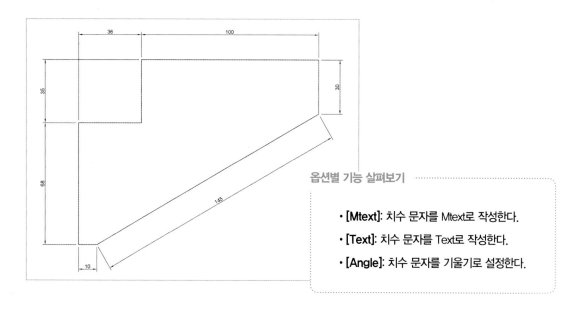

옵션별 기능 살펴보기

- **[Mtext]**: 치수 문자를 Mtext로 작성한다.
- **[Text]**: 치수 문자를 Text로 작성한다.
- **[Angle]**: 치수 문자를 기울기로 설정한다.

■ Dimarc(⌒) - 호의 길이

호의 길이 값을 작성한다.

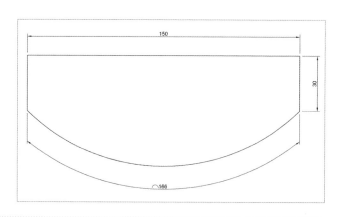

옵션별 기능 살펴보기

- **[Mtext]**: 치수 문자를 Mtext로 작성한다.
- **[Text]**: 치수 문자를 Text로 작성한다.
- **[Angle]**: 치수 문자의 기울기를 설정한다.
- **[Partial]**: 두 점을 지정하여 호의 표면에서 두 점 사이의 거리 값을 입력한다.

■ Dimradius(⌒) – 반지름

원 또는 호의 반지름 값을 작성한다.

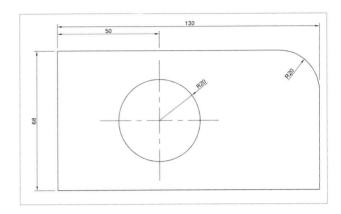

옵션별 기능 살펴보기

치수 기입 다른 명령의 옵션과 동일하므로 설명을 제외한다.

■ Dimdiameter(⊘) – 지름

원 또는 호의 지름 값(∅)을 작성한다.

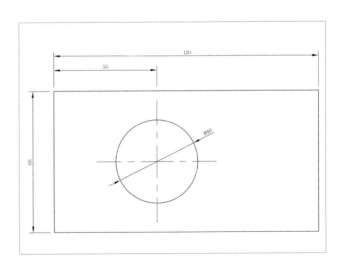

옵션별 기능 살펴보기

치수 기입 다른 명령의 옵션과 동일함으로 설명을 제외한다.

■ Dimjogged(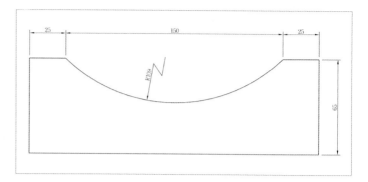) – 꺾어진 치수

원 또는 호의 꺾어진 치수를 작성
한다. 원 또는 호의 중심점이 객체
로부터 멀리 있어 중심점을 표시
하기 어려운 경우 꺾어진 치수를
사용하여 반지름을 표기한다.

옵션별 기능 살펴보기

치수 기입 다른 명령의 옵션과 동일함으로 설명을 제외한다.

■ Dimangular(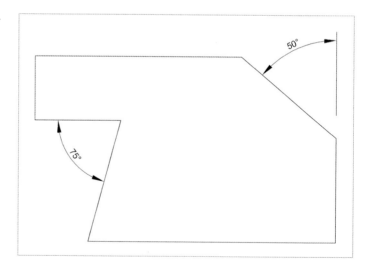) – 각도

2개의 객체 또는 2개의 구간에 각
도 치수를 작성한다.

옵션별 기능 살펴보기

• **[Quadrant]**: 사선과 같이 선택할 기준이 없는 경우 사분점을 기준으로 하여 각도를 산출한다.

■ Dimbaseline(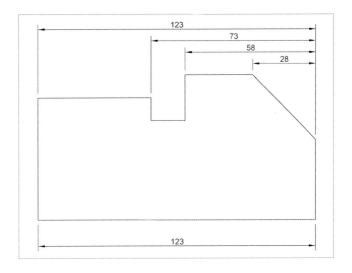) – 기준선 치수

바로 이전 치수나 선택한 치수의 기준선으로부터 선형 치수 및 각도 치수, 세로 좌표 치수를 계단 형태로 작성한다.

옵션별 기능 살펴보기

 • **[Undo]**: 앞 단계의 계단식 치수 기입을 취소한다.
 • **[Select]**: 계단식 치수 기입의 원점을 제공할 치수 보조선을 선택한다.

■ Dimcontinue( ) – 연속 치수

바로 이전 기입한 치수 또는 선택한 치수 보조선을 기준으로 하여 추가 치수를 연속적으로 작성한다.

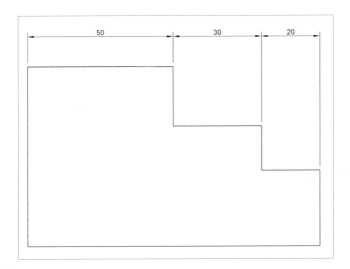

옵션별 기능 살펴보기

치수 기입 다른 명령의 옵션과 동일하므로 설명을 제외한다.

■ Dimspace( ) – 치수선 간격 띄우기

선형 치수 또는 각도 치수 사이의 간격을 조정한다. 평행한 치수선 간의 간격을 동일하게 만들거나 지정한 거리 갓으로 간격을 띄울 수 있다.

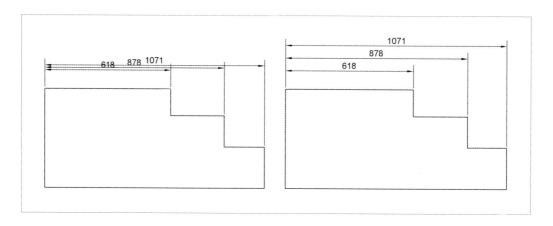

옵션별 기능 살펴보기

치수 기입 다른 명령의 옵션과 동일하므로 설명을 제외한다.

■ Dimbreak( ) – 치수 끊기

치수선 및 치수 보조선이 다른 객체와 교차되는 지점에서 선을 끊거나 복원한다.

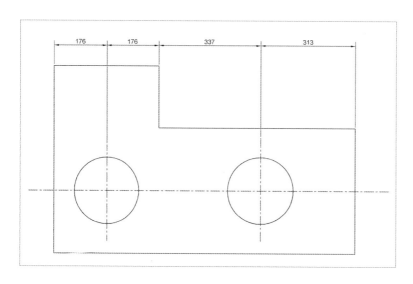

옵션별 기능 살펴보기

치수 기입 다른 명령의 옵션과 동일함으로 설명을 제외한다.

■ Mleader(✐) – 다중 지시선

다중 지시선을 작성한다. 재질 및 마감 등의 특징을 표시한다.

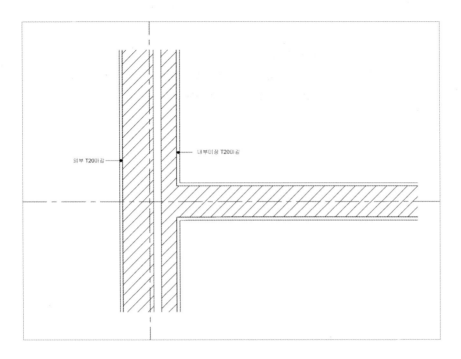

옵션별 기능 살펴보기

치수 기입 다른 명령의 옵션과 동일하므로 설명을 제외한다.

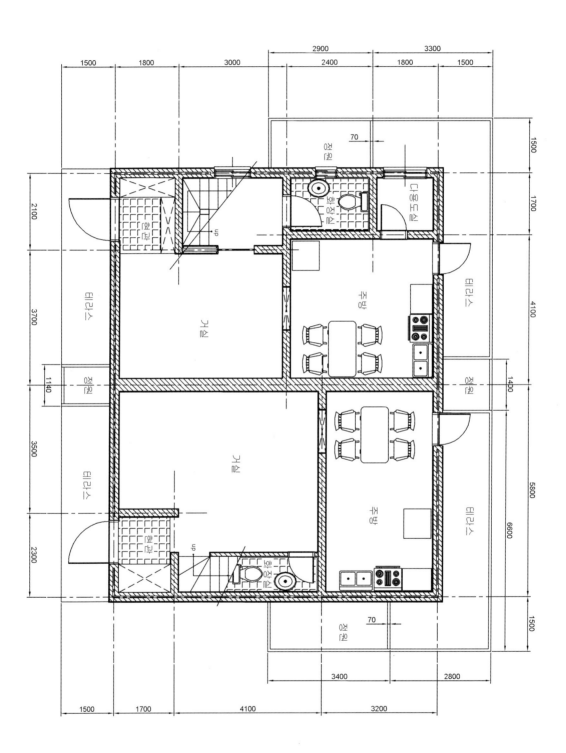

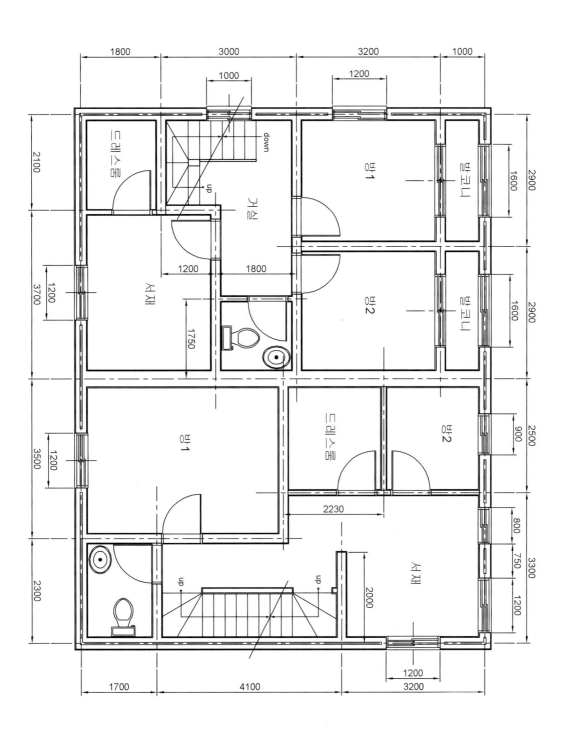

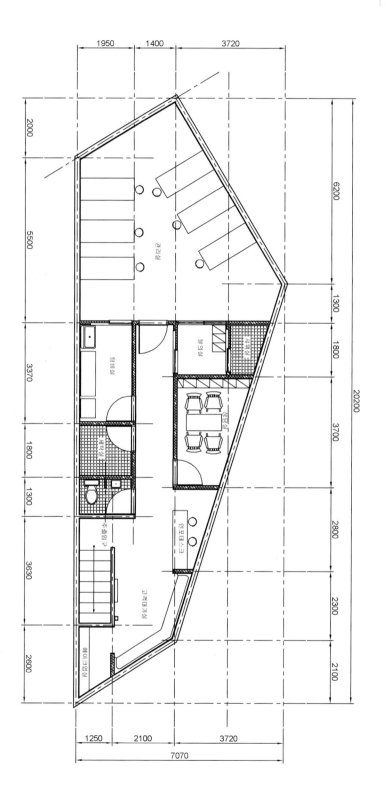

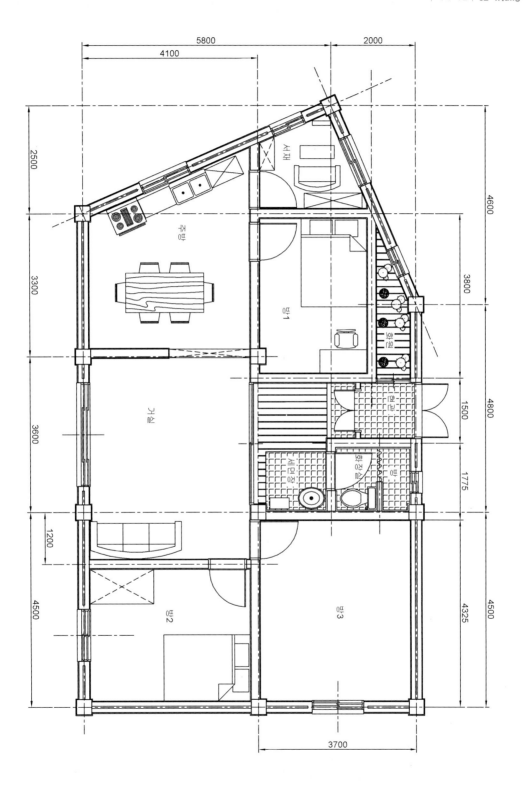

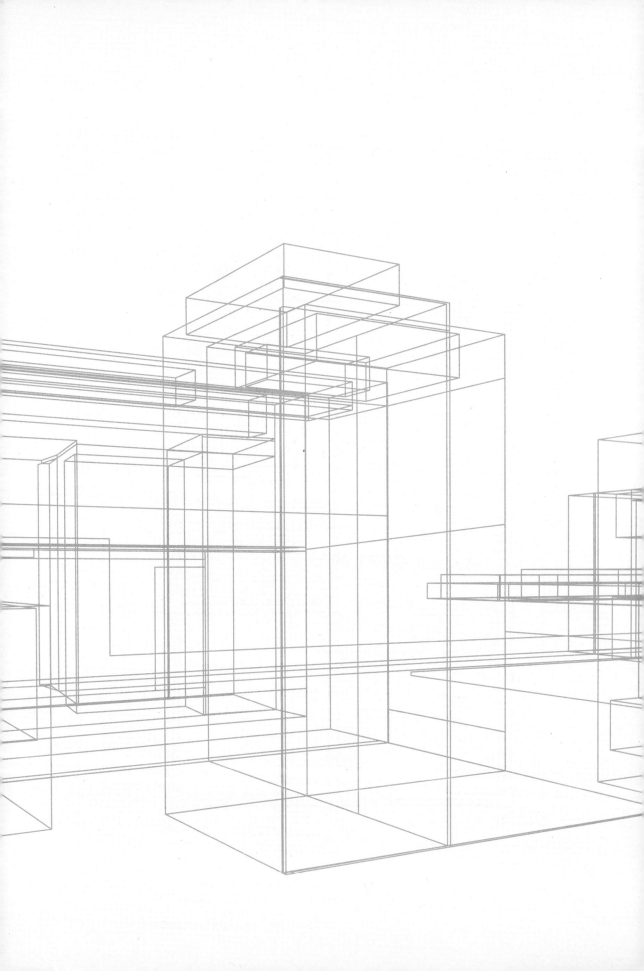

3교시

3D의 이해와 구현

3D는 건축물의 형태를 좀 더 정확하게 파악하고 설계자의
의도를 작업자 및 건축주에게 전달하는데 목적이 있다.
3차원 공간에서의 도면 작성과 기초 모델링 방법에 대해
알아보자.

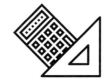

AutoCAD 2019

3D 화면의 변경과 3D 좌표
Vpoint/View Cube

AutoCAD는 X/Y/Z 축을 이용한 3차원 공간을 제공하며 다양한 명령어로 3D 모델링을 진행할 수 있다. 2D 설계 도면을 바탕으로 3D 모델링을 진행하여 시공 전 입체감 있는 모습을 확인할 수 있다. 또한 다양한 3D 명령어로 3차원 공간에서 도면을 작성하거나 3D 모델링을 진행할 수 있다. 먼저 3차원 화면을 보는 방법과 3D 좌표에 대해 알아보자.

■ Vpoint - 관측점 설정

Vpoint(View Point)는 관측자의 시점을 변경하는 명령어이다. 객체의 이동은 없으며 사용자가 바라보는 위치를 변경하는 기능이다. Vpoint를 실행하면 [Viewpoint Presets] 창이 표시되며 관찰자의 보는 각도를 클릭하거나 직접 입력하여 설정할 수 있다. 또한 표준 좌표계(WCS)와 사용자 좌표계(UCS) 중 선택하여 적용할 수 있다.

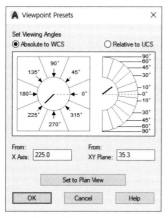

▲ 관측점 사전 설정 대화상자

▲ Vpoint로 변경된 3차원 화면

 Tip AutoCAD 2015 버전부터 Vpoint를 실행하면 [Viewpoint Presets] 창이 표시된다. 이전 버전과 같이 관측점을 수치로 변경하고자 할 경우 마이너스(-) 입력하고 Vpoint(-vp)을 실행한다.

Command: -vpoint

Current view direction : VIEWDIR=0.0000,0.0000,1.0000

• 현재 관측자의 시점을 표시한다. 원점(0,0)의 위치에서 +Z축에 관측자 시점이 위치한다.

Specify a view point or [Rotate] <display compass and tripod>: 1,1,1

• 변경할 관측자의 시점을 입력한다. X축과 Y축 방향으로 각각 1씩 이동한 후 +Z축에서 원점(0,0,0)을 바라보는 관측자 시점이 설정된다.

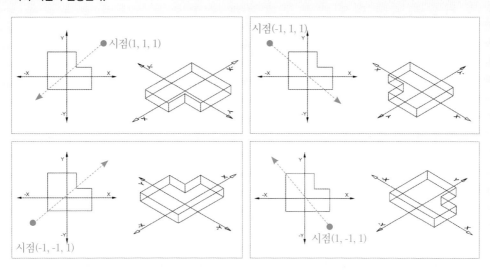

■ ViewCube(⬛)/3dobrit(Orbit)(⬔) – 뷰 방향의 조종

ViewCube는 2D 모형 공간 또는 3D 비주얼 스타일에서 작업할 때 표시되는 탐색 기능이다. 쉽고 빠르게 화면의 뷰를 변경할 수 있는 장점이 있다. 기본적으로 작업화면 우측 상단에 표시되어 있으며 클릭 또는 드래그하여 2D 또는 3D 화면으로 빠르게 뷰를 변경할 수 있다. 뷰큐브의 모서리, 면, 구석 등 보고자 하는 뷰에 마우스를 위치하고 색상이 변경될 때 클릭하면 선택된 뷰로 빠르게 전환된다. 집 모양의 아이콘을 클릭하면 기본적으로 설정된 3D 화면으로 전환한다.

3dorbit는 마우스를 이용한 3D 실시간 보기 기능이다. 3dorbit를 실행하면 현재 뷰포트에서 3D 궤도 아이콘이 표시되며 드래그하여 화면을 제어한다. 3dorbit 명령이 활성화된 동안에는 객체를 편집할 수 없다.

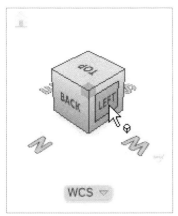

▲ 뷰큐브

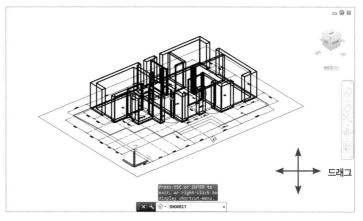

예제 파일 | 03-01.dwg

Tip ViewCube 및 Navigation Bar의 On/Off 기능은 리본 메뉴의 View 패널에서 쉽게 조절할 수 있다.

■ Vpoint 기능 따라하기

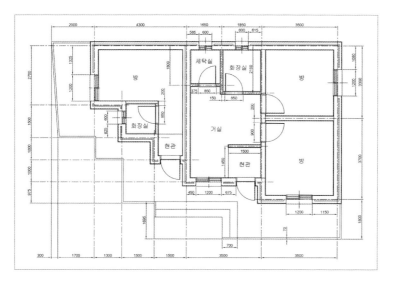

명령 과정 익히기

Command: -vpoint

Current view direction : VIEWDIR=0.0000,0.0000,1.0000

→ 현재 관측자의 시점을 표시한다. 원점(0,0)의 위치에서 +Z축에 관측자 시점이 위치한다.

Specify a view point or [Rotate] <display compass and tripod>: 1,1,1

→ 변경할 관측자의 시점을 입력한다. X축과 Y축 각각 1씩 이
동한 후 +Z축에서 원점(0,0,0)을 바라보는 관측자 시점이 설
정된다.

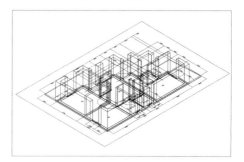

■ 3D 좌표 기능 따라하기

AutoCAD의 3차원에서 좌표 입력 방법은 2D 좌표 방식과 동일하며 높이 값인 Z축이 추가되어 표시된다. 대부분 상대 좌표를 이용하며 @X,Y,Z 방식으로 Z 값을 추가로 입력한다.

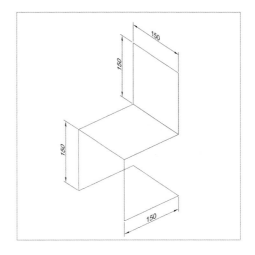

명령 과정 익히기

Command: line
Specify first point:
→ 선의 시작점(p1)을 선택한다.

Specify next point or [Undo]: @150<270
→ 선의 두 번째 점(p2)을 지정한다.

Specify next point or [Undo]: @150<0
→ 선의 세 번째 점(p3)을 지정한다.

Specify next point or [Close/Undo]: @0,0,150
→ 선의 네 번째 점(p4)을 지정한다. X, Y축의 이동 값은 0이며 Z축은 150으로 입력한다.

Specify next point or [Close/Undo]: @150<180
→ Line의 다섯 번째 점(p5)을 지정한다.

Specify next point or [Close/Undo]: @0,0,150
→ Line의 여섯 번째 점(p6)을 지정한다. X, Y축의 이동 값은 0이며 Z축은 150으로 입력한다.

Specify next point or [Close/Undo]: @0,150,0
→ Line의 일곱 번째 점(p7)을 지정한다. X, Z축의 이동 값은 0이며 Y축은 150으로 입력한다.

Specify next point or [Close/Undo]:
→ Space Bar 로 명령을 종료한다.

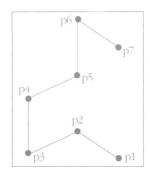

3차원상에서 객체 복사하기

Command: copy

Select objects: 4 found

→ 복사할 원복 객체를 선택한다.

Select objects:

→ Space Bar 를 눌러 다음 메뉴를 실행한다.

Current settings: Copy mode = Multiple

Specify base point or [Displacement/mOde] <Displacement>:

→ 복사 명령 실행 시 적용할 기준점(p1)을 선택한다.

Specify second point or [Array] <use first point as displacement>:

→ 복사될 객체가 생성될 위치점(p2)를 선택한다.

Specify second point or [Array/Exit/Undo] <Exit>:

→ Enter 를 눌러 명령을 종료한다.

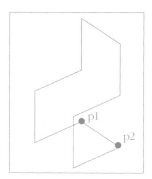

계단의 2차원 평면도를 참고하여 3차원 모델을 생성

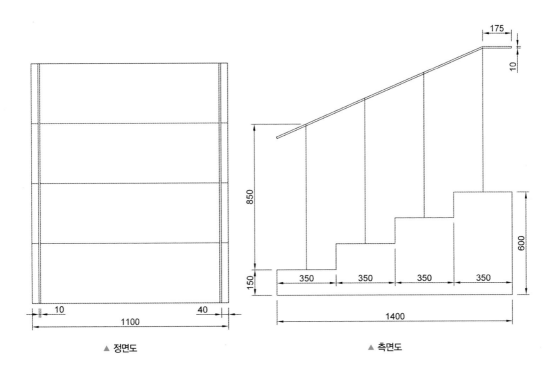

▲ 정면도   ▲ 측면도

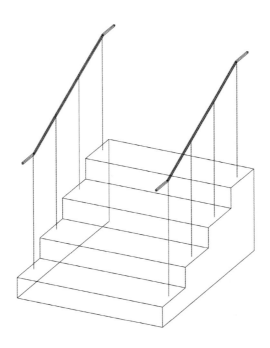

▲ 완성물

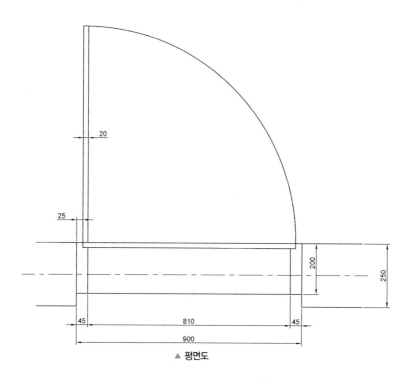

▲ 평면도

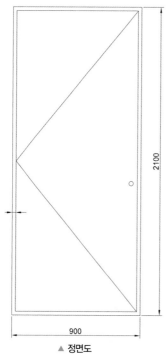

▲ 정면도

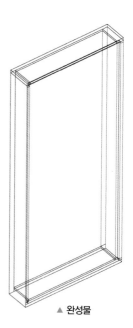

▲ 완성물

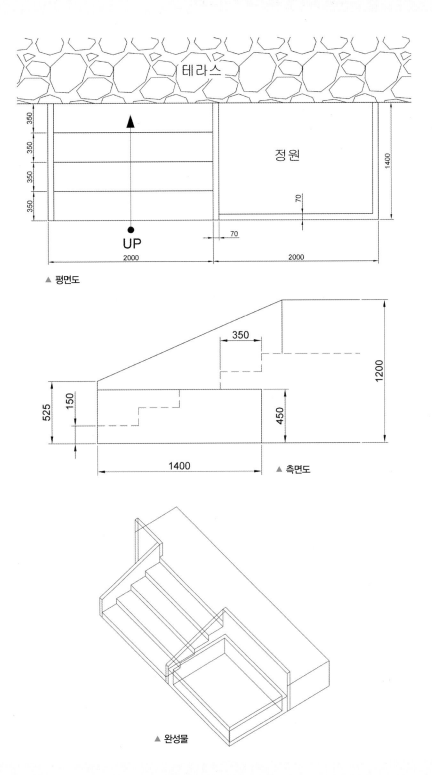

▲ 평면도

▲ 측면도

▲ 완성물

3D 면의 생성과 편집

Thickness/3dface/ Properties

2D 객체에 두께를 추가하여 3D 모양으로 변경할 수 있다. 객체의 면을 돌출시켜 3D 형태의 입체감 있는 객체를 만들면 건축물의 기하학적 구조 및 형태를 더욱 이해하기 쉽다. 3ds Max나 Maya와 같은 3차원 그래픽 프로그램과의 호환이 가능하다.

■ Thickness/Elevation – 3D 두께와 고도 설정

Thickness는 객체에 두께를 설정하여 3D 모양을 만들어 주는 시스템 변수 명령어이다. Thickness를 실행하여 두께 값을 설정하면 새로 생성되는 선 또는 원 등이 설정한 두께만큼 면이 생성된다. 객체의 두께는 Z축 방향으로 생성되며 양수인 경우 +Z축 방향, 음수인 경우 -Z축 방향으로 생성된다. 또e 한 화면에서 돌출되는 방향은 사용자 좌표계(UCS)에 따라 결정된다. 두께 적용이 가능한 객체로는 2D 솔리드, 호, 원, 선, 폴리선, 문자(SHX 문자 서체를 사용하는 단일 행 문자 객체로 작성된 경우) 등이 가능하다.

Elevation은 생성되는 객체에 고도를 설정하는 시스템 변수 명령어이다. 새로운 객체가 설정된 고도 값 높이에서 생성된다. 높이에 대한 방향은 Z축 방향으로 Thickness와 동일하게 적용된다.

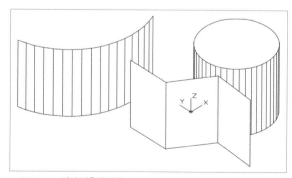

▲ Thickness 값이 적용된 객체

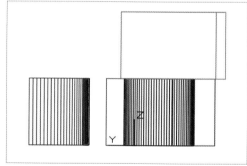

▲ Elevation이 적용된 빨간색 객체

 Tip 'Elev' 명령어는 Elevation과 Thickness 값을 동시에 설정할 수 있다.

> Command: elev
> Specify new default elevation <3.0000>: 4
> Specify new default thickness <4.0000>: 5

■ Properties(CH)/Change/Chprop – 객체의 특성 변경

Properties(CH)/Change/Chprop는 객체의 색상, 도면층, 선 종류, 축척, 두께 등 객체가 가지고 있는 특성을 변경하는 명령어이다. Properties(CH) 명령어는 특성 팔레트([Properties] 창)가 표시되어 직관적으로 변경할 수 있어 사용하기 편리한 장점이 있다. 특성 팔레트는 객체를 여러 개 선택한 경우 선택한 모든 객체 중 공통적인 특성만 표시하며, 객체를 선택하지 않은 경우는 일반 특성의 현재 설정만 표시된다. Change/Chprop의 두 명령어는 변경 값을 직접 입력하는 방식으로 사용법은 거의 동일하며 AutoCAD 구 버전에서 많이 사용하였던 명령어이다.

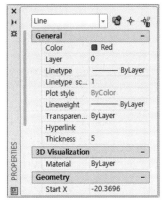

▲ 특성 팔레트(Properties) 모습

옵션별 기능 살펴보기

객체 특성 중 Thickness 값을 변경하는 방법은 다음과 같다.

- Command: change
Select objects: (객체 특성을 변경할 객체를 선택한다.)
Specify change point or [Properties]: p(특성 옵션을 선택한다)
[Color/Elev/LAyer/LType/ltScale/LWeight/Thickness/TRansparency/Material/Annotative]: t
(특성 옵션 중 돌출 옵션을 선택한다)
Specify new thickness <0.0000>: 객체에 적용할 돌출 값 설정
- Command: chprop
Select objects: (객체 특성을 변경할 객체를 선택한다.)
[Color/LAyer/LType/ltScale/LWeight/Thickness/TRansparency/Material/Annotative]: t
(특성 옵션 중 돌출 옵션을 선택한다.)
Specify new thickness <0.0000>: 객체에 적용할 돌출 값 설정

■ Chprop 기능 따라하기

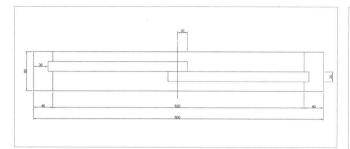

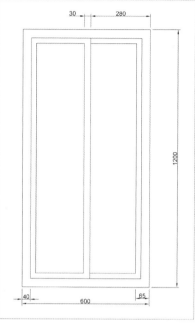

명령 과정 익히기 ··

① 3차원으로 전환하기

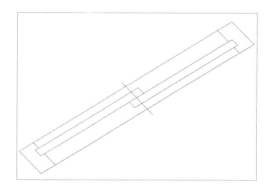

Command: -vpoint
Current view direction :
 VIEWDIR=0.0000,0.0000,1.0000
Specify a view point or [Rotate] <display
compass and tripod>: 1,1.3,2
∠ 관측사 시점을 변경한다.

② 객체에 두께 주기

Command: chprop
Select objects:
∠ 두께를 적용할 객체(문틀)를 선택한다.
Enter property to change[Color/LAyer/LType/
ltScale/LWeight/Thickness/TRansparency/Material/
Annotative]: t
∠ 두께 옵션을 선택한다.
Specify new thickness <0.0000>: 1200
∠ 두께 값을 설정한다.
Enter property to change[Color/LAyer/LType/
ltScale/LWeight/Thickness/TRansparency/Material/
Annotative]:
∠ Space Bar 를 눌러 명령을 종료한다.

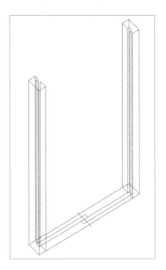

③ 3차원에서 객체 이동하기

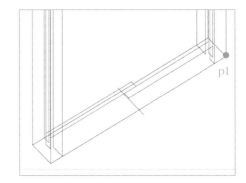

Command: move
Select objects:
∠ 창문에 해당하는 객체를 선택한다.
Specify base point or [Displacement] <Displacement>:
∠ 이동 기준점(p1) 선택한다.
Specify second point or <use first point as displacement>: @0,0,45
∠ 창문이 이동할 값을 입력한다.

④ 창문 유리에 두께주기
⑤ 창문틀 두께주기

Command: chprop
Select objects:
∠ 창문을 선택한다.
Enter property to change [Color/LAyer/LType/
ltScale/LWeight/Thickness/TRansparency/Material/
Annotative]: t
∠ 두께 옵션을 선택한다.
Specify new thickness <0.0000>: 1110
∠ 창문의 두께를 설정한다.
Enter property to change [Color/LAyer/LType/
ltScale/LWeight/Thickness/TRansparency/Material/
Annotative]:
∠ Space Bar 를 눌러 명령을 종료한다.

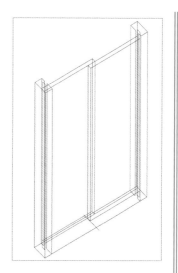

Command: chprop
Select objects: 2 found
∠ 창문틀을 선택한다.
Enter property to change [Color/LAyer/
LType/ltScale/LWeight/Thickness/
TRansparency/Material/Annotative]: t
∠ 두께 옵션을 선택한다.
Specify new thickness <0.0000>: 45
∠ 창문 두께를 설정한다.
Enter property to change[Color/LAyer/LType/ltScale/LWeight/Thickness/
TRansparency/Material/Annotative]:
∠ Space Bar 를 눌러 명령을 종료한다.

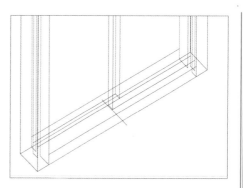

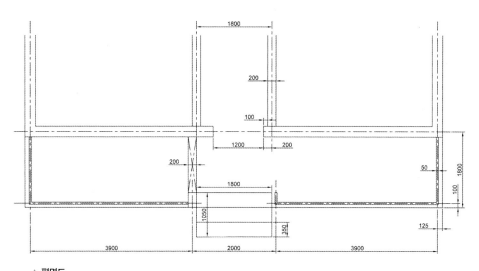

▲ 평면도

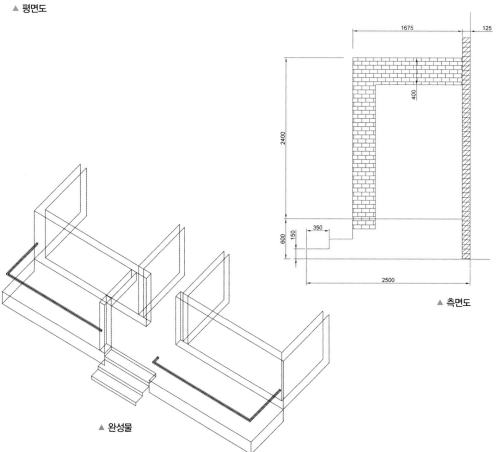

▲ 측면도

▲ 완성물

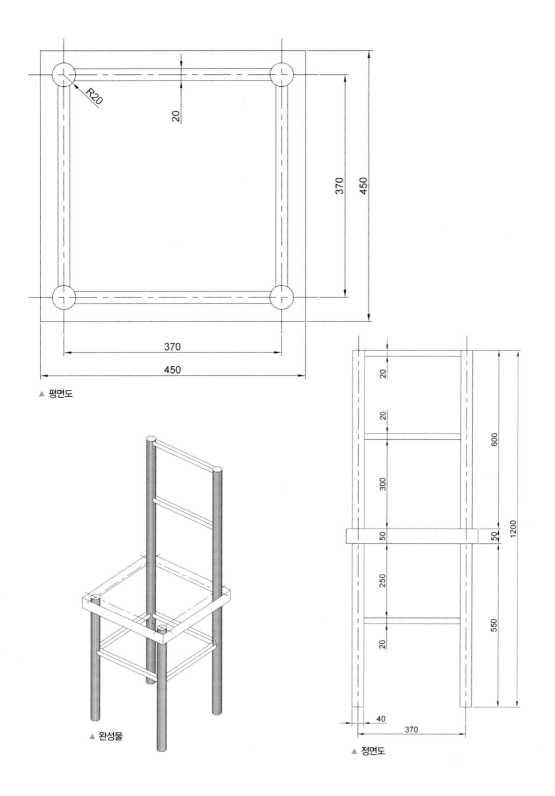

▲ 평면도

▲ 완성물

▲ 정면도

■ 3dface/Hide – 면 처리/은선 억제

3dface는 3차원 공간에서 3개(삼각형)의 점 또는 4개(사각형)의 점을 연결하여 3D 표면을 생성한다. 또한 계속해서 점을 추가하면 마지막 두 점을 첫 번째 점과 두 번째 점으로 인식하여 연속적으로 표면을 생성할 수 있다. Hide는 와이어프레임으로 표시되어 있는 표면들의 은선을 억제하여 3D 모형으로 표시한다. 3dface 명령으로 면을 생성한 후, Hide 명령을 이용하여 면의 형태를 확인할 수 있다. 다시 와이어프레임 상태로 변경하려면 Regen 명령을 적용하면 된다.

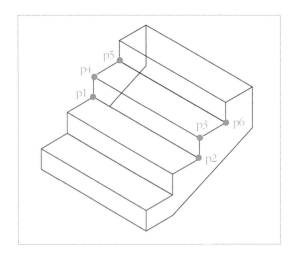

옵션별 기능 살펴보기

[Invisible]: 모서리 선이 보이지 않도록 3D 면을 생성한다. 사용 방법은 숨겨야할 모서리의 시작점을 선택하기 전에 'i'를 입력하고 점을 지정한다.

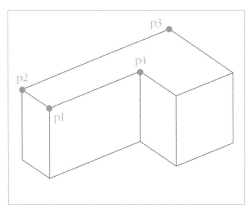

▲ Invisible 적용

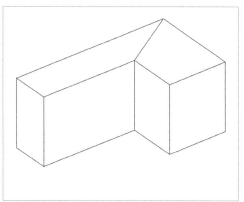

▲ Invisible 미적용

Command: 3dface

Specify first point or [Invisible]:

∠ 3d 면의 첫 번째 점(p1)을 선택한다.

Specify second point or [Invisible]:

∠ 3d 면의 두 번째 점(p2)을 선택한다.

Specify third point or [Invisible] <exit>: i

∠ 3d 면의 세 번째 점(p3)을 선택하기 전에 Invisible 옵션을 적용한다.

Specify third point or [Invisible] <exit>:

∠ 3d 면의 세 번째 점(p3)을 선택한다.

Specify fourth point or [Invisible] <create three-sided face>:

∠ 3d 면의 네 번째 점(p4)을 선택한다.

Specify third point or [Invisible] <exit>:

∠ 연속적으로 면을 만들기 위해 3d 면의 세 번째 점을 선택하거나 명령을 종료한다.

■ 3dface/Hide 기능 따라하기

예제 파일 | 03-03.dwg

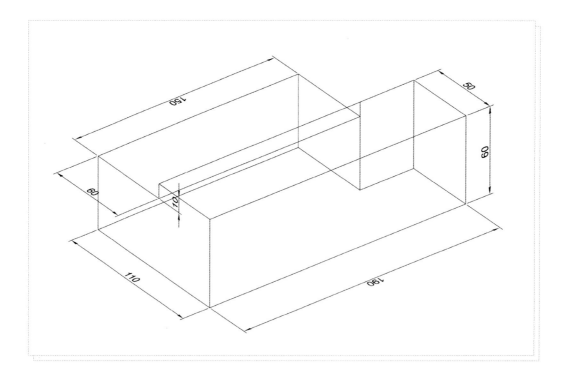

Command: 3DFACE

Specify first point or [Invisible]:

→ p1을 선택한다.

Specify second point or [Invisible]:

→ p2을 선택한다.

Specify third point or [Invisible] <exit>:

→ p3을 선택한다.

Specify fourth point or [Invisible] <create three-sided face>:

→ p4을 선택한다.

Specify third point or [Invisible] <exit>:

→ 다음 점을 선택하거나 Space Bar 를 눌러 명령을 종료한다.

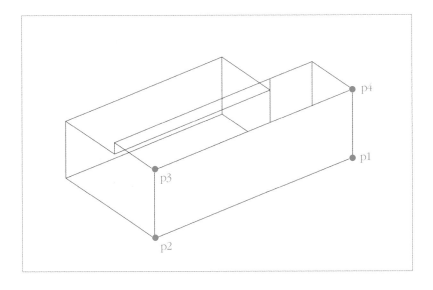

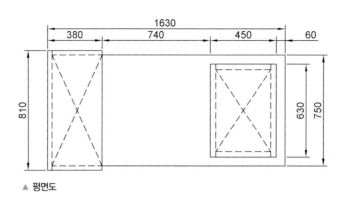

▲ 평면도

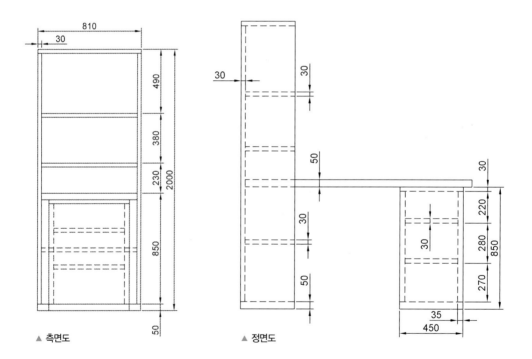

▲ 측면도   ▲ 정면도

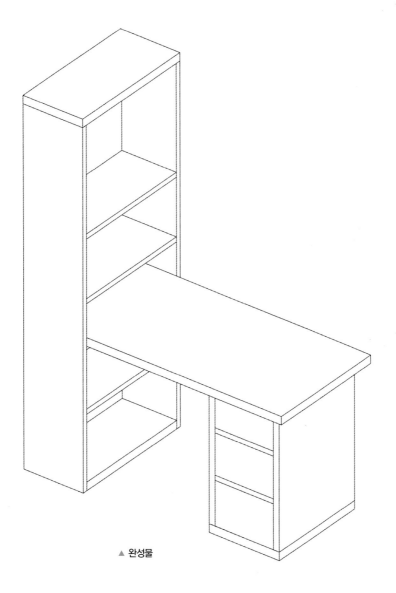

▲ 완성물

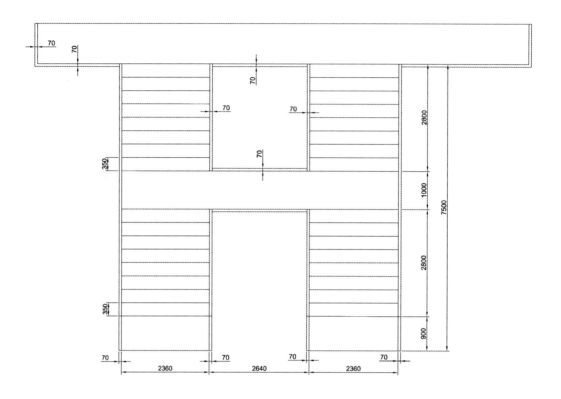

▲ 평면도

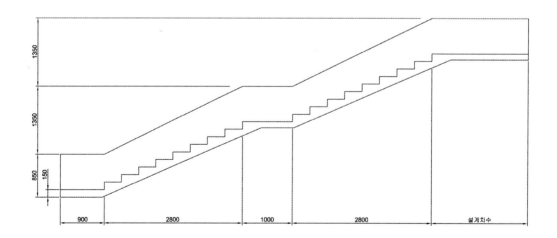

▲ 측면도

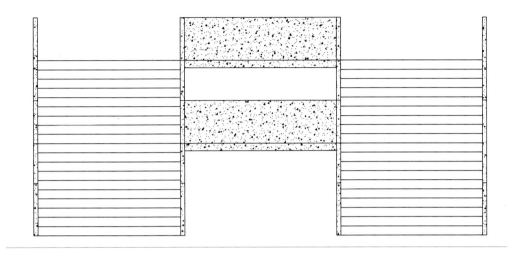

▲ 정면도

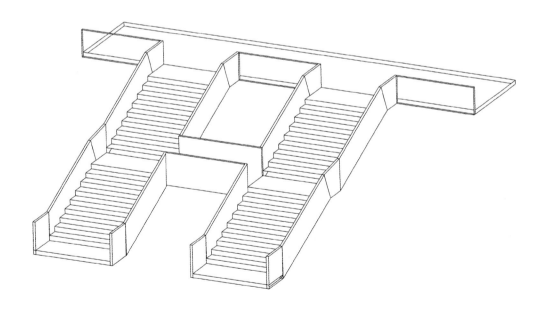

▲ 완성물

사용자 좌표계
UCS

3차원에서 면을 생성하려면 몇 가지의 원리를 적용받게 된다. 이중 객체의 면의 돌출과 같은 경우 객체 생성 시 적용되어 있던 3차원 좌표계의 영향을 받는다. 객체의 수정 명령도 객체가 생성된 좌표계에 따라 수정 유무가 결정되므로 매우 중요한 역할을 한다고 할 수 있다.

■ Ucs - 사용자 좌표계

AutoCAD의 기본적인 좌표계를 WCS(World Coordinate System: 표준 좌표계)라 하고, 사용자 정의에 의해 설정하는 좌표계를 UCS(User Coordinate System: 사용자 좌표계)라 부른다. 도면의 객체는 기본적으로 X/Y 평면에서 작성되기 때문에 3차원 공간에서 객체를 작성 또는 수정하는 경우 UCS를 이동하거나 방향을 재지정해야 한다. UCS 아이콘을 클릭하고 조절 점을 선택하여 이동 또는 수정하거나 ViewCube에서 UCS를 선택하여 변경할 수 있다. 또는 명령 입력 창에 UCS를 직접 입력하고 옵션을 선택하여 사용할 수 있다. UCS 를 변경하는 방법은 기본적으로 X축과 Y축의 방향을 재설정한다.

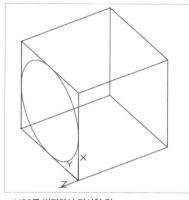

▲ UCS를 변경하여 작성한 원

▲ ViewCube에서 UCS 선택

명령 과정 익히기

- **[Face]**: 기존 3차원 객체의 면과 작업 평면을 동일하게 맞출 때 사용한다.
- **[NAmed]**: 자주 사용하는 UCS 평면을 저장한다.
- **[OBject]**: 선택한 객체의 +Z축 방향과 UCS의 +Z축 방향을 동일하게 정의한다.
- **[Previous]**: 이전 단계의 UCS 평면으로 복원한다.
- **[View]**: 관측 방향에 +Z축을 정의한다. 3차원 상에서 문자를 표기할 때 사용한다.
- **[World]**: 현재 사용 중인 UCS을 WCS로 전환한다.
- **[ZAxis]**: Z축 방향을 UCS의 Z축 방향으로 지정하여 X/Y 평면을 정의한다.

■ UCS 기능 따라하기

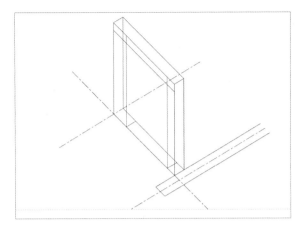

명령 과정 익히기

Command: ucs

Current ucs name : *WORLD*

Specify origin of UCS or [Face/NAmed/OBject/Previous/View/World/X/Y/Z/ZAxis]

<World>: 3P

→UCS에 적용할 옵션을 선택한다.

Specify new origin point <0,0,0>:

→새롭게 지정할 UCS 평면의 원점(p1)을 선택한다.

Specify point on positive portion of X-axis:

→새롭게 지정할 UCS 평면의 x축 방향(p2)을 지정한다.

Specify point on positive-Y portion of the UCS XY plane :

→새롭게 지정할 UCS 평면의 XY 평면의 회전 위치 값(p3)을 지정한다.

Command: circle

Specify center point for circle or [3P/2P/

Ttr (tan tan radius)]: 2p

Specify first end point of circle's diameter :

→작성될 원의 첫 번째 점(p4)을 지정한다.

Specify second end point of circle's

diameter :

→작성될 원의 두 번째 점(p5)을 지정한다.

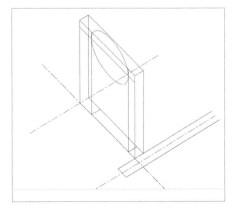

곡면의 3dface 처리 시 Divide를 적용하고 3D 면을 작성한다.

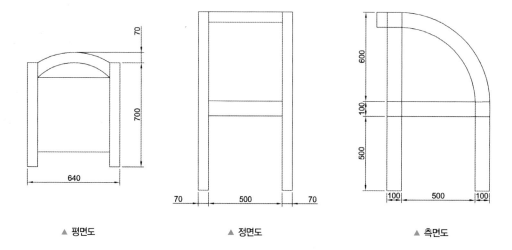

▲ 평면도   ▲ 정면도   ▲ 측면도

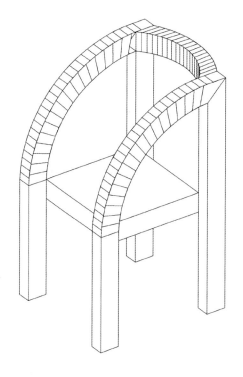

▲ 완성물

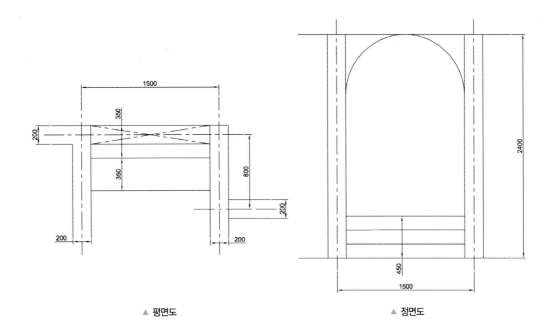

▲ 평면도   ▲ 정면도

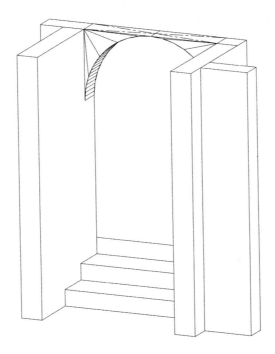

▲ 완성물

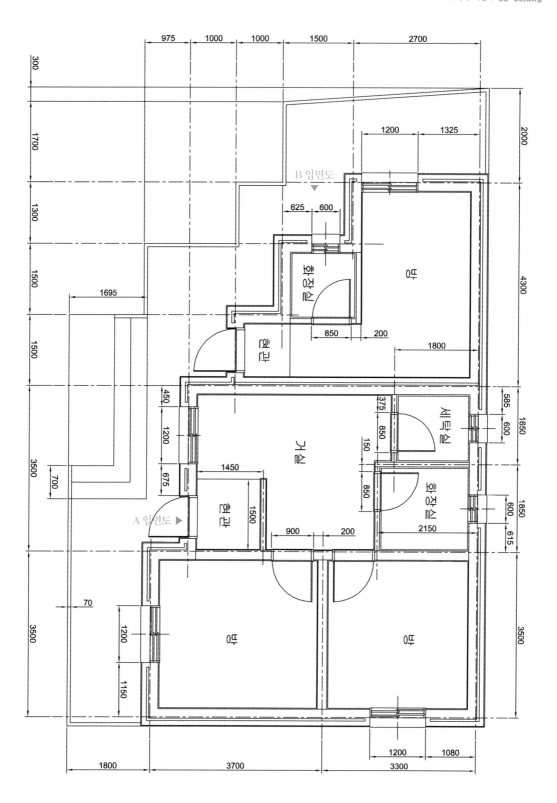

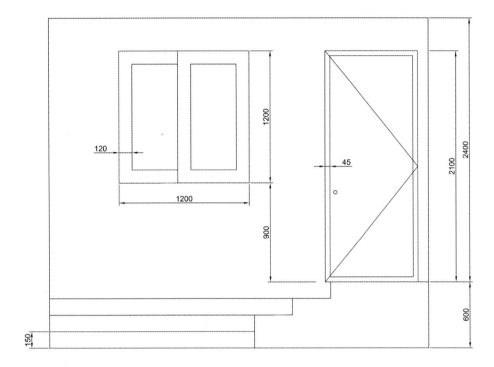

▲ A입면도

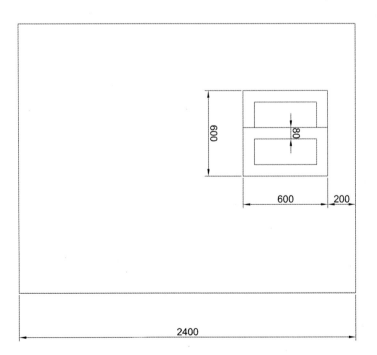

▲ B입면도

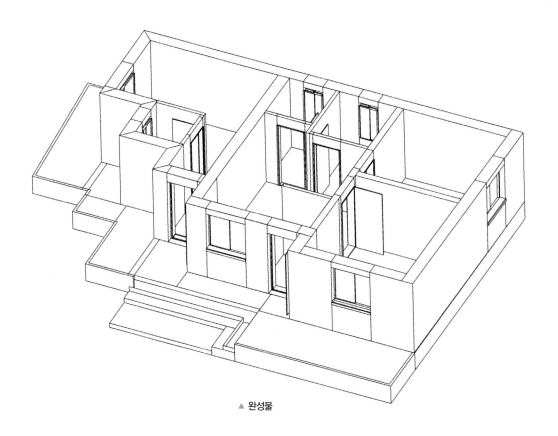

▲ 완성물

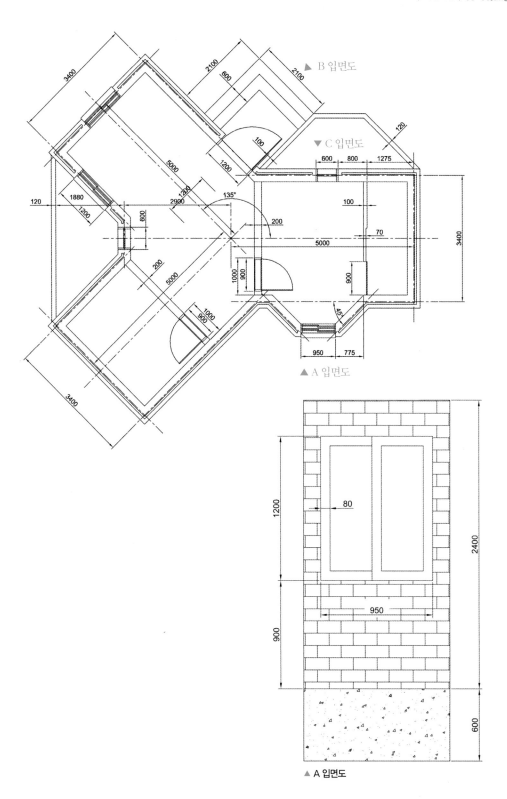

▲ B 입면도

▼ C 입면도

▲ A 입면도

▲ A 입면도

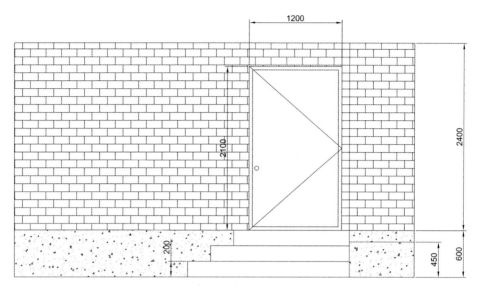

▲ B 입면도

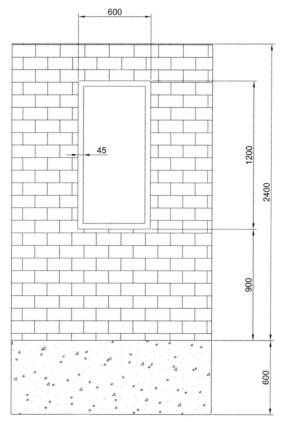

▲ C 입면도

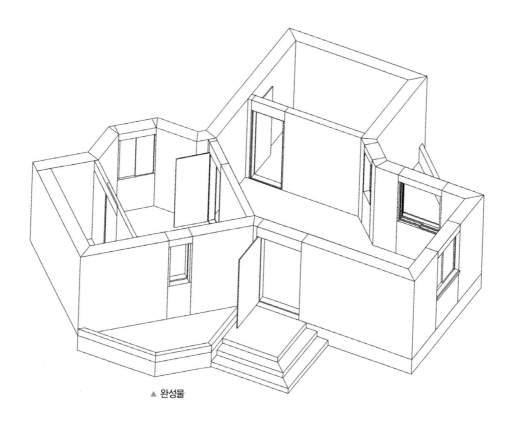

▲ 완성물

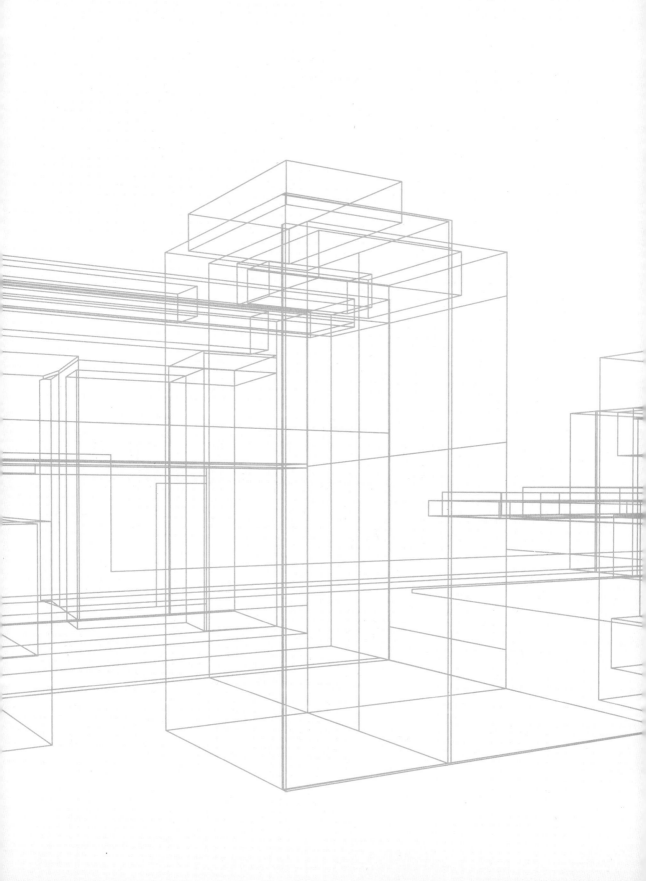

실무 건축 도면

건축물을 시공하기 위한 기본적인 척도가 되고 최종 결과물을 가상으로 살펴볼 수 있는 건축 설계의 가장 중요한 요소인 실무 건축 도면에 대해 알아보도록 하자.

AutoCAD 2019

건축 도면의 종류

실|무|

01

건축 도면의 종류는 다양하다. 일반적으로 건축물을 위에서 내려다본 평면도, 건축물의 외부에서 본 입면도, 건축물의 일부를 절개하여 본 단면도, 특정 부분을 확대하거나 정교하게 표현한 상세도(디테일), 시공에 필요한 창문의 종류를 도식한 창호도, 창호들에 정보를 정리한 창호 일람표, 건축물의 배치를 표시한 배치도, 건축물의 구조를 도시한 구조도 등 다양한 도면이 존재한다. 이번 단원에서는 각종 도면의 설계 원리와 프로세스 규정 등을 살펴보고, 실무에서 적용되는 경우를 기준으로 하여 학습한다. 건축 현장은 항상 가변적이다. 그러므로 이 단원에서 제시한 것이 법규나 규칙으로 생각하기보다는 기본적인 입문으로 생각하기 바란다.

1 | 배치도

건축물의 전체를 파악하는 데 중요한 도면으로 대지 안에 건축물의 위치 및 부대시설, 인접 도로 상황을 표시한다.

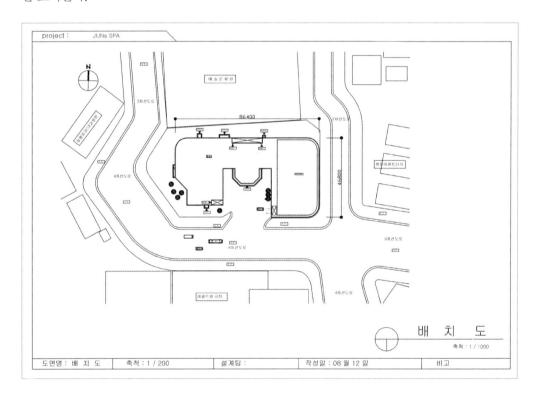

배치도에 표현되는 것들은 다음과 같다.

- 방위각, 부지의 고저, 인접 도로의 너비와 길이
- 주변 건물의 형태 및 인접 건물의 대략적 정보
- 옥외 상·하 배수 계통도

2 | 평면도

건축물을 1.2m 높이에서 건축물과 수평으로 절단하여 위쪽에서 내려다본 형태를 도식화하여 표현한 도면을 '평면도'라고 한다.

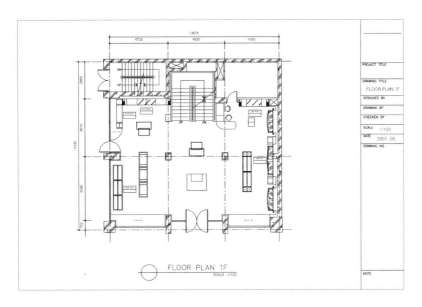

평면도에 표현되는 것들은 다음과 같다.
- 중심선, 기둥, 벽체, 개구부(문/창문)의 크기 및 개폐 방식, 마감재, 가구, 각 실의 용도, 명칭, 치수 등을 표시한다.

3 | 입면도

건물의 외형의 형태와 외부 마감재를 각 방향에서 본 모양을 도식화하여 작성한 도면이다.

입면도에 표현되는 것들은 다음과 같다.

- 주요부의 높이(전체 높이, 처마 높이)
- 지붕의 경사와 모양 및 마감
- 벽체 외곽 및 벽체의 재질과 마감 상태
- 계단 및 출구, 건축물의 비례(사람, 나무)

4 | 단면도

건축물을 지정한 위치에서 수직으로 절단하여 수평 방향에서 본 모양을 도식화한 도면이다.

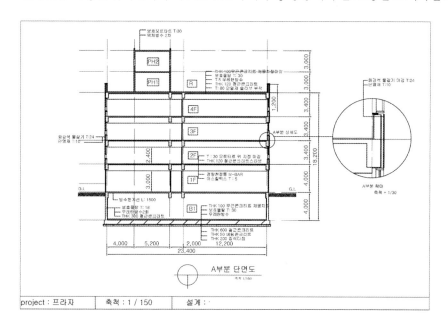

단면도에 표현되는 것들은 다음과 같다.

- 건물의 높이, 층의 높이, 처마 높이, 창 높이
- 지반에서 건축물 바닥까지의 높이
- 계단의 치수
- 지붕의 물매
- 건축물의 지반의 구조 태

> **Tip 단면도를 작성해야 하는 위치**
> - 평면상 이해하기 어려운 곳: 층간 연결 계단
> - 건축 구조의 이해를 돕는 부분
> - 설계자가 강조하고 싶은 부분

5 | 전개도

건축물의 내부를 도식화한 도면으로 내부의 의장을 표현하기 위한 도면이다.

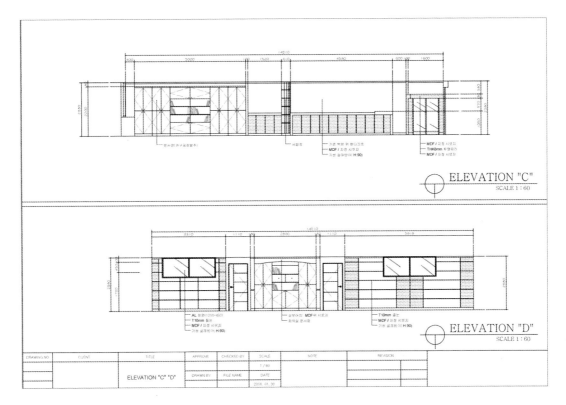

단면도에 표현되는 것들은 다음과 같다.

- 각 실의 벽체
- 문, 창문의 모양
- 벽면의 마감재료
- 징두리판벽 (걸레받이, 띠장)
- 각 실의 가구 모양

6 | 천장도

건축물의 층의 천장면에 구조 및 조명의 위치 등을 도식화한 도면이다.

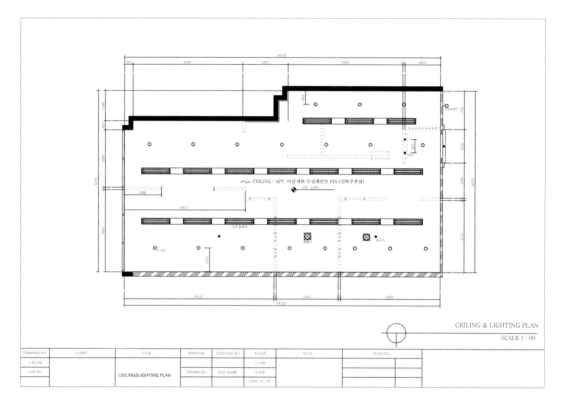

천장도에 표현되는 것들은 다음과 같다.

- 벽체 중심선, 벽체
- 천장의 마감재, 천장의 높이 차, 천장의 모양
- 환기구, 조명 기구, 소방 장치
- 치수, 규격

7 | 창호도/창호 일람

건축물의 시공 시 사용될 창호의 전체 문과 창문의 일람표를 작성한 도면이다.

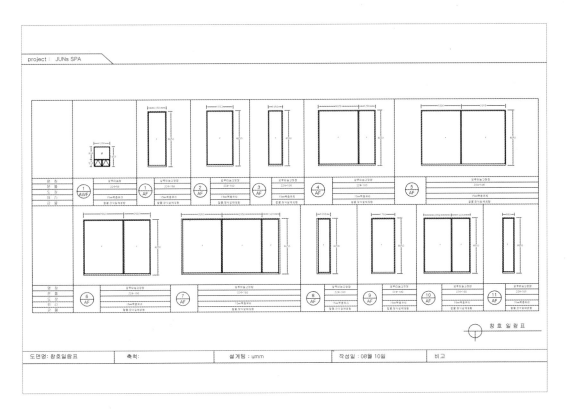

창호도/창호 일람에 표현되는 것들은 다음과 같다.

- 창호의 위치는 평면도에 표기하며 야식 평면도에 표시한다.
- 창호의 형태, 개폐 방법, 재료, 치수, 사용 장소 등의 표를 만든다.
- 창호 철물, 유리 종류, 마무리 방법
- 창호의 모양과 치수 기입

건축 도면의 기호와 용어

|실|무|
02

건축 도면을 구성하는 재료의 표시 및 건축물의 구조를 함축적으로 표현한다. 또한 전기 및 설비의 도면 기호는 시공될 전기적 장치의 형태 및 용도를 지시한다.

1 | 벽체의 재질 표현

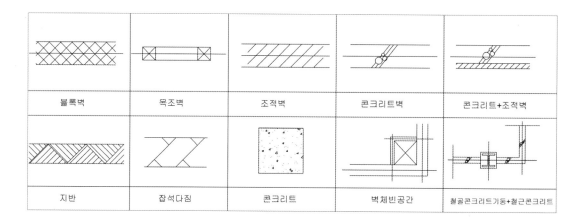

불록벽	목조벽	조적벽	콘크리트벽	콘크리트+조적벽
지반	잡석다짐	콘크리트	벽체빈공간	철골콘크리트기둥+철근콘크리트

2 | 스위치 및 배분전반 심벌

- **간선**: 건물로의 인입 개폐기(배선용 차단기)로부터 각 층마다 설치된 분전의 분기 개폐기까지의 배선을 말한다.
- **분전반**: 각 간선에서 배선을 분기하는 장소에 설치하는 것으로 배전판의 일종이며, 여러 가지 형식이 있다.
- **로터리 스위치**: 시계 방향으로 회전시켜 점멸한다.
- **템블러 스위치**: 노출형, 매입형이 있으며, 상하 또는 좌우로 점멸한다. 벽 매입형에 많이 사용되는 스위치이다.
- **푸시 버튼 스위치**: 2개의 버튼 중에서 하나를 누르면 켜지고 다른 하나를 누르면 소등되는 매입형이다.
- **풀스위치**: 천장 또는 높은 곳에 설치한 뒤 내려뜨려진 끈을 잡아 당겨 점멸한다.
- **3로 스위치**: 3개의 단자를 구비한 전환용 용수철 스위치로서 복도의 양 끝, 계단의 상하에서 점멸이 가능하다.

S	S₂	S₃	S₄	Sₚ
단극스위치	2극스위치	3로스위치	4로스위치	풀스위치
single-pole switch	double-pole			pull switch
(검정 사각형)	(대각선 사각형)	(빗금 사각형)	(나비형)	(X자 사각형)
배(분)전반 일반	전등용	적류용	전력 /전열용	동력용

3 | 전등 심벌

백열등	형광등	형광등	형광등	백열전등
	20wx1EA	20WX2EA	20WX3EA	벽걸이형
비상등	형광등	상시등	형광등	램프.홀더
	벽걸이형		벽에붙이는거	Lamp holder
외등	코트펜던트	리셉터클 (R)	실링라이트 (CL)	체인펜던트 (CP)
파이프펜던트 (P)	산데리아 (CH)	매입등		

4 | 콘센트 심벌

⊖	⊖	⊖ 3P	⊖ WP
10A콘센트	콘센트	콘센트	콘센트
	3극 이상일때	2극 이상일때	방수용

5 | 계폐 기기, 기기, 계기 심벌

S	$	c	F	WH	CT
개폐기	전자 개폐기	안전개폐기	컷아우트스위치	적산전력계	변류기
		컷아우트스위치	컷아우트스위치	케이스에 들어갈때	
WH	M	M KW	∞	G	⊡
적산전력계	전동기	전동기	선풍기	동력용	유입개폐기
		용량을 표시할때			
H	A	V	W	F	
형광등	비상등	형광등	상시등	주파수계	
20WX3EA		벽걸이형			

6 | 전원 및 일반심벌

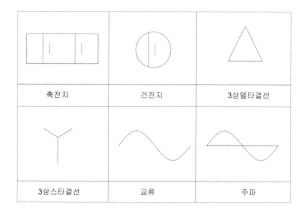

축전지	건전지	3상델타결선
3상스타결선	교류	주파

7 | 밸브의 도시 기호

밸브일반	슬루스밸브	글로브밸브	앵글밸브	체크밸브
공기밸브	전동밸브	전자밸브	온도조절밸브	차압밸브

8 | 배관의 도시 기호

급수관	급탕관	반탕관	배수관
통기관	소화수관	가스관	오수관

9 | 위생 기구, 소화 기구 도시 기호

볼탭	송수구	샤워	청소구

10 | 건축 용어 설명

- **기초**: 건축물의 무게, 적재 하중, 풍력, 지진 등의 외력을 안전하게 지반으로 전달하는 건축물의 하부 구조 부분이다.
- **지정**: 기초 파기를 한 바닥면을 다져 치밀하게 지반을 조성하는 방법을 지정이라 한다.

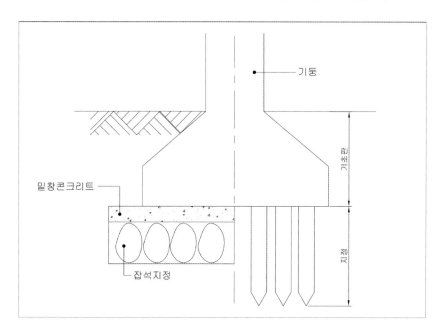

- **줄눈**: 벽돌 상호간의 접착을 위한 모르타르 부분을 줄눈이라 한다. 통상 10mm로 하고, 내화 벽돌일 때는 6mm로 한다. 벽돌을 쌓기 전에는 물을 충분히 축여 사용한다.

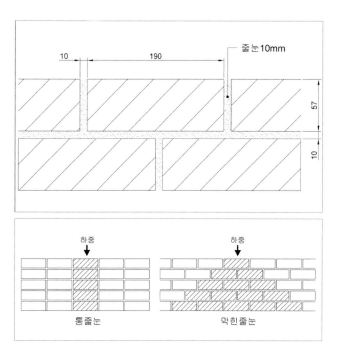

- **물매**: 경사 지붕의 기울기를 정의한 것으로, 가로변(10mm)일 때 세로변의 길이 값에 해당하는 높이를 말한다. 두 선의 끝점을 연결한 기울어진 선분을 이용하여 경사 지붕의 경사도를 설정할 수 있다.

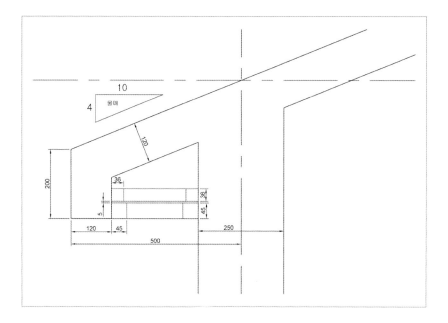

- **테라스**: 테라스(Terrace)는 건물을 외곽으로 확장한 형태로, 위층들에 설치한다. 발코니보다 큰 규모의 공간으로 지붕이 없고, 다양한 용도로 사용하는 곳이다. 가끔은 작은 수영장이나 옥외 욕조를 테라스에 설치하기도 한다.

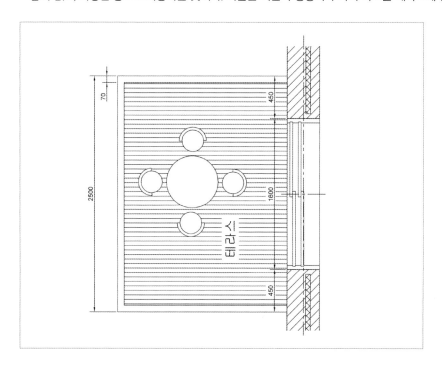

- **켄틸레버**: 한 쪽 끝은 고정되고 다른 쪽 끝은 받쳐지지 아니한 상태로 있는 보를 말한다. 발코니 및 현관의 상부에 위치하여 비를 맞지 않도록 해주는 부분이다.

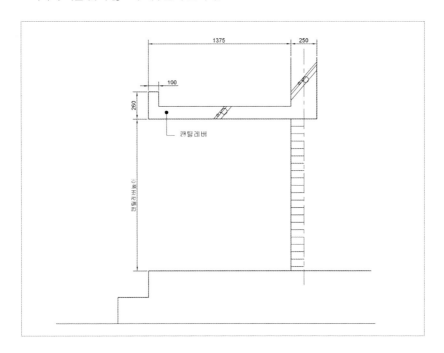

- **상부 아치**: 캔틸레버 및 실내의 내벽에서 볼 수 있는 구조로, 상단 부위에 아치형으로 만들어 놓은 형태를 지시한다. 조적벽에서는 아치형 벽돌을 사용하는 경우도 있지만 실무에서는 일반 벽돌을 사용하여 시공하기도 한다. 실내의 내벽같이 목재를 이용하여 생성할 때에는 목재로 구성한다.

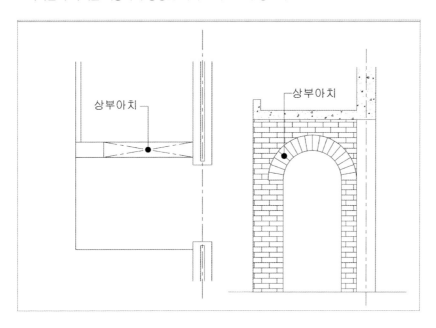

- **헨드레일(손스침)**: 계단 난간의 손잡이를 가리킨다.
- **G.L 선**: 건축물의 지면과 접하는 면을 G.L 선이라고 한다.
- **반자 높이**: 건축물의 바닥에서부터 천장면의 반자의 높이까지의 높이를 설정한다.

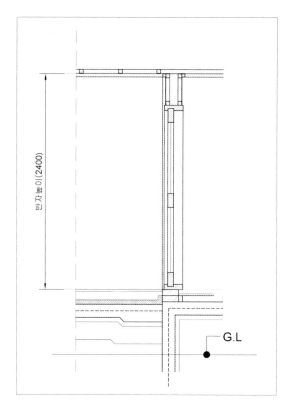

- **층고**: 건축물의 전 층의 상단면의 콘크리트 바닥면에서부터 위층의 상단의 콘크리트 면까지의 한 층 간 높이를 설정한다.

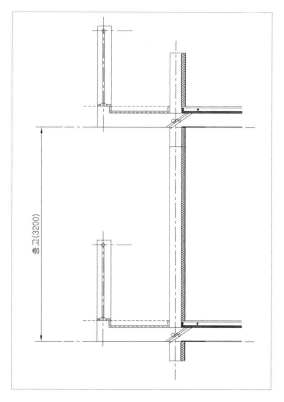

건축 구조의 종류

건축물의 구조를 구분하는 기준에는 건축물의 벽체 및 기둥을 구성하는 재료를 기준으로 분류한다. 각각의 건축 구조에 따라 특징을 가지고 있으며 장단점을 최대한 활용하여 건축물의 설계 및 시공에 도용해야 한다.

1 | 대표적 건축 구조

- **벽돌 구조**: 벽돌을 벽체의 주재료로 사용한다. 외부에서 전달되는 외력에 대응하는 장점을 가지고 있지만 외부와의 연관률(내부열이 외부 환경에 의해 열의 손실 발생)가 발생할 수 있으며 공기(공사 기간)가 길다. 고층의 건축물에는 부적합하다.

- **콘크리트 구조**: 벽체 및 기둥을 구성하는 주재료를 콘크리트로 한다. 철근의 배근 유무에 따라 무근 콘크리트와 철근 콘크리트로 구분하며 고층 건물의 설계에 용이하다. 공기가 짧으며 자유로운 건축물의 형태를 표현할 수 있는 장점을 가진다. 염분에 약하며 콘크리트의 재료 배합 및 건축물의 강도에 영향을 받을 수 있다는 단점이 있다.

- **철골 구조**: 형강을 이용하여 건축물에 벽체 및 기둥 또는 층간의 바닥면을 구성한다. 초고층 건축물에 용이하며 공기가 빨라 현대식 건축물에 많이 사용된다. 열과 염분에 약하며 철골 간의 결합 불량 시 건축물에 치명적 결합을 야기한다는 단점이 있다.

평면도			
단면도			
입체모형			
구조	벽돌구조	콘크리트+조적구조	철근콘크리트

건축 구조의 다양한 벽체

평면도에서 벽체를 통하여 벽체의 형태와 시공된 형태의 이해를 하는 것이 중요하다.

실무 04

1 | 조적식 벽체

조적식 벽체란, 벽돌을 쌓아 만든 벽체를 말한다. 실내의 내부 칸막이용 벽에서부터 외벽의 구조체 벽에 이르기까지 다양하게 존재한다. 1B의 의미는 벽돌 한 장의 크기를 말하며 설계 시 벽돌의 크기는 200×100×70mm로 적용하여 사용한다. 벽돌 한 장 이상을 사용하여 벽의 두께를 만들어줄 때에는 두 개의 벽돌이 결합되도록 모르타르를 사용하여 접합한다. 이때 모르타르의 두께는 10mm로 한다.

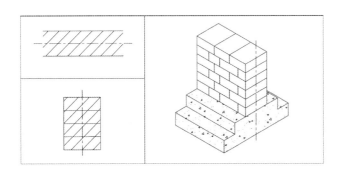

MLINE	J: Zero
	Scale: 200
MLSTYLE	STANDARD
1B 벽 조적식 벽체로 내벽 및 외벽에 사용	

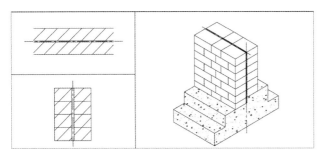

MLINE	J: Zero
	Scale: 1
MLSTYLE	NEW STYLE
1B 벽=210mm 조적식 벽체: 0.5B몰타+0.5B	

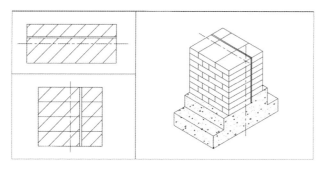

MLINE	J: Zero
	Scale: 1
MLSTYLE	NEW STYLE
1.5B 벽=310mm	
조적식 벽체: 1B+몰타+0.5B	

2 | 조적식 공간벽

조적식 공간벽이란, 벽돌과 벽돌 사이에 단열재를 넣고 시공하는 것을 말한다. 외벽에서 사용되며 바깥쪽 벽돌을 조적한 뒤 단열재를 넣고 안쪽 벽돌을 쌓는 방식이다. 현장에서 사용하는 단열재는 T50~T100까지 다양하다.

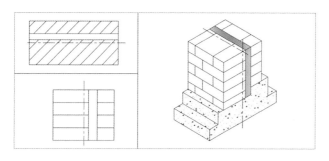

MLINE	J: Zero
	Scale: 1
MLSTYLE	NEW STYLE
1.5B 공간 벽=350mm	
조적식 벽체: 1B+단열재+0.5B	

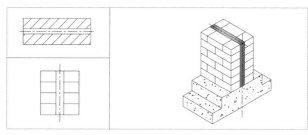

MLINE	J: Zero
	Scale: 1
MLSTYLE	NEW STYLE
1.0B 공간 벽=250mm	
조적식 벽체: 0.5B+단열재+0.5B	

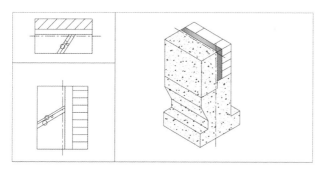

MLINE	J: Zero
	Scale: 1
MLSTYLE	NEW STYLE
1.5B 공간 벽=330mm	
조적식 벽체: 콘크리트180+단열재+0.5B	

건축 도면의 창호의 종류와 설계

|실|무|
05

건축 입면도 작성 시 창호 도면은 필수이다. 각종 창호의 용도와 크기를 고려하여 설계자는 평면도의 작성 시부터 설계에 반영해야 한다. 과거에는 창호를 현장에서 가공하여 생산하였지만 현대 건축에서는 기성 제품을 사용하며 다음 창호들은 가장 보편적인 기성 제품들이다.

1 | 문의 입면

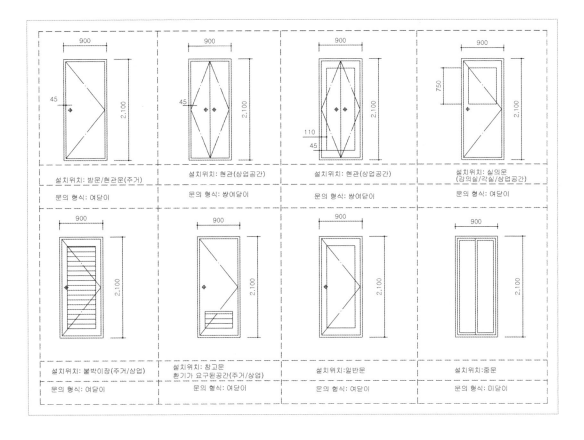

설치위치: 방문/현관문(주거)
문의 형식: 여닫이

설치위치: 현관(상업공간)
문의 형식: 쌍여닫이

설치위치: 현관(상업공간)
문의 형식: 쌍여닫이

설치위치: 실의문 (강의실/각실/상업공간)
문의 형식: 여닫이

설치위치: 붙박이장(주거/상업)
문의 형식: 여닫이

설치위치: 창고문 환기가 요구된공간(주거/상업)
문의 형식: 여닫이

설치위치: 일반문
문의 형식: 여닫이

설치위치: 중문
문의 형식: 미닫이

2 | 창문의 입면

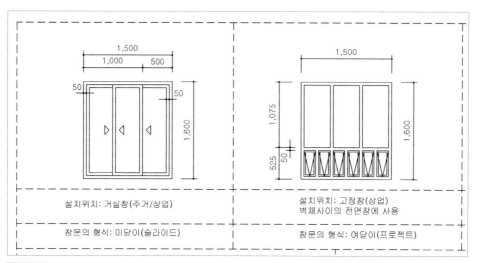

설치위치: 거실창(주거/상업)

창문의 형식: 미닫이(슬라이드)

설치위치: 고정창(상업)
벽체사이의 전면창에 사용

창문의 형식: 여닫이(프로젝트)

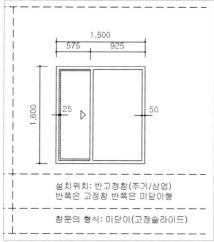

설치위치: 반고정창(주거/상업)
반쪽은 고정창 반쪽은 미닫이형

창문의 형식: 미닫이(고정슬라이드)

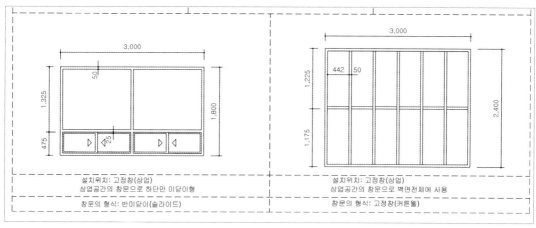

설치위치: 고정창(상업)
상업공간의 창문으로 하단만 미닫이형

창문의 형식: 반미닫이(슬라이드)

설치위치: 고정창(상업)
상업공간의 창문으로 벽면전체에 사용

창문의 형식: 고정창(커튼월)

3 | 창문의 단면

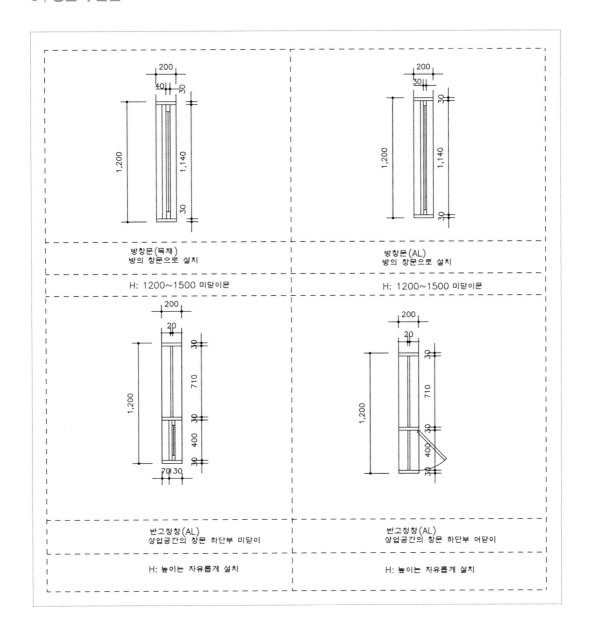

방창문(목재)
방의 창문으로 설치

H: 1200~1500 미닫이문

방창문(AL)
방의 창문으로 설치

H: 1200~1500 미닫이문

반고정창(AL)
상업공간의 창문 하단부 미닫이

H: 높이는 자유롭게 설치

반고정창(AL)
상업공간의 창문 하단부 여닫이

H: 높이는 자유롭게 설치

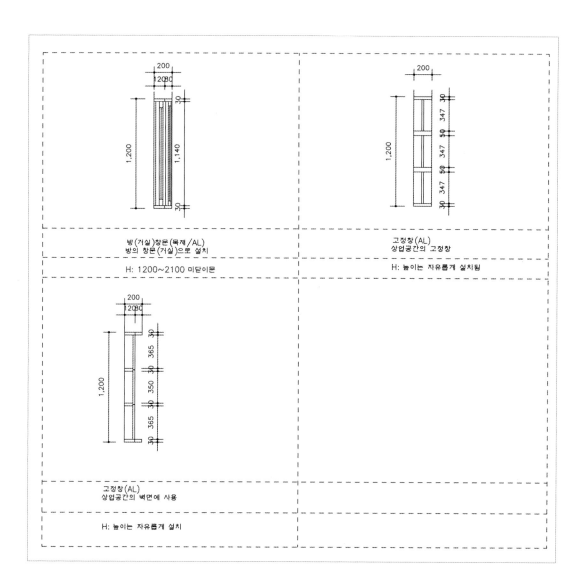

방(거실)창문(목재/AL)
방의 창문(거실)으로 설치

H: 1200~2100 미닫이문

고정창(AL)
상업공간의 고정창

H: 높이는 자유롭게 설치됨

고정창(AL)
상업공간의 벽면에 사용

H: 높이는 자유롭게 설치

4 | 현관문 그리기

방문의 설계 시 방문 틀의 홈의 크기는 방 문짝의 크기와 동일해야 한다는 점을 염두해 두고
작성해야 한다.

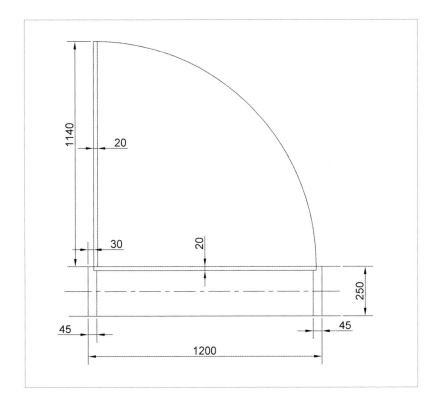

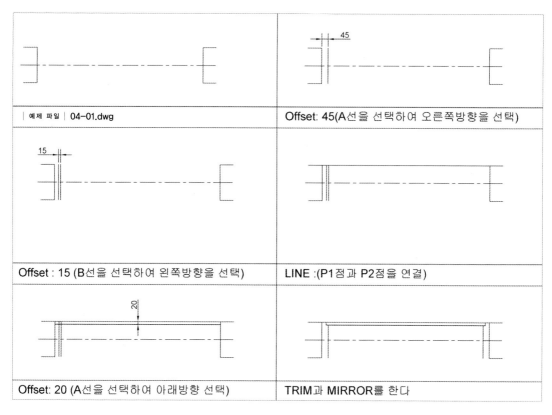

	← 45 →
| 예제 파일 | 04-01.dwg	Offset: 45(A선을 선택하여 오른쪽방향을 선택)
← 15 →	
Offset : 15 (B선을 선택하여 왼쪽방향을 선택)	LINE :(P1점과 P2점을 연결)
20	
Offset: 20 (A선을 선택하여 아래방향 선택)	TRIM과 MIRROR를 한다

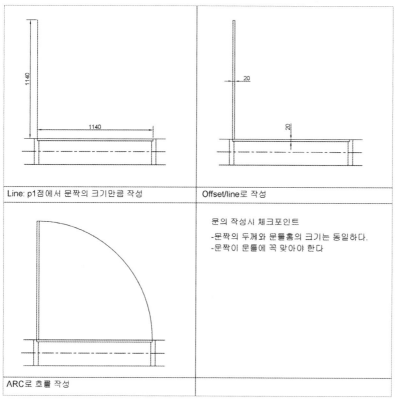

Line: p1점에서 문짝의 크기만큼 작성	Offset/line로 작성
ARC로 효률 작성	문의 작성시 체크포인트 -문짝의 두께와 문틀홈의 크기는 동일하다. -문짝이 문틀에 꼭 맞아야 한다

5 | 이중창 그리기

이중창문의 작성 시 주의점은 창문의 크기는 항상 현장에 따라 가변적으로 변경될 수 있다는 것이다. 창문틀의 재료에 따라 틀의 폭이 결정된다는 점을 주의해야 한다.

• 목재: 45mm/알루미늄 섀시: 35mm

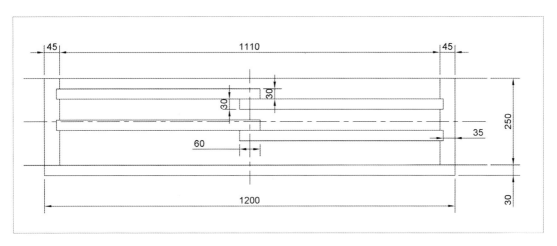

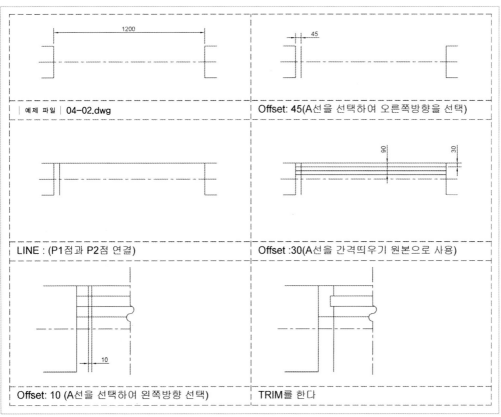

| 예제 파일 | 04-02.dwg | Offset: 45(A선을 선택하여 오른쪽방향을 선택) |

LINE : (P1점과 P2점 연결) / Offset :30(A선을 간격띄우기 원본으로 사용)

Offset: 10 (A선을 선택하여 왼쪽방향 선택) / TRIM를 한다

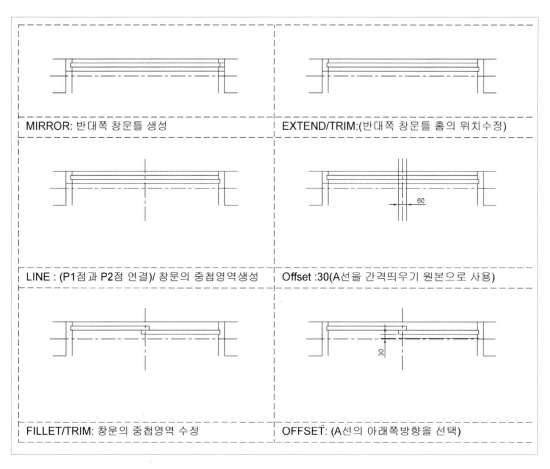

MIRROR: 반대쪽 창문틀 생성

EXTEND/TRIM:(반대쪽 창문틀 홈의 위치수정)

LINE : (P1점과 P2점 연결)/ 창문의 중첩영역생성

Offset :30(A선을 간격띄우기 원본으로 사용)

FILLET/TRIM: 창문의 중첩영역 수정

OFFSET: (A선의 아래쪽방향을 선택)

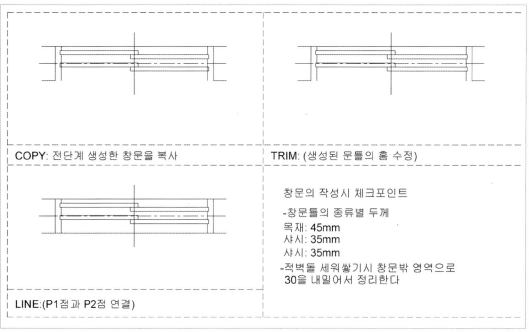

COPY: 전단계 생성한 창문을 복사

TRIM: (생성된 문틀의 홈 수정)

LINE:(P1점과 P2점 연결)

창문의 작성시 체크포인트

-창문틀의 종류별 두께
목재: 45mm
샤시: 35mm
샤시: 35mm
-적벽돌 세워쌓기시 창문밖 영역으로
30을 내밀어서 정리한다

6 | 고정 창 그리기

현대 건축에서 고정 창은 복층 유리 등을 사용하여 시공한다. 예전의 건축물에서는 유리블록을 많이 사용하였다. 다만, 현재에도 단독 주택에서 사용할 수 있다.

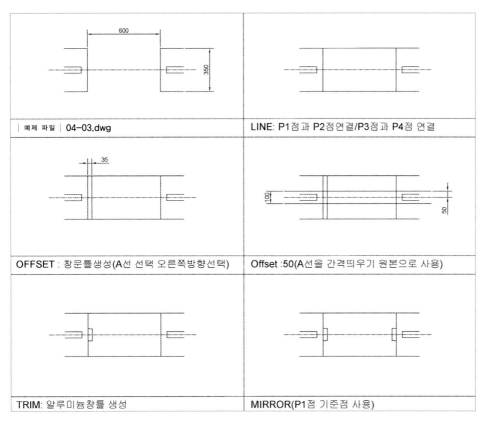

| 예제 파일 | 04-03.dwg | LINE: P1점과 P2점 연결/P3점과 P4점 연결 |

OFFSET : 창문틀생성(A선 선택 오른쪽방향선택) | Offset :50(A선을 간격띄우기 원본으로 사용)

TRIM: 알루미늄창틀 생성 | MIRROR(P1점 기준점 사용)

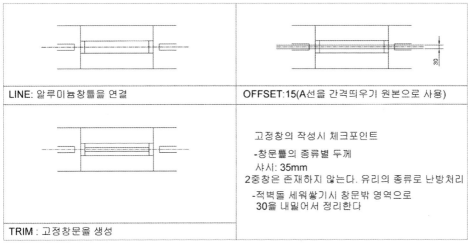

LINE: 알루미늄창틀을 연결 | OFFSET:15(A선을 간격띄우기 원본으로 사용)

TRIM : 고정창문을 생성

고정창의 작성시 체크포인트

-창문틀의 종류별 두께
샤시: 35mm
2중창은 존재하지 않는다. 유리의 종류로 난방처리

-적벽돌 세워쌓기시 창문밖 영역으로
30을 내밀어서 정리한다

7 | 방 이중창 단면 그리기

방 창문의 단면 작성 시 유의점은 목재 문틀이 시공될 경우 건물의 실내 쪽에 배치해야 한다는 것이다.
현대 건축물에서는 특별한 목적이 아닌 경우 창문틀은 알루미늄 섀시를 주로 사용한다.

• 목재틀: 45mm/알루미늄 섀시: 35mm

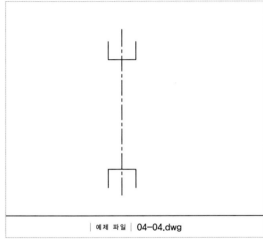

| 예 제 파 일 | 04-04.dwg

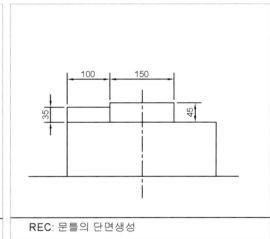

REC: 문틀의 단면생성

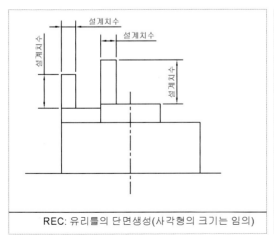

REC: 유리틀의 단면생성(사각형의 크기는 임의)

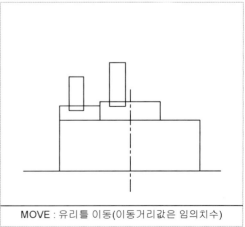

MOVE : 유리틀 이동(이동거리값은 임의치수)

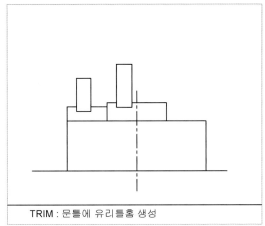

TRIM : 문틀에 유리틀홈 생성

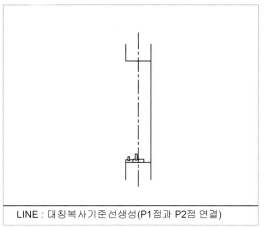

LINE : 대칭복사기준선생성(P1점과 P2점 연결)

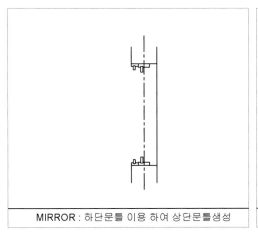

MIRROR : 하단문틀 이용 하여 상단문틀생성

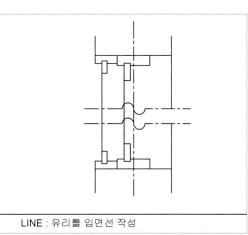

LINE : 유리틀 입면선 작성

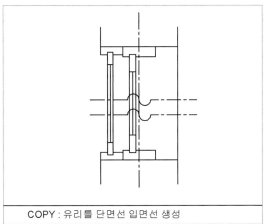

COPY : 유리틀 단면선 입면선 생성

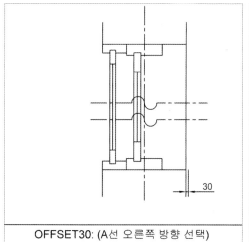

OFFSET30: (A선 오른쪽 방향 선택)

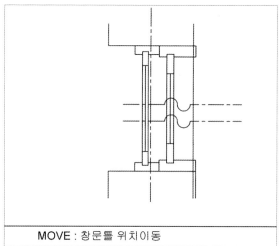

MOVE : 창문틀 위치이동

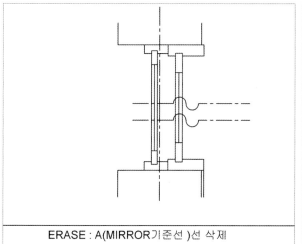

ERASE : A(MIRROR기준선)선 삭제

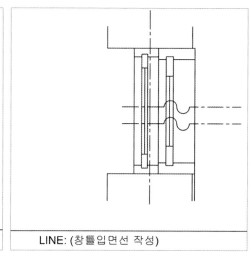

LINE: (창틀입면선 작성)

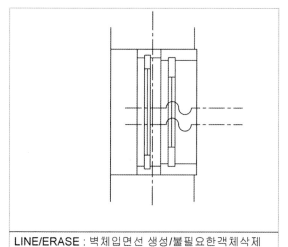

LINE/ERASE : 벽체입면선 생성/불필요한객체삭제

창호위치 : 목재단면(건물안쪽)알루미늄(건물밖쪽)

창호의 정착위치: 내부마감(20mm)고려 하여 선정

벽체 두께에 따라 창문틀의 크기를 조정해야한다

벽두께 :250mm이하시
 - 알루미늄: 80mm
 - 목재 : 120mm

8 | 창문 입면 그리기

창문의 입면을 작성 시 창문틀의 중첩 영역을 표현해야 한다. 또한 개폐 방향에 대한 표시와 유리 재질에 대한 표식을 해야 한다. 실무 프로젝트의 경우 창호 일람표를 작성한 뒤에 사용한다.

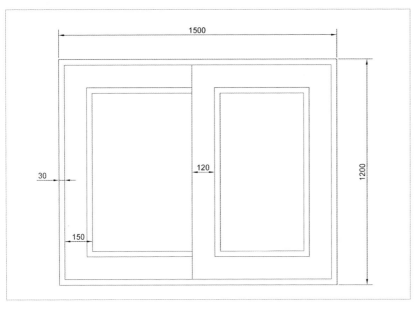

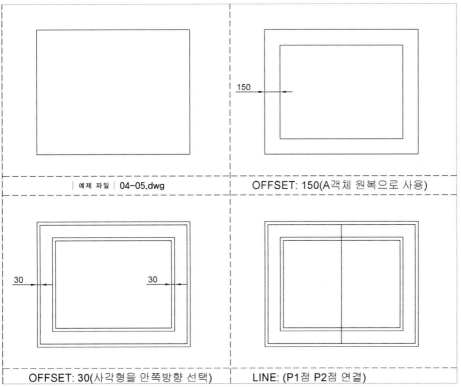

| 예제 파일 | 04-05.dwg | OFFSET: 150(A객체 원복으로 사용) |
| OFFSET: 30(사각형을 안쪽방향 선택) | LINE: (P1점 P2점 연결) |

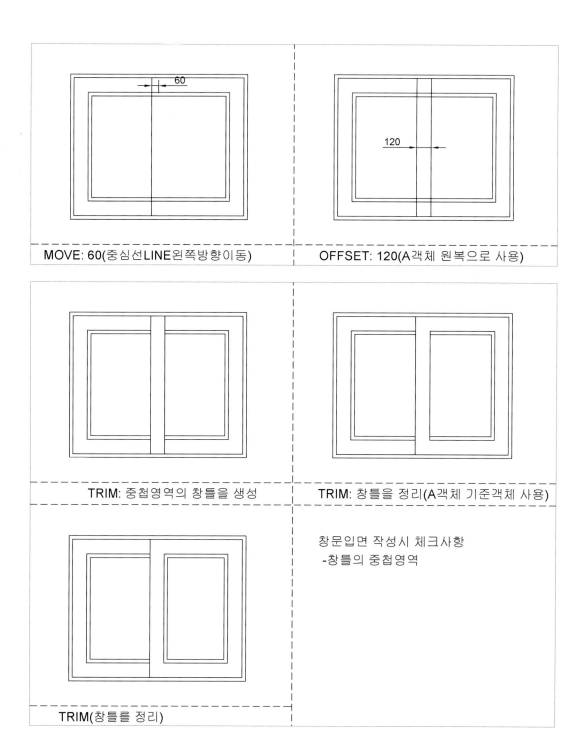

MOVE: 60(중심선LINE왼쪽방향이동)

OFFSET: 120(A객체 원복으로 사용)

TRIM: 중첩영역의 창틀을 생성

TRIM: 창틀을 정리(A객체 기준객체 사용)

TRIM(창틀를 정리)

창문입면 작성시 체크사항
-창틀의 중첩영역

9 | 건축 설계에 필요한 부분들

건축 도면을 작성 시 다양한 부분들의 설계 치수 및 설계 시 적용되어야 하는 규칙들이 존재한다. 다만, 실무에서는 각 회사 또는 프로젝트에 따라 변경될 수 있다.

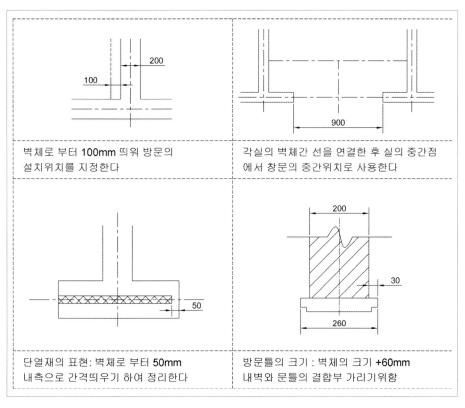

벽체로 부터 **100mm** 띄워 방문의 설치위치를 지정한다	각실의 벽체간 선을 연결한 후 실의 중간점에서 창문의 중간위치로 사용한다
단열재의 표현: 벽체로 부터 **50mm** 내측으로 간격띄우기 하여 정리한다	방문틀의 크기 : 벽체의 크기 **+60mm** 내벽와 문틀의 결합부 가리기위함

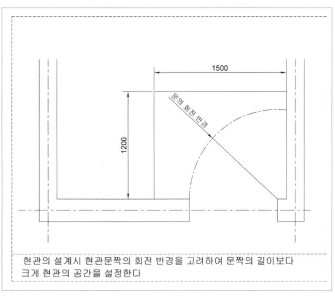

현관의 설계시 현관문짝의 회전 반경을 고려하여 문짝의 길이보다 크게 현관의 공간을 설정한다

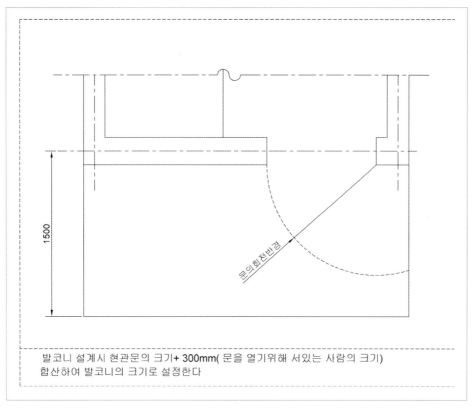

1500

문의회전반경

발코니 설계시 현관문의 크기+ 300mm(문을 열기위해 서있는 사람의 크기)
합산하여 발코니의 크기로 설정한다

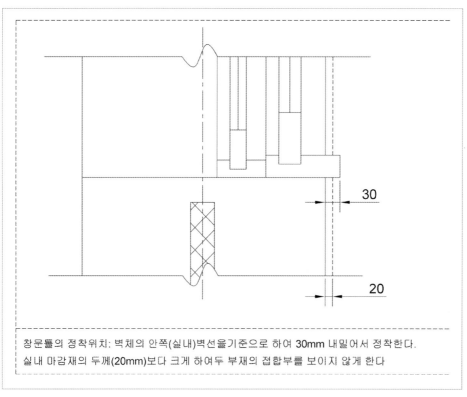

30

20

창문틀의 정착위치: 벽체의 안쪽(실내)벽선을기준으로 하여 30mm 내밀어서 정착한다.
실내 마감재의 두께(20mm)보다 크게 하여두 부재의 접합부를 보이지 않게 한다

아파트 단위 세대 평면도

건축 구조에 따른 다양한 벽체들이 존재하며, 설계 및 도면 작성 시 정확하게 표시해야 시공 시 문제가 발생하지 않는다. 다음 과정을 통해 대표적인 표시 유형을 살펴보도록 한다.

1 | 아파트 평면도 그리기

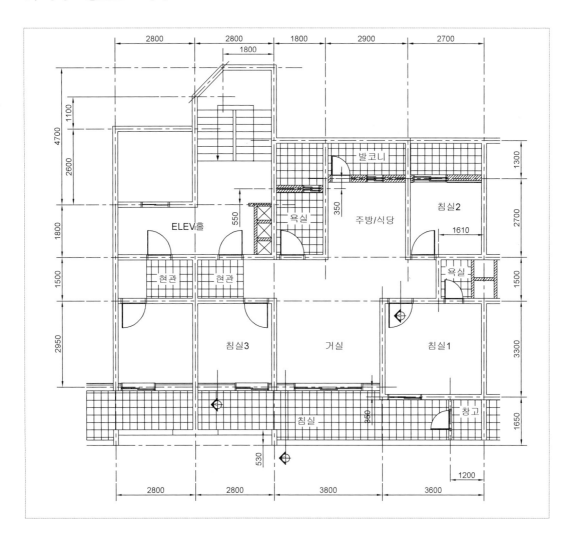

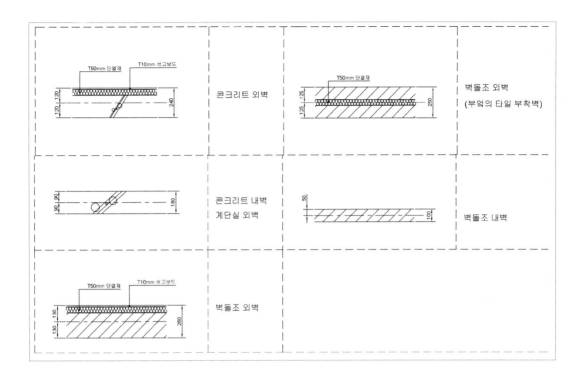

① Layer(도면층) 설정하기

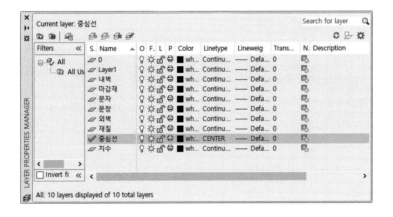

② 중심선 작성하기

주어진 치수를 기준으로 하여 Offset과 Trim
을 이용하여 벽체의 중심선을 작성한다.

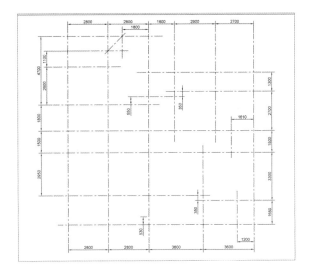

③ 다중선 스타일 설정하기

Mlstyle을 실행한 후, [Multiline Style] 창에서 [New] 버튼을
클릭한다.

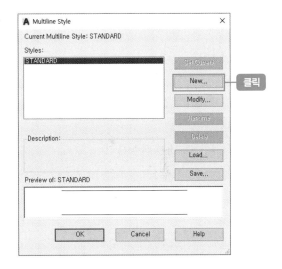

[Create New Multiline Style] 창에서 이름(w180)을 입력한
후, [Continue] 버튼을 클릭한다.

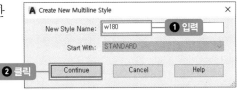

[New Multiline Style] 창이 표시되면 Elements에서 다중선의 간격을 다음과 같이 설정하고 [OK] 버튼을 클릭하여 추가한다.

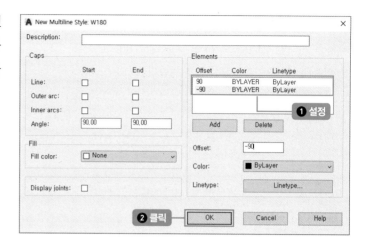

추가로 벽체 250mm와 260mm 다중선을 만들어준다.

▲ Style Name: w250

▲ Style Name: w260

④ 외벽과 내벽 작성하기

Mline을 이용하여 외벽과 내벽을 작성한 후, Trim을 이용하여 벽체의 정리와 창호의 위치를 설정한다.

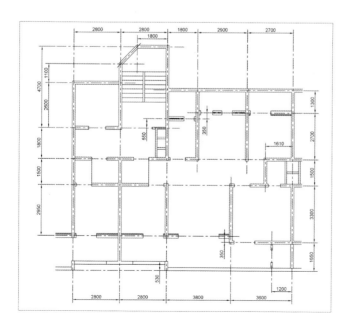

⑤ 창호 작성하기

다음 창호 상세도를 참고하여 작성한다.

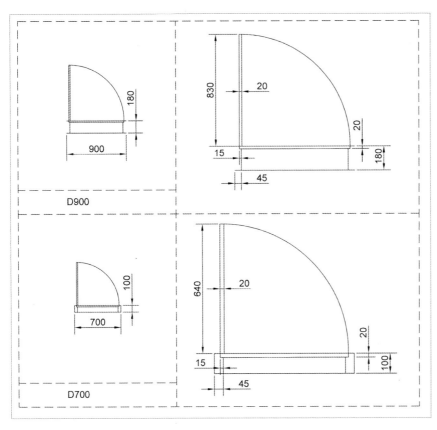

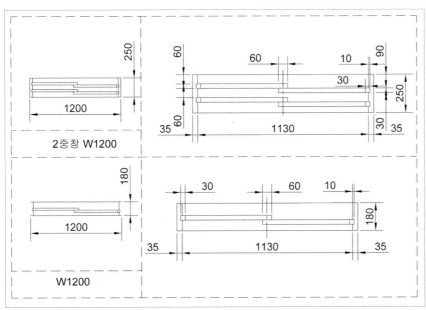

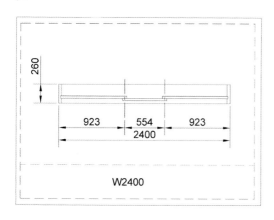

W2400

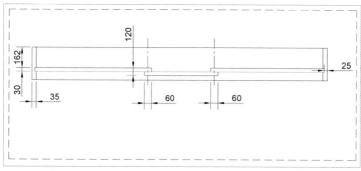

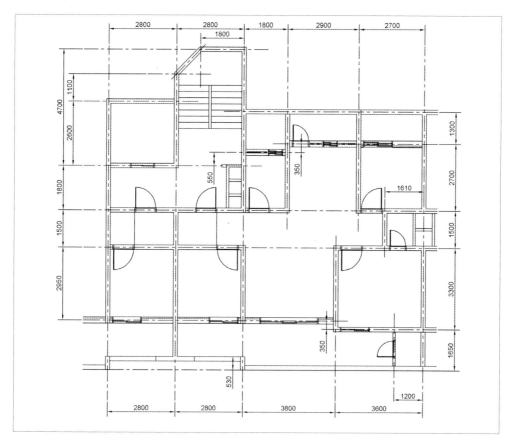

|실|무|

07

아파트 단위 세대 단면도

아파트의 단면도를 작성하기 위해서는 철근콘크리트 구조를 이해해야 한다.

1 | 콘크리트 외벽과 침실 바닥 구조의 단면

- 벽체의 구조는 외부로부터 콘크리트와 단열재, 그 위에 석고보드를 마감한 구조체이다.
- 바닥의 구조는 온수 난방을 고려하여 건설교통부의 『공동 주택 바닥 충격음 차단 구조 인정 및 관리 기준』에 의하여 아파트 온수 난방의 슬래브 두께와 『표준 바닥 구조』를 응용하여 설계한다.
- 결로 방지용 단열재 설치: 건축물의 열 손실에서 상단의 공기가 제일 차갑고 결로 현상이 제일 많이 발생하므로 단열재를 설치한다.

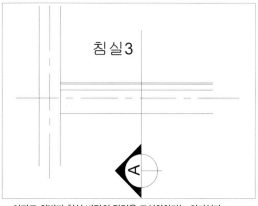

▲ 아파트 외벽과 침실 바닥의 단면을 도식화하라는 의미이다.

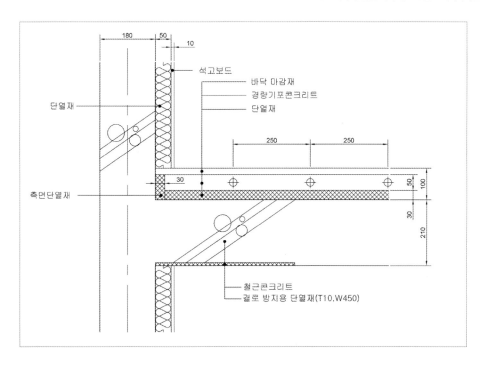

2 | 콘크리트 외벽과 발코니 구조의 단면

- 발코니의 너비는 1,500~1,800mm로 통상 설계를 실시한다.
- 발코니의 단면 구조는 콘크리트 구조 위에 액체 방수를 실시한다. 방수층 간의 간격은 15mm 설계를 실시한다.
- 발코니의 마무리는 타일 마감을 실시한다.
- 발코니 난간 높이/거실과 발코니 사이의 벽체 높이는 거실 바닥의 마감재 끝 높이와 동일하게 한다.
- 콘크리트 외벽의 단면에서 층간 구분 영역의 콘크리트 슬래브는 500보를 설치한다. (500보: 위층의 층고 구분선(거실 바닥 콘크리트상단) 면에서부터 아래쪽으로 500mm만큼 콘크리트의 보를 설치한 것을 말한다.)

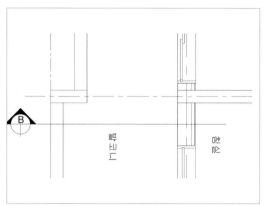

▲ 침실과 발코니 바닥면의 단면을 도식화하라는 의미이다.

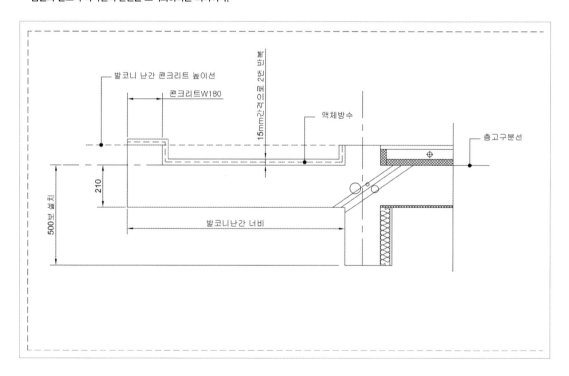

3 | 발코니 난간과 창대의 높이

- 발코니의 난간 높이는 1200mm로 실시하며 난간살의 간격은 100mm 이내로 해야 한다.
- 발코니 난간살의 재질은 스테인리스 파이프이며 크기는 다음과 같다.
  - 손잡이: ø50 ∼ ø25까지
  - 난간살: ø25

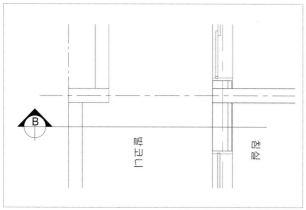

▲ 발코니 손잡이 안전 펜스에 대한 단면을 도식화하라는 의미이다.

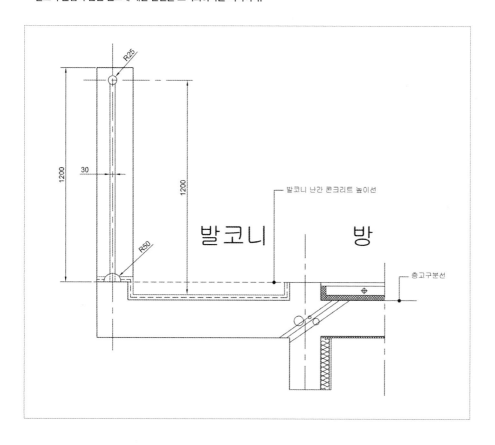

4 | 외벽에 접하는 방의 창문 높이 설정

• 방 창문의 높이는 1200mm로 설정한다.
• 외벽과 접하는 벽에는 측면 완충제(단열재)를 설치하여 난방열의 손실을 줄여야 한다. (실무에서는 발주 기관별 측면 완충제의 설계 방식이 다르므로 설계 매뉴얼을 참고하기 바란다.)

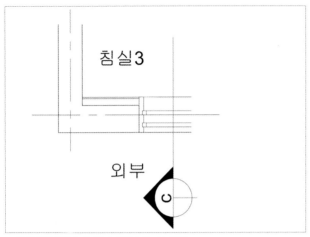

▲ 침실 외벽 창문의 단면을 도식화하라는 의미이다.

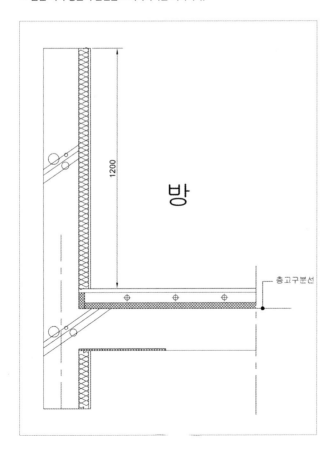

5 | 발코니와 접하는 방창문 높이 설정

- 발코니가 방의 밖에 설치되는 경우, 창문의 설치 높이는 1,200mm까지 설치할 필요가 없다. 이 경우에는 800~900mm 높이에 창문틀의 위치를 설정한다.

- 창문의 높이는 1,200mm 이상으로 설치하여 채광을 확보한다.

- 창문틀의 재료는 섀시 또는 목재를 사용해도 무방하다. 일부 시공 회사에서는 이중창의 경우 바깥쪽에는 섀시를, 안쪽에는 목재를 사용하여 실내에서 보았을 때 시각적으로 목재의 안락한 느낌을 표현하기도 한다.

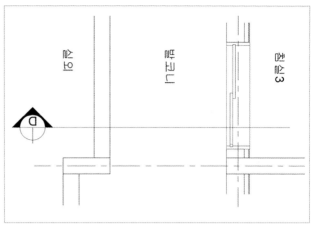

▲ 침실과 발코니 사이 외벽에 대한 창문의 단면을 도식화하라는 의미이다.

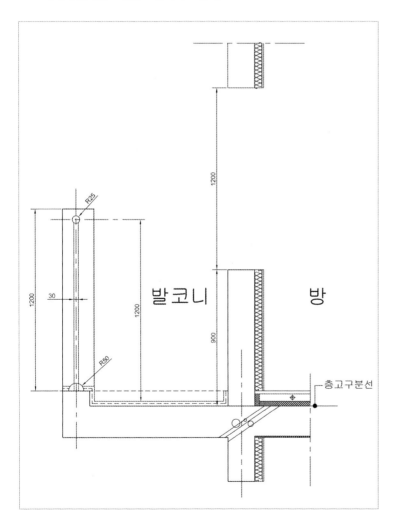

6 | 거실과 접하는 방문 높이 설정

- 거실과 방의 콘크리트 구조는 동일한 높이를 유지한다.

- 방과 거실의 높이차가 발생하는 이유는 문틀의 높이에서 오는 시각적 차이 때문이다.

- 문틀의 크기는 문이 설치된 벽체의 두께와 문틀과 벽체가 접하는 부분을 커버할 수 있는 너비로 한다.

  예) 조적식 1B 벽체 경우: 벽 두께(200mm)+커버 영역(양쪽 방향 각각 30mm)=260mm

- 내부 마감재는 20mm로 한다.

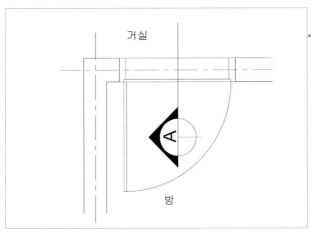

▲ 거실과 방문 사이의 단면을 도식화하라는 의미이다.

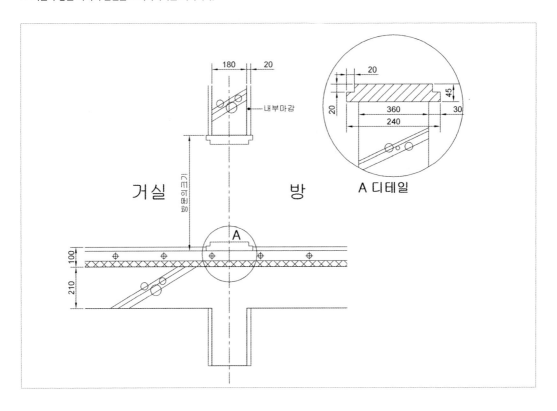

7 | 거실과 접하는 화장실 문 높이 설정

- 화장실 바닥의 구조에는 난방을 설치하지 않는다.

- 화장실 바닥의 콘크리트는 거실의 콘크리트 구조체와 동일하게 생성한다.

- 화장실 바닥은 액체 방수를 실시한 뒤 타일 마감을 실시한다.

- 화장실 문의 높이는 2,100mm로 한다.

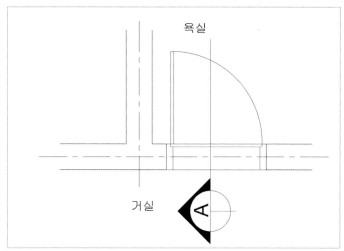

욕실

거실

▲ 거실과 화장실 바닥의 단면을 도식화하라는 의미이다.

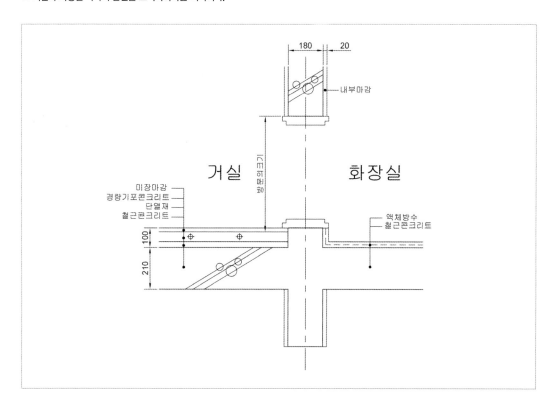

180　20

내부마감

거실　　　화장실

미장마감
경량기포콘크리트
단열재
철근콘크리트

액체방수
철근콘크리트

100

210

8 | 거실과 접하는 계단실의 구조와 벽의 단면 구조

- 거실의 콘크리트 구조는 방과 동일하게 구성한다.

- 계단실의 콘크리트는 150mm로 구성한다.

- 계단실의 마감은 인조 대리석 마감으로 시공한다.

- 계단실의 콘크리트 하단 면은 미장 마감으로 시공한다.

- 거실 측 벽면에는 측면 완충제를 설치한다.

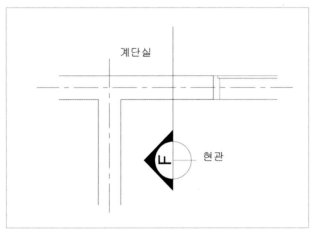

▲ 계단실과 거실 바닥의 단면을 도식화하라는 의미이다.

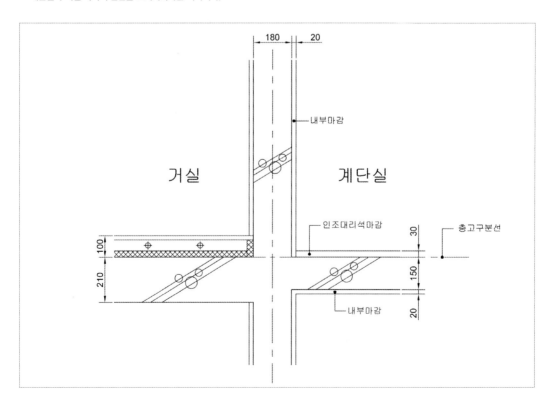

9 | 현관 턱의 구조와 현관문 높이

• 현관의 콘크리트 구조는 거실과 동일하다.

• 현관은 난방이 제외된다.

• 현관의 마감은 인조 대리석으로 마감한다.

• 현관 턱의 높이는 콘크리트 면 위에 벽돌과 몰딩으로 높이를 조절한다.

• 현관문의 높이는 210mm로 설정한다.

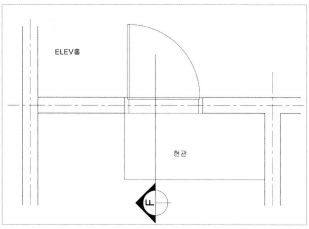

▲ 계단실과 현관 거실 바닥면의 단면을 도식화하라는 의미이다.

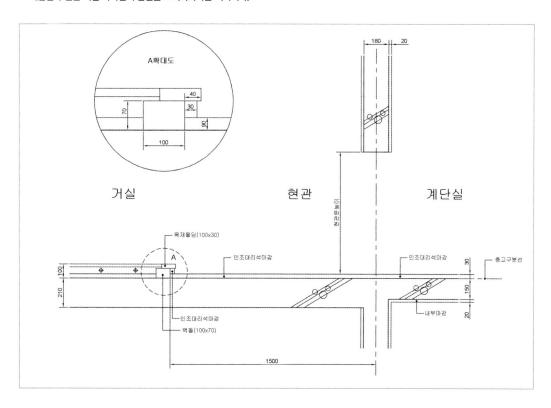

10 | 계단실의 단면 구조

- 계단실의 슬래브 두께: 150mm로 설계한다.

- 계단참의 유효 폭: 1200mm이상 확보한다.

- 계단의 높이 너비: 시공사별 차이가 있지만 층고의 높이를 고려하여 설계한다.

- 계단참의 창문: 슬래브의 상단에서 1,200mm 이상 높이에 설치한다.

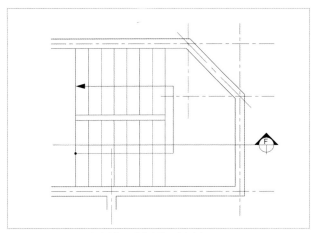

▲ 계단실의 콘크리트의 단면을 도식화하라는 의미이다.

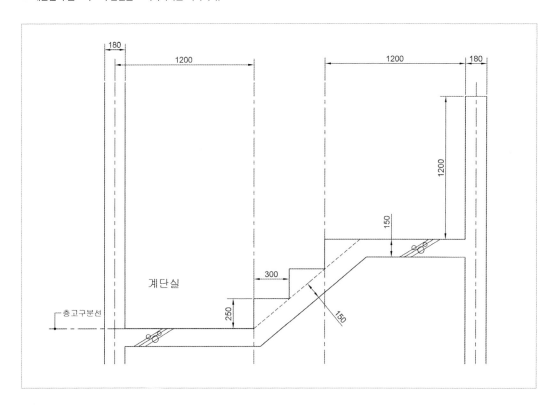

11 │ 계단실의 단면 구조와 난간 구조

- 아파트 계단실의 구조적 설계 시 16층 이상은 특별 피난 계단에 대한 법적 기준이 다르다는 점을 염두에 두어야 한다.

- 계단참: 유효 폭 1200mm 이상

- 난간의 높이: 900mm 이상

- 난간살의 간격: 100mm 이하

- 계단실의 바닥 마감: 인조 대리석으로 30mm 설계

- 계단실의 벽면 마감: 미장 마감으로 20mm 설계

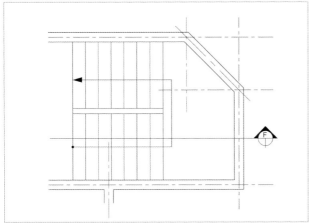

▲ 계단실 손스침의 단면을 도식화하라는 의미이다.

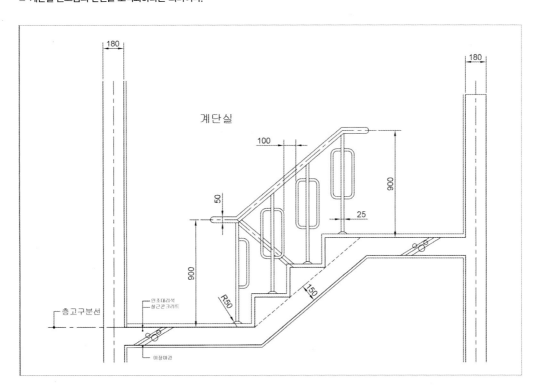

12 | 방과 발코니의 단면 구조

- 벽체의 두께는 1B 조적조로 구성한다.

- 벽체의 슬래브 높이는 방바닥의 마감재 높이와 동일하게 설계한다.

- 발코니의 구조는 슬래브 위 액체 방수로 마감한다.

- 발코니의 외부는 미장 마감한다.

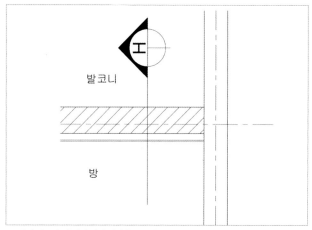

발코니

방

▲ 방과 발코니 사이의 외벽 단면을 도식화하라는 의미이다.

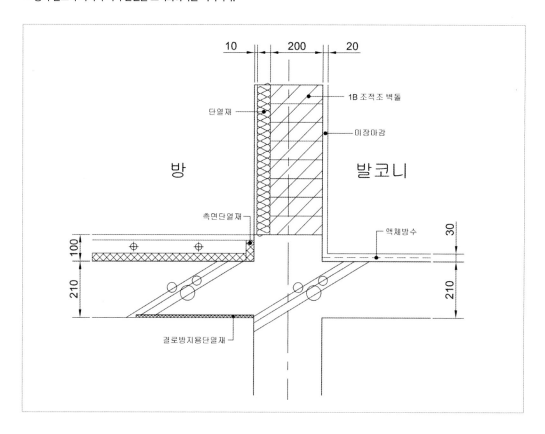

13 | 주방과 발코니의 단면 구조

• 벽체는 1.0B 공간 벽 구조로 한다.

• 발코니와 주방의 벽체는 미장 마감한다.

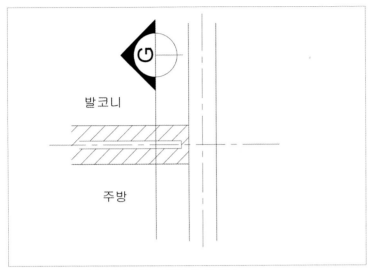

▲ 주방과 발코니 사이의 벽체에 단면을 도식화하라는 의미이다.

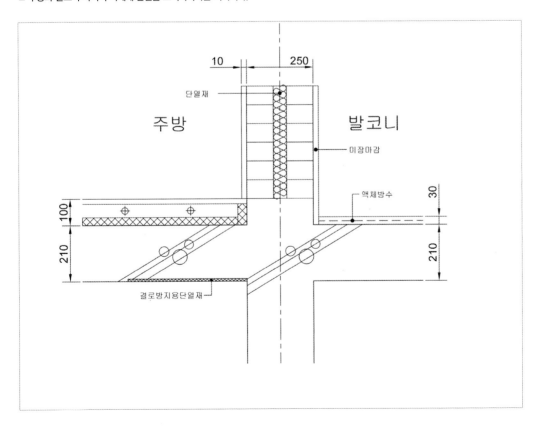

아파트의 A 단면을 이용하여 전단면도를 실시한다. 전 강좌를 통하여 각 부분별 설계 프로세스를 적용하여 설계하므로 앞 단계의 이해가 반드시 필수적으로 이루어져야 한다. 실무에서 자주 작업하는 부분으로 충분히 반복 학습하는 것이 중요하다.

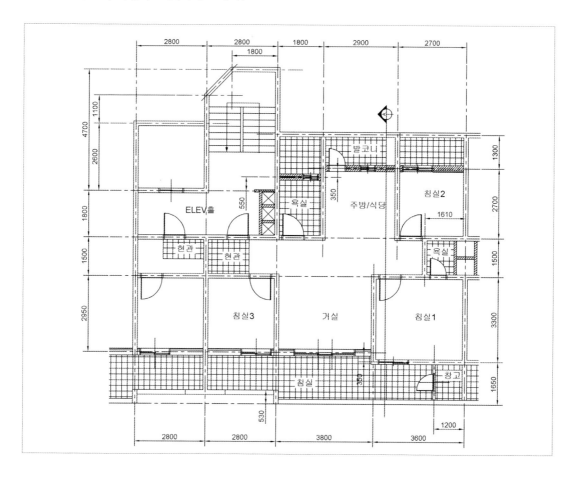

❶ Layer 설정하기

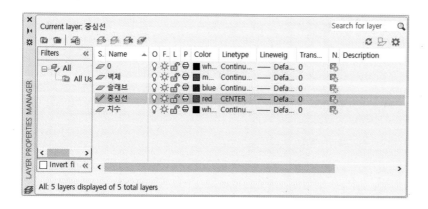

❷ 중심선 작성하기

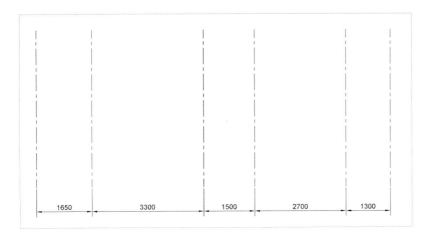

❸ 슬래브 상단면을 작성한다.

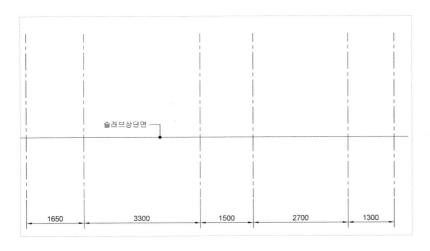

❹ 슬래브의 두께를 생성한다. 거실이 슬래브이므로 210mm로 설정한다.

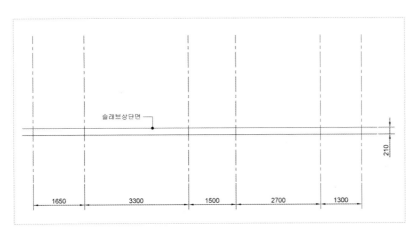

❺ 평면도의 단면선에 존재하는 벽체 작성하기

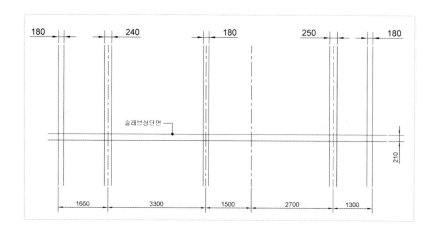

❻ 슬래브 하단면의 절단선에 해당하는 500보를 설정한다.

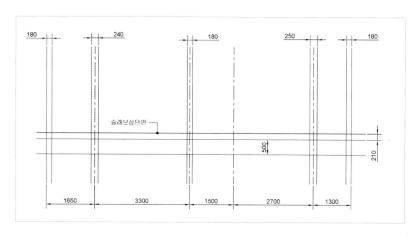

❼ 벽체의 콘크리트 면을 제외한 500보를 수정한다.

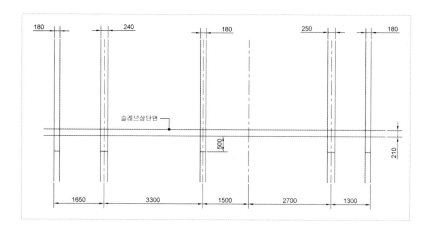

❽ 벽체 콘크리트와 슬래브의 접합 부분을 Trim을 이용하여 수정한다.

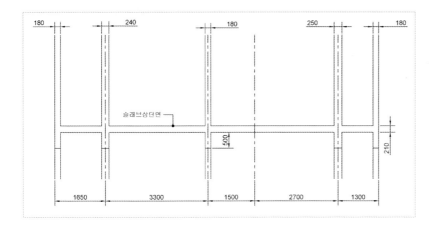

❾ 발코니의 창문틀이 설치될 슬래브의 위치를 설정한다. 슬래브 상단면의 콘크리트 선을 Offset 명령을 이용하여 설정한다.

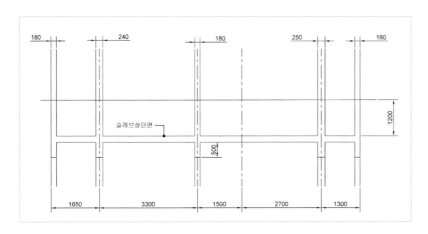

❿ 발코니 영역의 창문틀에 위치를 수정한다.

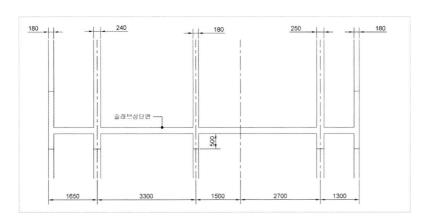

⓫ 침실 1의 방바닥 구
조를 설계한다.

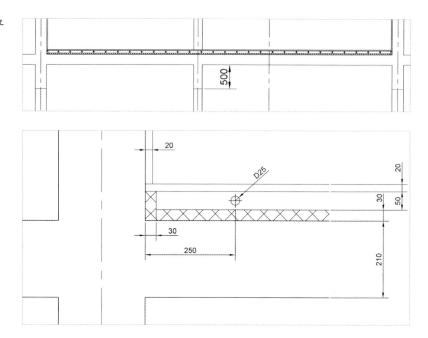

⓬ 발코니의 바닥 구조
를 설계한다. 슬래브
위에 방수 공사를 실
시한다. 방수층 설계
시 각각 15mm로 하
며, 방수층 간 구분을
위하여 선의 종류를
다르게 표기한다.

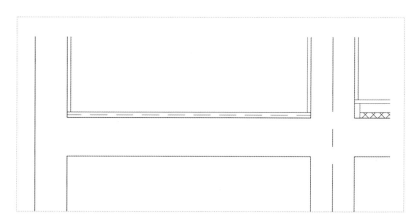

⓭ 발코니 외벽의 콘크
리트 높이 설정한다.
방바닥/거실 바닥의
상단면을 기준으로
설정한다.

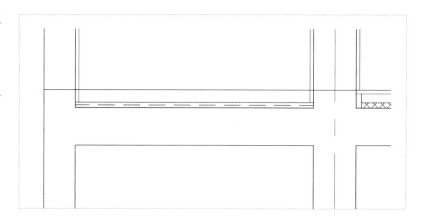

⓮ 침실1의 창문틀 위치를 설정한다. 방바닥 상단
면에서 900mm 위치에 창문 위치를 설정한다.

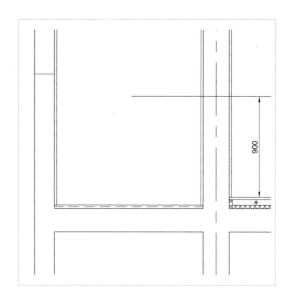

⓯ 주방과 발코니 사이의 외벽체 구
조를 설계한다. 2.0B(100mm(벽
돌)+50(단열재)+100mm(벽돌))
쌓기를 한다.

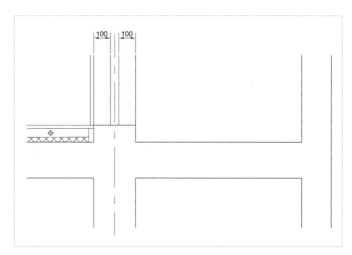

⓰ 층고를 설정한다. 바닥 콘크리트 슬래브의 하단선을 Offset을 이용하여 위쪽 방향 3400으로 설정한다.

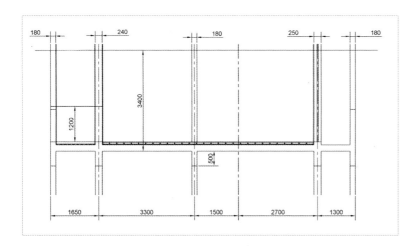

⓱ 복사하여 층을 형성
한다.

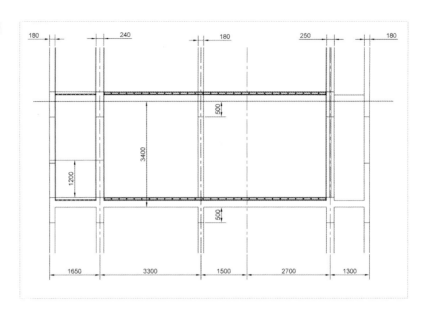

⓲ 벽체의 콘크리트와
바닥 슬래브를 수정
한다.

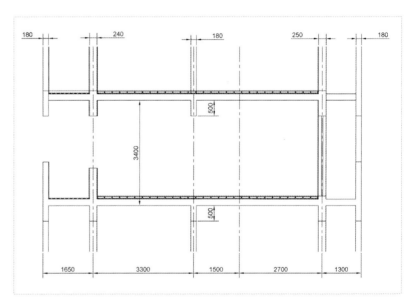

⓳ 반자선의 높이를 설
정한다. 거실 바닥 마
감으로부터 반자의
높이는 2,700mm이
다.

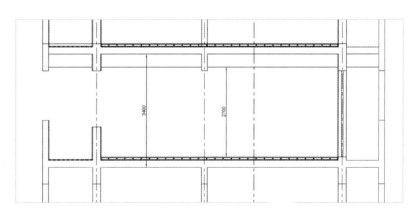

⑳ 창문과 문의 단면을 작성한다.

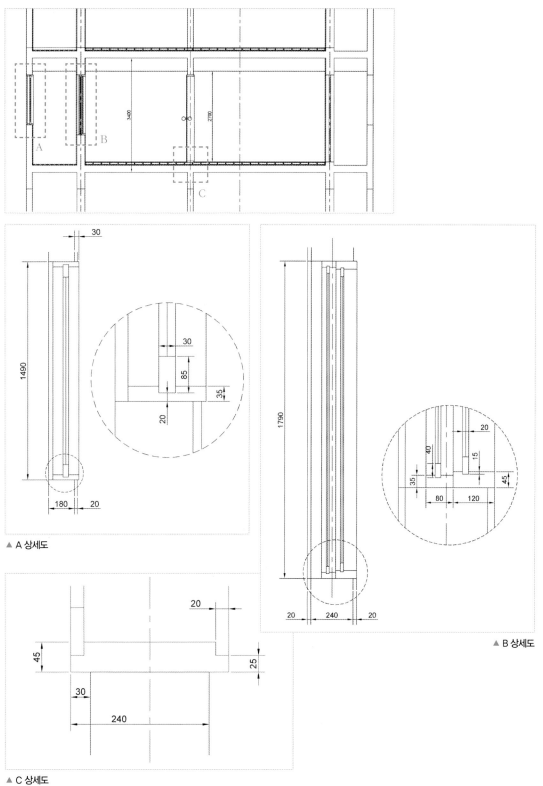

▲ A 상세도

▲ B 상세도

▲ C 상세도

㉑ 완료되면 Trim 명령으로 1층에 해당하는 공간만을 남기고 정리한다.

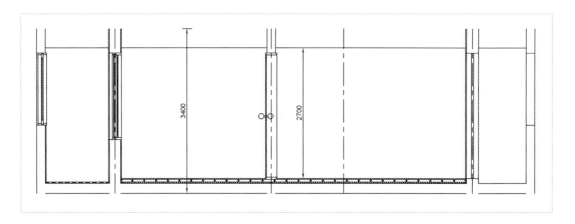

㉒ 수정한 후 Copy/Array를 이용하여 필요한 층수만큼을 복사하여 생성한다.

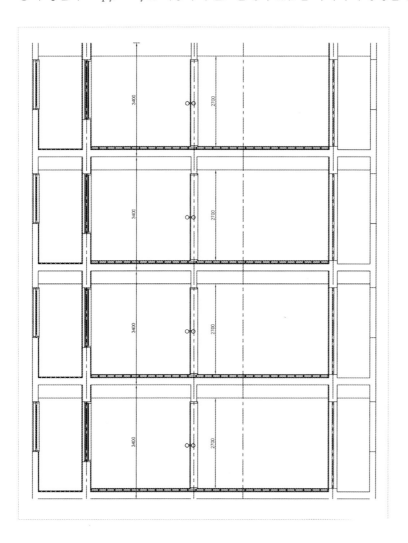

단독 주택의 단면도

단독 주택의 단면 설계는 조적식 건축 구조체에 대한 이해와 이를 응용하는 능력이 필요하다.
단독 주택 설계에 필요한 구조체의 부분적 도면 요소를 참고한다.

시멘트 기와 잇기
액체방수 2차
THK150 철근콘크리트

60X90 달대받이
45X45 달대 @900
THK80 단열재

45X45 반자틀 @450
THK5 합판위 천정지
36X36 반자돌림

THK20 모르타르위 모노륨
THK100 잡자갈
ø20 온수파이프 @250
THK50 단열재

걸레받이

붉은벽돌 치장쌓기

THK150 무근콘크리트
#8 와이어매쉬
THK50 밑창콘크리트
THK200 잡석다짐

G.L

물매

3,000   1,000   600   1,200

1,600   800   2,400   400   1,100

5,200

2,400

3,000

A부분 단면상세도

축척=1/40

1 | 단면의 재질 표현

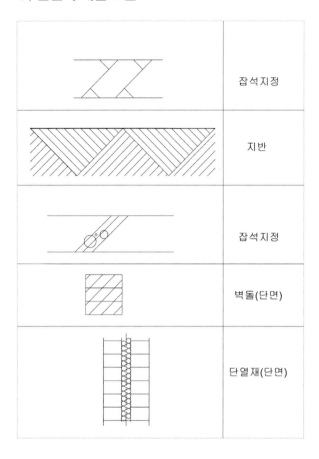

	잡석지정
	지반
	잡석지정
	벽돌(단면)
	단열재(단면)

2 | 1.5B 공간 벽의 기초 구조

- 동결선의 위치: G.L 선으로부터 900mm 이하 지점에 설치한다.
- 기초의 폭: 상부의 벽체 폭과 동일하게 설계한다.
- 수직 헌치: G.L 선으로부터 100~200mm 이하 지점에서 실시한다.
- 헌치의 각: 45도 기울기로 설치한다.
- 헌치의 설치 시 유의점: 헌치를 제외한 콘크리트 폭은 250mm 이상을 확보할 수 있을 때에만 설치한다.
- 무근 콘크리트 두께: 200mm로 설계한다.
- 밑창 콘크리트: 자갈+모래+시멘트의 혼합한 몰타를 통칭하며, 두께는 50mm로 설계한다.
- 잡석 지정: 잡석(약 20cm의 돌)을 지하면에 설치하여 지반의 지내력도를 증가시키는 역할을 한다.

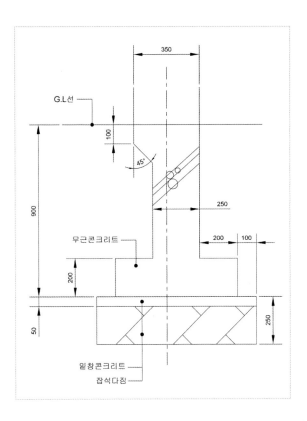

3 | 1.0B 공간 벽의 기초 상부 구조

• 벽체 하부의 콘크리트 폭: 벽체의 두께와 동일
[0.5B(100mm)+단열재(50mm)]+0.5B(100mm)=250mm
• 단열재의 폭 75mm 경우: 동일하게 설계한다.

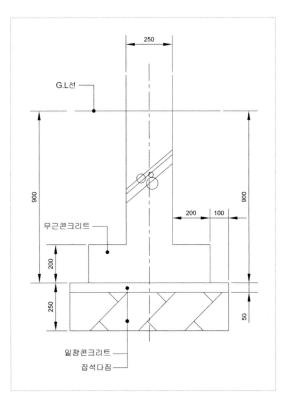

- 고막이 선을 설치한다.
- 고막이 선의 위치: 거실 바닥 마감재의 높이에서 벽돌 한 장의 높이를 제한 높이에 설정한다.

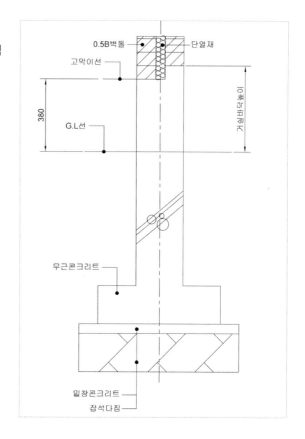

4 | 1.5B 공간 벽의 기초 상부 구조 방(거실) 바닥 구조

- 고막이 선의 위치: 방바닥 높이에서 표준 벽돌 한 장의 높이를 뺀 값으로 한다.
   예) 방바닥 높이 600인 경우: 600(방바닥, 거실 높이)−70(표준 벽돌 높이)=530mm
- 고막이의 설치 목적: 외부로부터 빗물 유입 시 건물의 내부 쪽으로의 유입을 막기 위하여 벽체의 콘크리트 높이를 외부 쪽이 낮고, 내부 쪽이 높게 설계한다.
- 고막이의 설치 위치: 건물의 외벽으로 벽체가 빗물을 직접 맞을 경우 설치한다.
- 벽체의 구조: 외부로부터 표준 벽돌 0.5B 쌓기(100mm)+단열재(50mm)+표준 벽돌 1B 쌓기(200mm)로 구성한다.
- 방바닥/거실 바닥: 온수난방이 가능하도록 설계한다.
- 방바닥의 구조: 구조의 하단으로부터 잡석 지정(200mm)+밑창 콘크리트(50mm)+무근 콘크리트(150mm)+단열재 (50mm)+콩자갈 충전(100mm)+미장 마감(20mm)
- 방바닥/거실 바닥의 단열재 설치 목적: 상부 온수난방의 난방열 손실 방지와 습기의 유입을 막기 위하여 설치한다.
- 콩자갈 충전: 온수난방용 파이프의 보호와 난방열의 열전달, 열의 보존을 목적으로 한다.
- 온수용 파이프: ø25의 동관 또는 PVC관을 사용하여 @250 간격으로 설치한다.

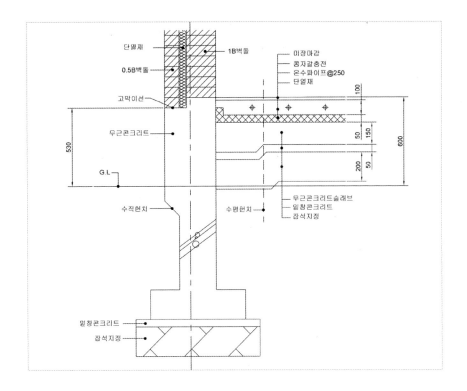

단열재
0.5B벽돌
고막이선
무근콘크리트
530
G.L
수직헌치
1B벽돌
미장마감
콩자갈충전
온수파이프@250
단열재
100
50
150
600
200
50
수평헌치
무근콘크리트슬래브
밑창콘크리트
잡석지정
밑창콘크리트
잡석지정

5 | 1.5B 공간 벽의 창문 위치와 창문 구조

- 창문의 위치: 방바닥 선으로부터 120mm 이하 지점에 설치한다.
- 적벽돌 세워 쌓기: 창문의 설치 위치에서 벽돌 2장의 높이만큼 낮추어진 위치에서 설치한다.
- 적벽돌 세워 쌓기 목적: 창문 쪽의 빗물의 흐름을 건물 외부로 신속히 배출하는 것이다.
- 적벽돌 세워 쌓기 크기: 200×100mm 각도 12

  도 기울여 설치한다.

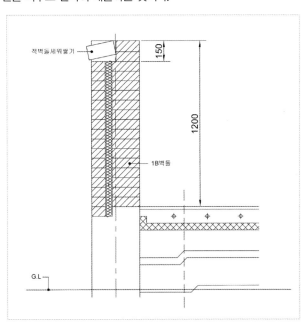

적벽돌세워쌓기
150
1200
1B벽돌
G.L

- 창문의 설치 높이: 반자선까지의 높이에 맞춰 설치한다. 통상적으로 높이 1,200mm 사용한다.
- 창틀의 설치 순서: 외부 섀시 창문 내부 목재 창문 순으로 설치한다. 실무에서는 이중창 전부 섀시를 사용하기도 한다.
- 창문틀의 크기: 섀시 창틀(100×35mm), 목재 창틀(150×45mm)으로 한다. 벽체의 두께에 따라 창틀의 크기는 변경 가능하다.

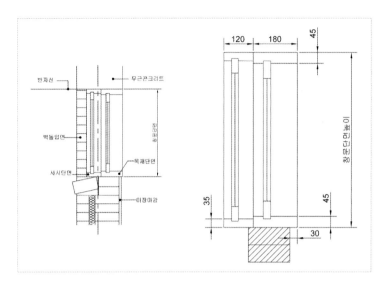

6 | 1.5B 공간 벽의 콘크리트 구조 및 처마 구조

- 500보: 벽체 중심선으로부터 콘크리트 상단 면이 접하는 지점까지 아래로 500mm만큼 아래 지점에 설계하며 상부 의 콘크리트로 구성된 보의 형태이다.
- 지붕콘크리트슬래브 두께: 120mm로 설계한다.
- 처마 나옴: 외벽에서 처마의 끝까지 내밀어진 길이 값으로 적용한다. 처마의 길이가 긴 경우 캔틸레버는 설치하지 않 는다.

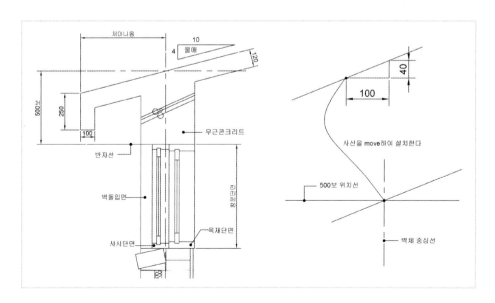

- 지붕 슬래브의 상부 구조: 액체 방수 마감 위 기와 잇기 및 아스팔트 싱글 덮기를 실시한다.
- 지붕 슬래브의 측면: 미장 마감(20mm)을 실시한다.
- 물 끊기 홈: 크기는 자유롭게 설계, 처마의 미장 영역의 하단에 설치하여 물방울의 진입을 방지한다.
- 처마 끝 마무리: 반자틀을 구성하여 마감한다. 반자틀은 구조재(45×45mm), 합판 마감, 치장재(36×36mm)로 구성한다.

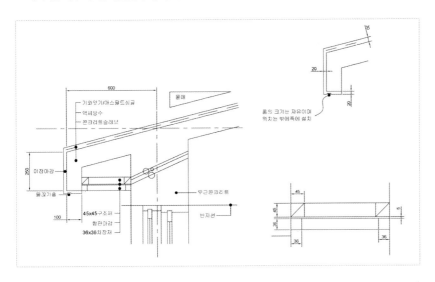

7 | 지붕 반자 구조 및 지붕 슬래브 내부 마감

- 반자틀의 정착 위치: 반자선의 높이에 설치한다.
- 반자틀의 설치 순서: 반자선을 아래에 치장재(36×36mm), 합판 마감, 구조재(45×45mm)로 설치한다.
- 달대 설치: 반자틀의 구조 2개의 간격(500mm)에 반복 설치한다.
- 달대의 크기: 구조재(45×45mm)로 설치
- 달대의 설치 목적: 반자틀의 무게를 지붕 슬래브에 메달아 지지하는 역할을 한다.

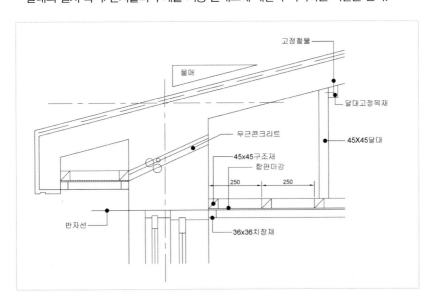

• 지붕 슬래브 내부의 마감: 단열재(50mm)로 구성한다.

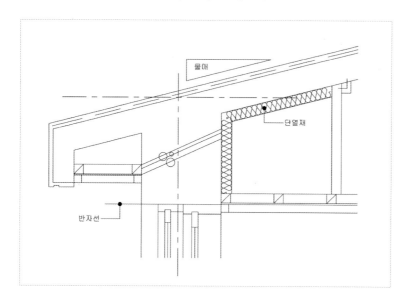

8 | 캔틸레버의 구조 및 마감

• 캔틸레버의 정착 위치: 반자선의 위치에 설치하며 캔틸레버의 길이는 계단의 끝 지점을 사용한다. 다만, 바람막이 벽이 설치될 경우 바람막이 벽의 끝까지 캔틸레버를 연장하여 설치할 수 있다.

• 캔틸레버의 상부는 액체 방수로 마감

• 캔틸레버의 측면 및 하부는 미장 마감

• 캔틸레버의 끝부분에는 물끊기 홈을 실시한다.

• 캔틸레버 슬래브의 두께: 캔틸레버의 콘크리트의 두께는 120mm로 설계한다.

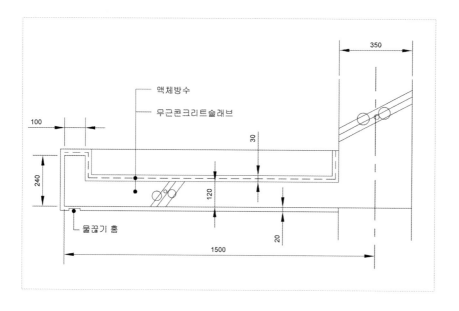

• 상부 아치를 작도한다.

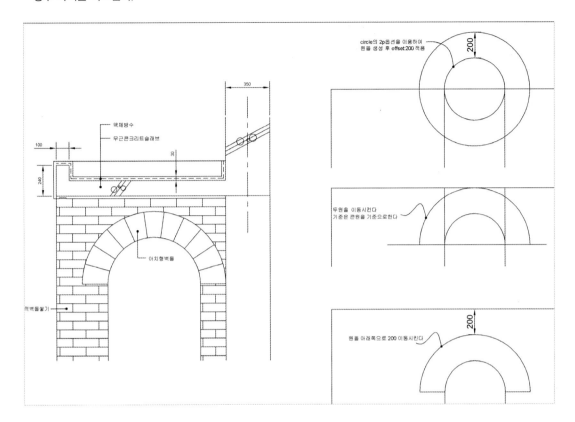

9 | 현관과 계단의 구조

• 현관의 길이: 현관의 길이(1,500~1,800mm)로 설정한다.

• 계단의 설계: 계단의 너
비(250~300mm), 높이
(200~250mm)

• 계단과 현관의 구조: 콘
크리트 슬래브의 두께
150mm로 설계한다.

• 계단 슬래브의 설계 시 주
의점: 계단 슬래브의 기준
면에서부터 안쪽 방향으로
생성한다.

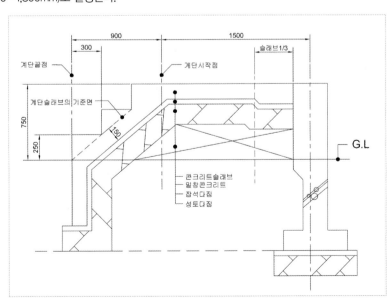

10 │ 현관 턱의 구조

- 현관 안쪽의 공간은 1200~1500mm 설계한다.
- 현관 턱의 높이 차: 바닥으로부터 벽돌을 이용하여 단차만큼 설계한다.
- 표준 벽돌 위 몰딩으로 마감한다.
- 인조 대리석으로 외부 마감한다.

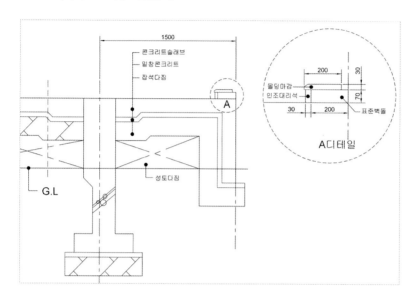

11 │ 현관 턱과 거실과 연결 부분 설계

- 거실 및 방바닥의 구조: 온수 난방으로 설계한다.
- 거실 바닥 구조는 잡석 다짐(200mm), 밑창 콘크리트(50mm), 무근 콘크리트(150mm), 단열재(50mm), 콩자갈 (100mm), 미장(20mm)으로 설계한다.

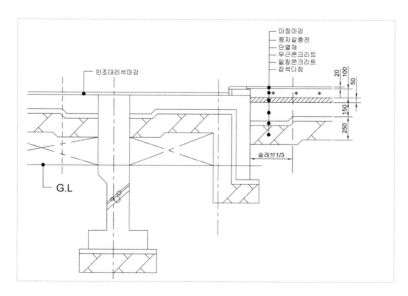

• 반자 높이 설정: 방바닥 마감재 상단에서 위쪽 방향으로 2400mm 위치에 설정한다. 반자선의 높이에서 반자틀의 위치 캔틸레버의 위치가 지정된다.

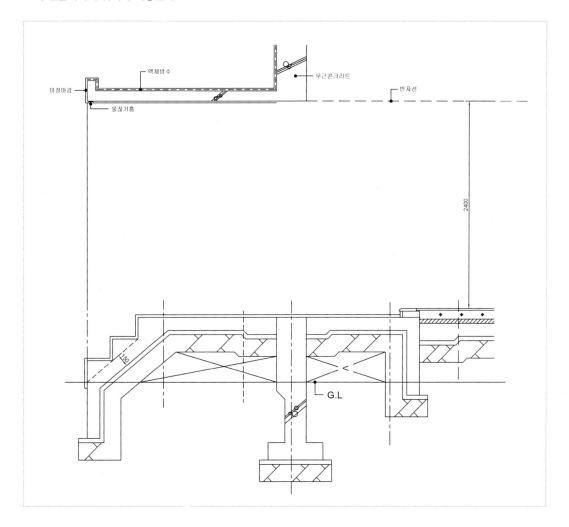

12 | 욕실과 거실 연결 부분 설계

• 욕실은 방열기에 의한 난방이므로 온수 배관을 설치하지 않는다.

• 욕실의 마감은 액체 방수 마감 후 타일을 시공한다.

• 욕실 바닥 구조는 거실 바닥의 구조체에서 단열재/콩자갈 층을 제거한다.

• 욕실문 설계: 내벽(200mm)+돌출 길이(양쪽 방향으로 각각30mm)=260mm

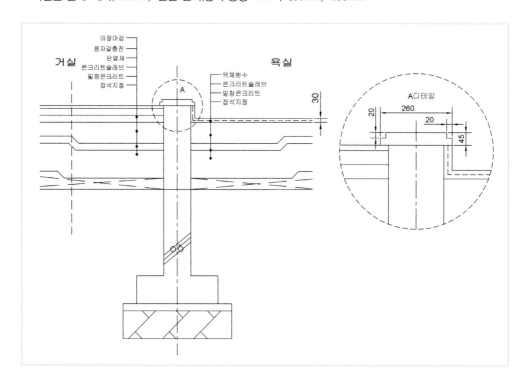

• 욕실문의 높이: 거실 바닥 마감재 상단에서 위쪽으로 2100mm 위치에 설정한다.

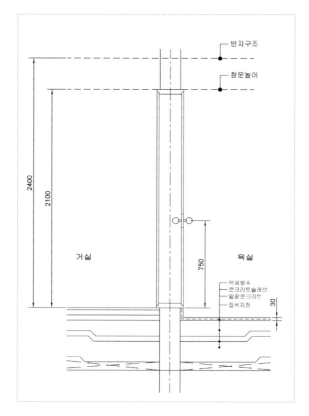

13 | 내벽의 인방보와 500보 설계

- 인방보: 창·문꼴 위에 가로질러 설치하여, 상부의 수직 및 집중 하중을 좌우 벽체로 분산 하여 전달하는 역할을 하는 보이다.
- 인방보의 위치: 창문 밑 방문의 하중을 분산해야 할 위치 지점

> **인방보의 목적**
>
> ① 상부하중을 분산하여 균등하게 벽체에 전달
>
> ② 창·문꼴의 장기 처짐 방지
>
> ③ 벽체의 강성 확보

- 500보의 설치 위치: 지붕 슬래브의 상단면과 벽체 중심선 교차 지점을 기준으로 하단으로 500mm만큼의 콘크리트 보를 설치한다.
- 인방 보와 500보 사이 공간: 두 보 사이의 빈 공간은 표준 벽돌 쌓기로 채운다.
- 지붕 슬래브의 건물 내측 공간 마감: 단열재로 마감하며 단열재의 두께는 통상 50~80mm 사이에서 결정한다.

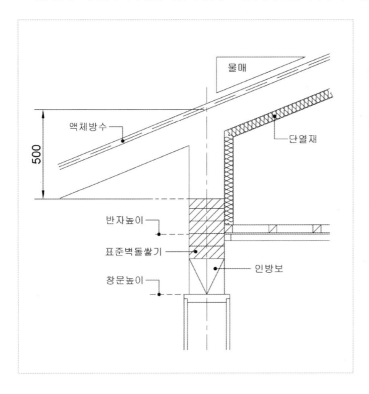

Tip 500보와 700보 설계의 차이점

처마 나옴의 길이가 짧거나 캔틸레버 정착이 없는 경우에는 500보를 설정해도 무방하다. 처마 나옴의 길이가 긴 경우, 500보를 설계에 적용하면 캔틸레버의 콘크리트 슬래브 상단면에 처마의 슬래브가 안으로 들어가야 하는 도면이 만들어진다. 이는 시공에서 절대 불가능한 설계이므로 처마가 길거나 바람막이 벽이 캔틸레버를 받치고 있는 경우 보의 길이는 높게 설정하는 것이 시공에 용이하다.

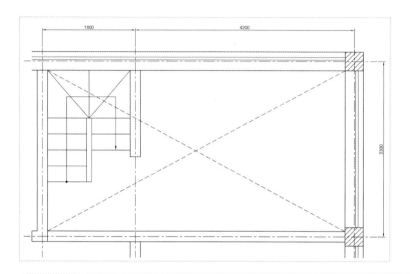

지하실 설계 시 유의 사항

① 지하실의 유효 높이는 2400mm 이상을 유지해야 한다.

② 지하실 바닥 슬래브의 마감은 액체 방수 마감한다.

③ 지하실 바닥의 슬래브는 온통 기초로 실시한다.

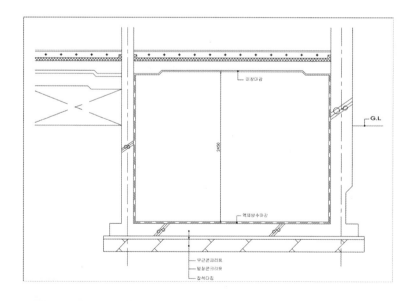

Tip 방수 공사에는 다양한 형식의 방수 공사법이 존재한다. 다만, 이 책에서는 기본적인 액체 방수 공법을 사용하였을 뿐이다. 실무 현장에서는 건축물을 시공할 지면을 파낸 뒤에 시공을 실시하므로 내부 측에서의 방수보다 건축물의 외부 측에서 방수를 실시하며 액체 방수 후에 방수포를 붙여 방수에 효율을 높이는 시공법을 선호한다. 또한 2차 방수를 실시하지 않고 8차 방수 및 특수 도막 방수를 실시하는 현장도 빈번하다는 것을 기억하기 바란다.

15 │ 처마의 중첩 시 설계

단면부에서 보았을 때 단면선이 처마 선을 통과한 뒤 다른 처마가 입면으로 보이는 경우, 처마의 중첩이라고 볼 수 있다. 이 경우 처마는 단면과 입면 2개의 처마가 단면도에 도식화된다.

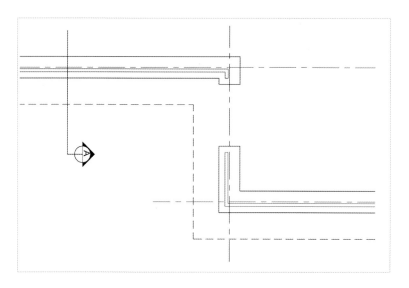

- 처마 입면은 지붕 콘크리트 슬래브의 단면은 도식하지 않는다.
- 처마 입면의 두께: 지붕 콘크리트 슬래브의 두께+처마 길이와 같다.
- 처마 입면은 해당 벽체 중심선까지 처마선을 작성한다.

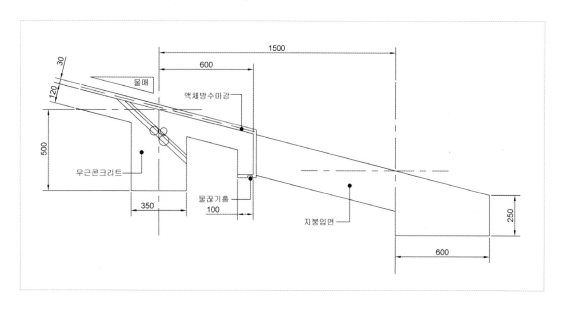

16 | 단면도 따라하기

단면도를 작성 시 AutoCAD에서 바로 작업을 시작하는 것보다는 종이에 대충의 형태를 스케치하는 것이 좋다. 이 과정을 반복하다 보면 자연스럽게 단면도의 작업 시간을 단축할 수 있다. 작업 전 평면도에서 확인할 요소로 단면선의 위치/ 벽체의 형태/ 처마의 형태/ 캔틸레버의 유무/처마의 길이를 고려하여 평면도에서 테두리보의 높이/ 각 실의 바닥 높이를 충분히 파악한 후, 단면 작업에 착수해야 도면의 오류를 방지할 수 있다.

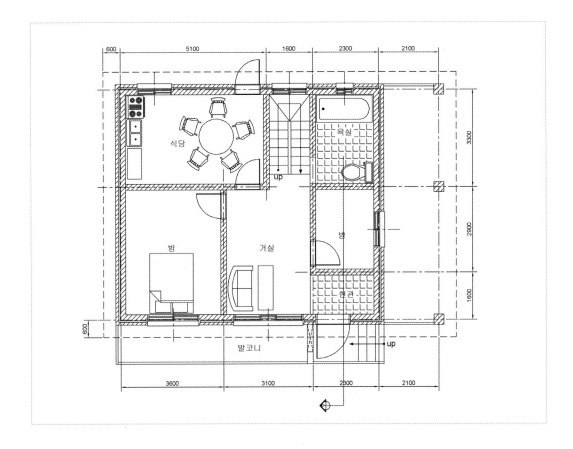

①도면 층 설정하기

단면도 작업을 위하여 필요한 Layer(도면층)을 생성한 뒤에 작업을 시작한다. 현재 도면층을 중심선으로 설정하고 작성한다.

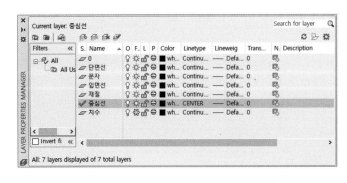

② 벽체 중심선 작성하기

단면도 작성 시 벽체의 중심선을 기준으로 작업해야 한다. 단면 A의 단면선을 파악하고 필요한 중심선을 작성한다. 중심선을 작성한 후, 실선으로 표시되거나 작을 경우 Ltscale 값을 20정도로 조정한다.

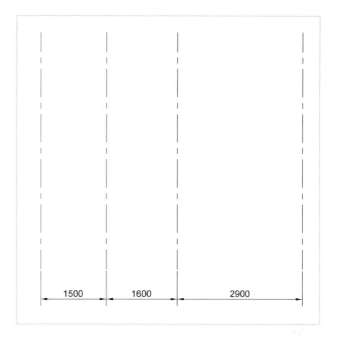

③ 벽체별 기초 작성하기

벽체의 종류를 파악한 후, 단면도 작업을 실시하면 오류를 줄일 수 있다.

• 내벽: 200mm/외벽: 350mm(외부에 0.5B+단열재+1B)

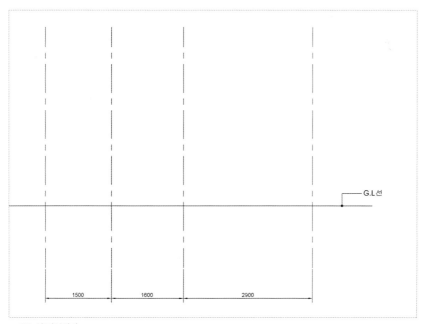

▲ G.L 선 작성하기

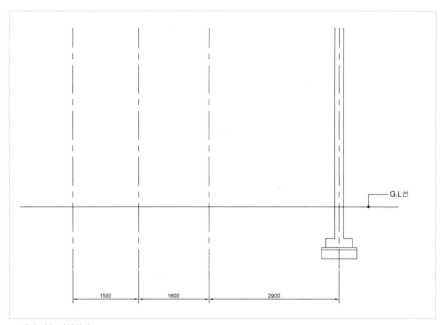

▲ 내벽 기초 작성하기

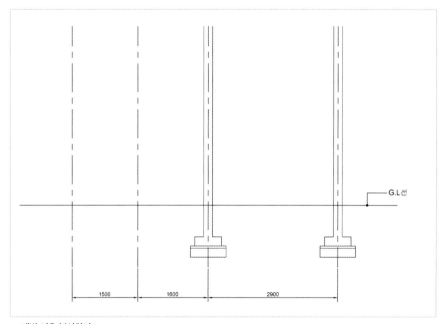

▲ 내벽 기초 복사하기

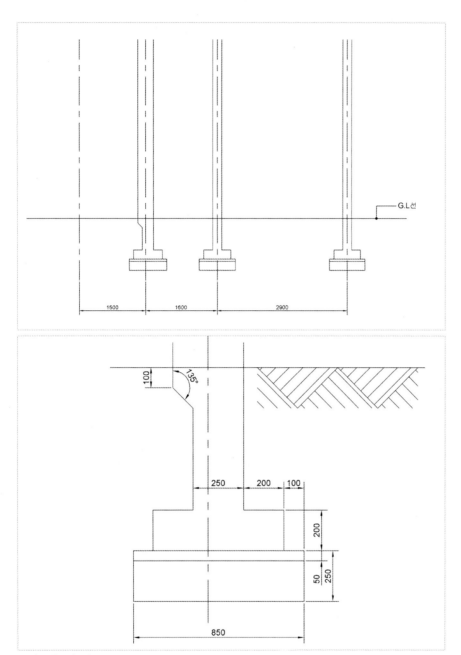

▲ 외벽 기초 만들기

④ 현관 단면 구조 작성하기

현관의 단면 구조를 작성하기 위해서는 현관의 높이를 산출해야 한다. 작성해야 할 단면의 해당 평면도에 각 실의 높이가 주어진 경우, 그 값을 사용한다. 높이가 주어지지 않을 경우 설계자가 설계 치수를 적용하여 높이를 산출한다.

현재 도면의 경우 높이 값이 주어지지 않았으므로 계단 한 칸에 높이를 250mm로 정하고 계단의 개수를 파악하여 높이를 산출한다. (250×4=1,000mm)

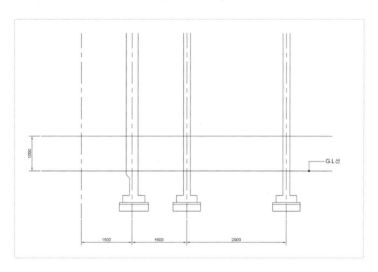

● **현관 슬래브 구성하기**

250×4=1,000mm

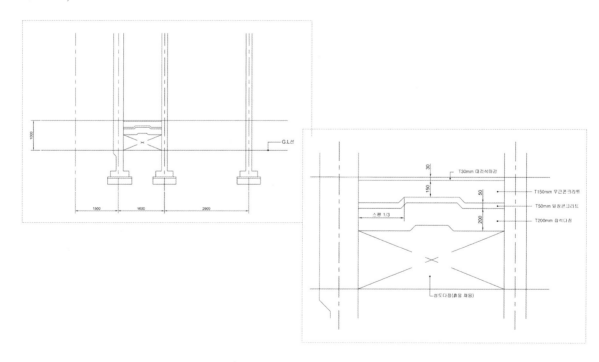

⑤ 방의 단면 구조 작성하기

방의 단면 구조를 설계하기 위해서는 현관에서 거실 사이의 높이차를 파악해야 한다. 단면을 작성할 평면도에 높이가 주어진 경우에는 주어진 높이 값을 사용하지만, 주어진 값이 없을 경우 설계자는 현관 턱의 높이를 지정해야 한다. 이 경우, 벽돌의 사이즈를 응용하여 작업하는 것이 편리하다. 이번 단면도에서는 높이 100mm를 응용하도록 한다.

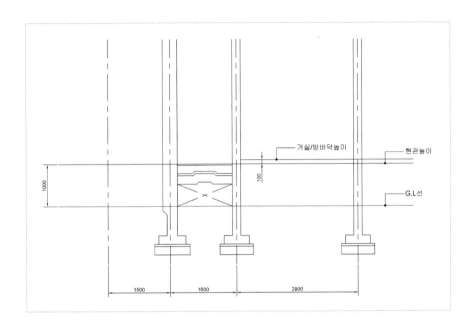

● **방의 슬래브 구조 작성하기**

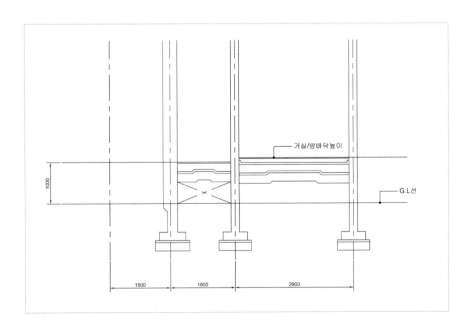

⑥ 욕실 단면 구조 작성하기

욕실의 바닥 콘크리트 슬래브는 방의 바닥 슬래브와 동일한 위치에 설정한다. 슬래브 상부의 구조는 온수난방을 제외한 액체 방수 후 타일 마감한다. Mirror 명령을 이용하여 콘크리트 슬래브, 밑창 콘크리트, 잡석을 선택하고 대칭 복사한다.

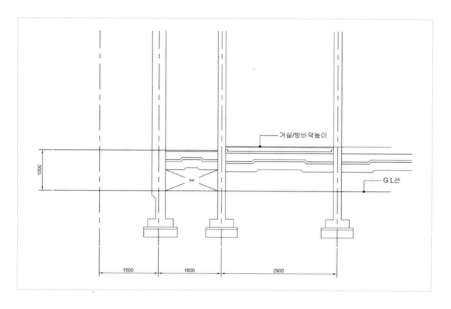

● **방수층 생성하기**

Offset을 이용하여 액체 방수를 실시한다. 각각의 방수층 간의 거리는 15mm로 적용한다. 욕실의 벽체에도 액체 방수를 실시한다. 다만, 높이는 1.8M까지만 실시한다. 단면선을 기준으로 적당한 위치에서 욕실 단면을 정리한다.

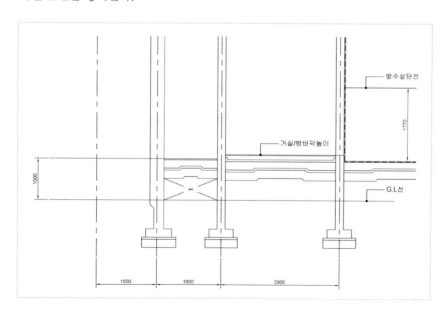

⑦ 계단 부분 단면 구조 작성하기

계단의 높이는 현관의 높이와 동일하므로 현관 단면 구조에서 존재하는 선을 인출하여 사용한다. 인출시 주의해야 할 점은 현관의 콘크리트 슬래브 상단면의 선을 인출해야 한다는 것이다.

- 계단의 높이와 너비: 작성한 도면에 높이와 크기가 주어졌다면 설계자는 주어진 치수를 사용해야 한다. 다만, 주어진 치수가 없을 경우 설계 치수를 적용하여 설계한다. 계단이 입면 형태로 보이므로 현재는 계단 단면이 작성되지 않는다.

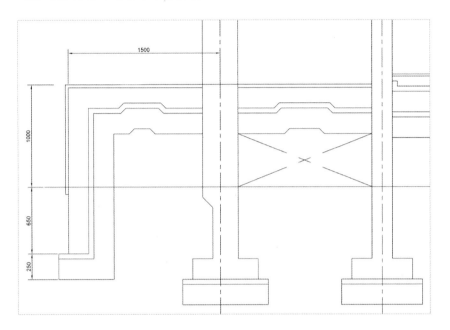

● 계단 부분 마감과 손스침 설치하기

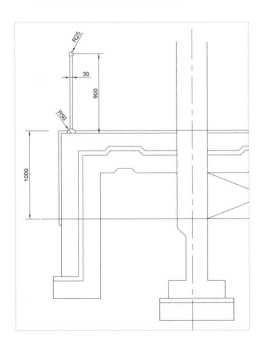

⑧ 반자 높이 설정하기

단면 구조의 바닥 부분은 완성되었으므로 반자 높이를 설정하여 지붕 구조를 완성한다. 반자의 높이는 통상 240mm를 사용한다. 다만, 건축물에 따라 반자 높이는 변경될 수 있으므로 사전에 정확하게 파악해야 한다.

· 반자 높이의 기준: 거실 및 방바닥의 마감재 상단면을 기준으로 한다.

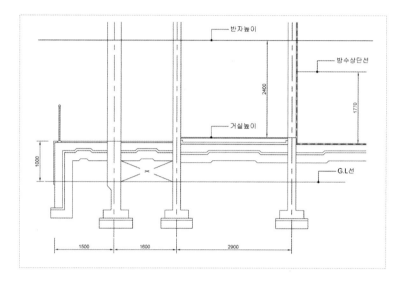

● 테두리보 설치하기

건축물의 처마 및 캔틸레버의 크기를 고려하여 테두리보의 길이를 설정한다. 이번에는 500보 대신 700 보를 사용한다.

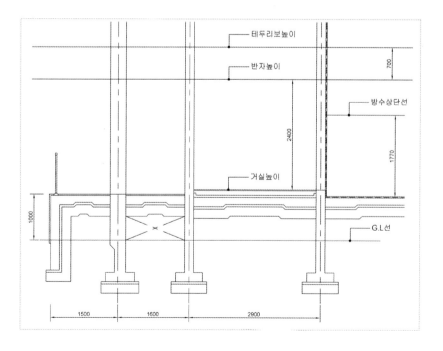

⑨ 지붕 슬래브 물매 잡기와 지붕 단면 구조 작성하기

경사 지붕의 슬래브 설계 시 일단 물매를 설정한 뒤 경사면을 생성해야 한다. 물매는 도면은 빈 공간에서 작성한 후, 지붕 슬래브의 정착면을 지정한다. 물매 4로 설계한다.

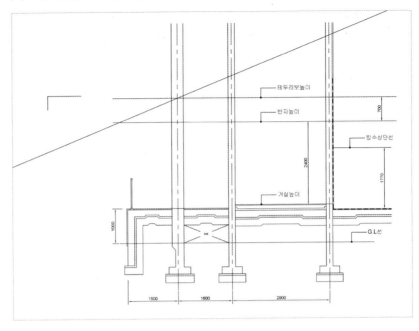

● 지붕 슬래브의 한계점 설정하기

지붕 슬래브의 길이의 한계를 지정하여 Xline으로 작성한 경사면을 수정한다. 처마 나옴과 지붕 마룻대의 위치를 확인한다.

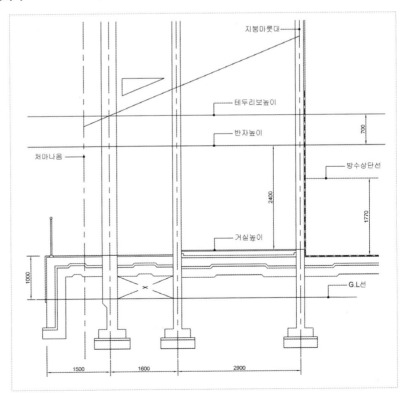

● **지붕 슬래브 구조체 작성하기**

지붕 슬래브 선을 건물의 안쪽 방향으로 Offset을 이용하여 120만큼 복사하여 생성한다. 지붕 슬래브 위쪽에 방수 선을 각각15mm 간격으로 두 번 생성하여 작성한다. 처마 나옴 선과 콘크리트 슬래브 선의 교차점에서 수직으로 200mm만큼 처마를 꺾어 내려준다. 처마가 꺾인 부분의 크기는 콘크리트 슬래브 두께와 동일한 120mm로 하여 작성한다.

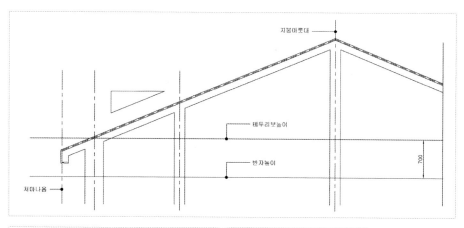

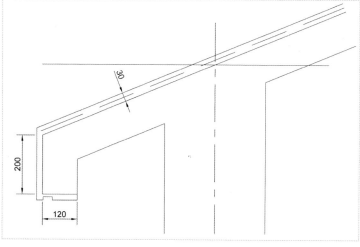

⑩ 캔틸레버 단면 구조 작성하기

캔틸레버의 정착 지점은 반자 높이 선에서 출발한다. 캔틸레버의 길이는 계단 및 발코니의 외곽 길이를 사용한다. 바람막이 벽이 설치 시에는 바람막이 벽의 끝까지 캔틸레버가 설치되어야 한다.

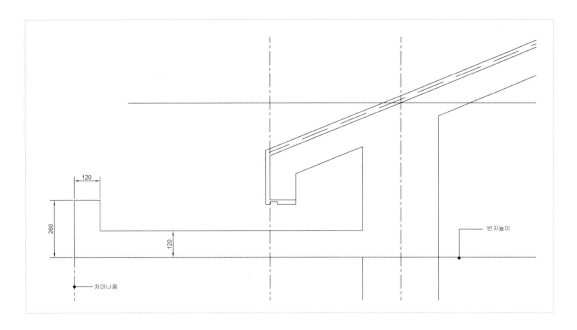

● **캔틸레버 마감하기**

캔틸레버의 마감은 액체 방수를 한다. 캔틸레버의 입면이 보일 경우 작성해야 한다. 물 끊이 홈을 지붕 슬래브와 캔틸레버에 작성한다.

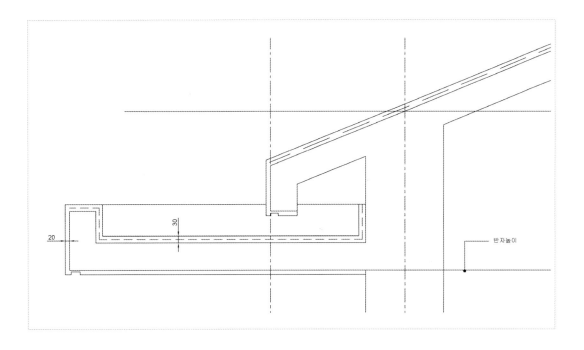

⑪ 반자틀 작성하기

• 반자틀의 위치: 반자 높이 선에서 작성되며, 구성 요소는 치장재, 구조재, 합판, 달대 등으로 구성된다.

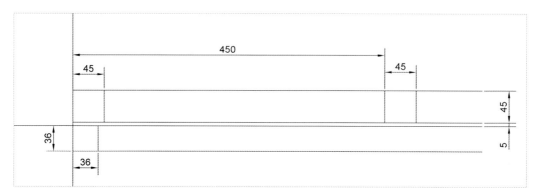

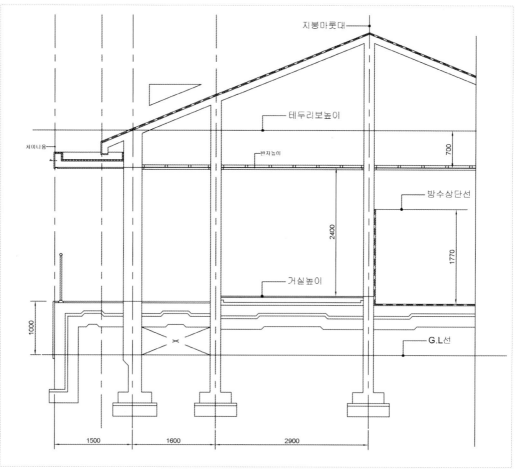

● **지붕 슬래브 하단 반자틀 만들기**

앞 단계에 작성한 반자틀을 Copy 명령을 이용하여 지붕 슬래브 하단에 정착시킨다.

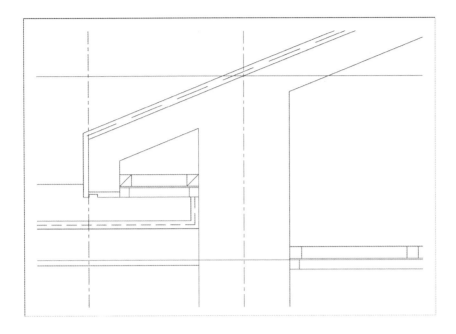

● **반자틀의 달대 설치하기**

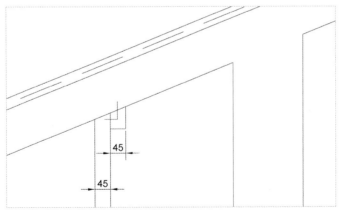

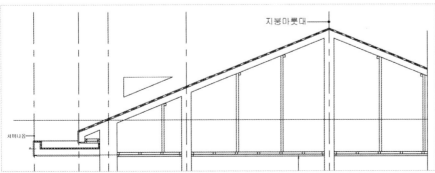

⑫ **내벽 콘크리트와 조적조 구분 및 표현**

- 콘크리트의 높이 한계: 거실 바닥면의 마감재 상단까지 한다.

- 내벽의 500보 설정: 지붕 슬래브 상단 면과 벽체 중심선의 교차 지점을 기준으로 하여 500만큼을 콘크리트 보로 설정한다.

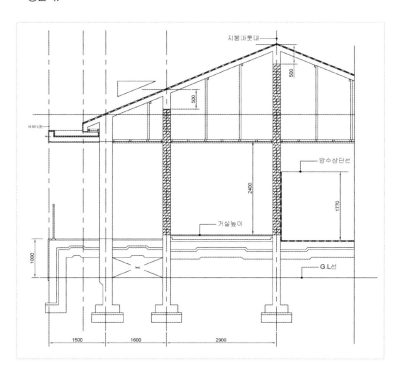

⑬ **현관문 작성하기**

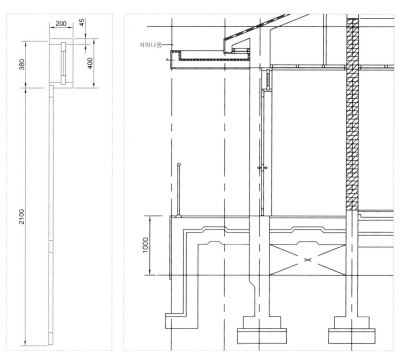

⑭ 재질 표현 및 상부 아치 구조 표현

기초 및 콘크리트 입면 부분의 재질 표현을 실시한다.

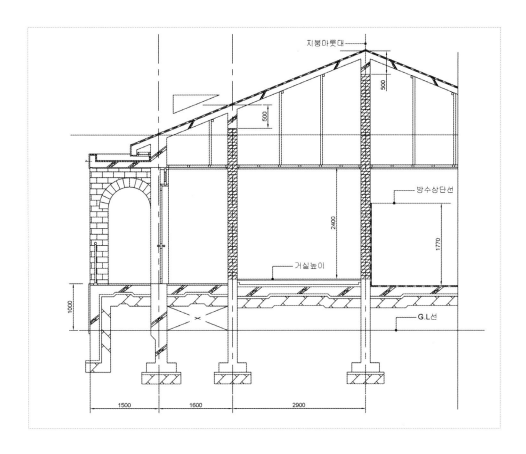

나머지 과정으로는 치수 기입 및 주서 기입을 실시하여 작업을 종료한다. 위에 과정들은 일련의 단면 작업을 보여주는 것이다. 반드시 이 순서를 따라 작업하는 것이 중요한 것이 아니라 앞 단원의 각 부분적 구조체들의 원리와 설치하는 목적을 잘 기억하여 설계자가 의도하는 대로 표현하고 시공하는 것이 중요하다.

지금까지 보여준 단면도 축척은 1: 40을 기준으로 하였으며, 좀 더 상세한 단면 작성 시에는 창호 및 문의 홈 등에 대한 치수를 좀 더 정확하게 유지하면서 설계에 임해야 한다.

건축물의 입면도

|실|무|

09

이 번에는 슬래브 지붕 면을 가진 건축물에 대한 입면도를 작성하도록 한다. 평면도를 이용하여 입면도를 작성한다.

❶ Layer(도면층)을 아래와 같이 설정한다.

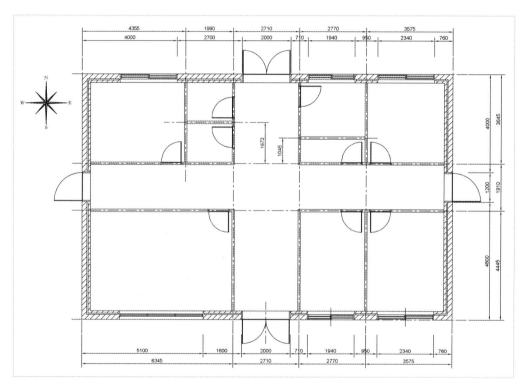

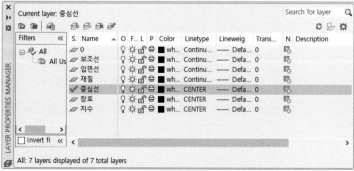

❷ 기준선 작성하기

G.L 선을 임의의 공간에서 작성한다. 보의 높이(2700)와 층고 높이(3200)을 설정한다.

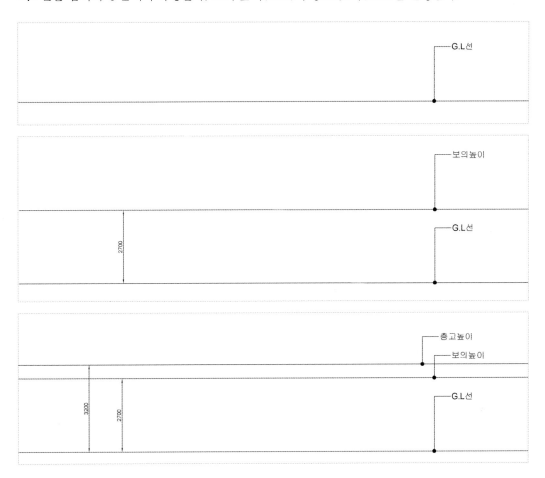

콘크리트슬래브 높이(150)만큼을 층고 높이 선에서 아래쪽으로 Offset하여 복사 생성한다.

❸ 벽체 외곽선을 작성한다.

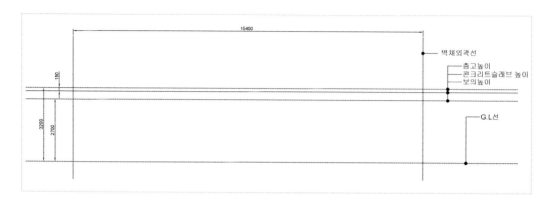

지붕의 슬래브 너비(1500)만큼 작성한다.

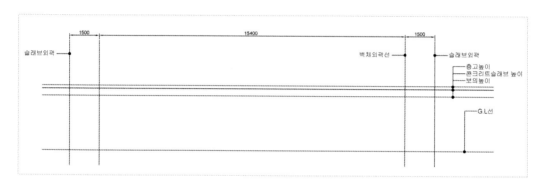

❹ 외형선 정리하기

지붕 슬래브 정리한 뒤 벽체 외곽선도 정리한다.

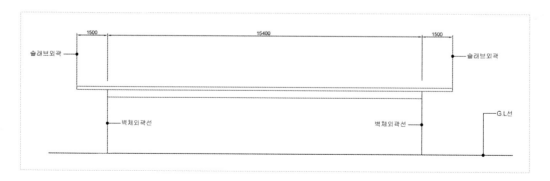

❺ 하단 콘크리트 슬래브 생성

G.L 선을 위쪽 방향으로 200만큼 Offset 복사하여 콘크리트 슬래브 선을 생성한다.

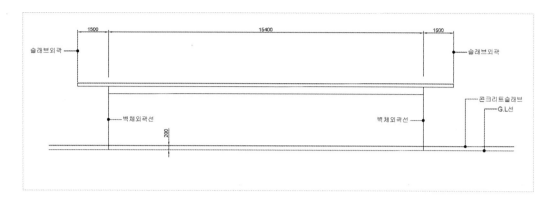

하단 콘크리트의 너비를 정리한다. 너비의 폭은 지붕의 콘크리트 슬래브의 끝선에 맞춰 작업한다.

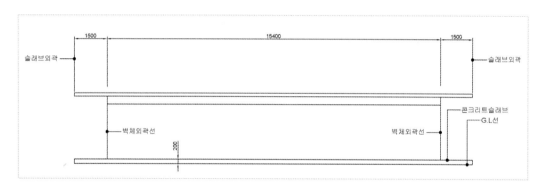

❻ 벽체선과 창문 위치 생성하기

평면도를 참고하여 벽체 외곽선을 Offset으로 수직 방향 창문과 벽체 선을 생성한다.

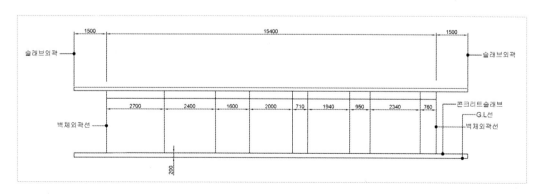

수평 방향에 창문 높이 선을 작성한다.

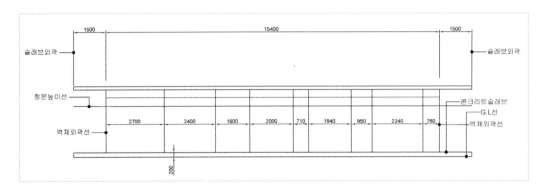

❼ 창문 위치 생성하기

평면도를 참고하여 앞 단계에서 생성한 창문의 수직/수평선들을 정리한다.

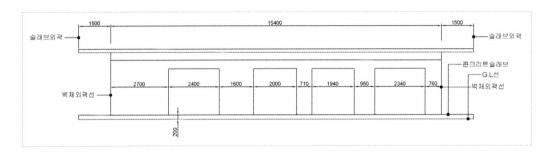

❽ 창문 생성하기

창문에 해당하는 위치에 사각형을 생성한 뒤 아래의 창문을 참고하여 작성한다.

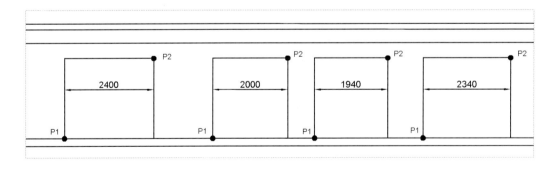

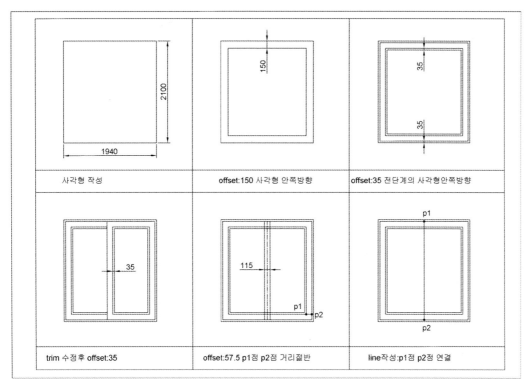

사각형 작성	offset:150 사각형 안쪽방향	offset:35 전단계의 사각형안쪽방향
trim 수정후 offset:35	offset:57.5 p1점 p2점 거리절반	line작성:p1점 p2점 연결

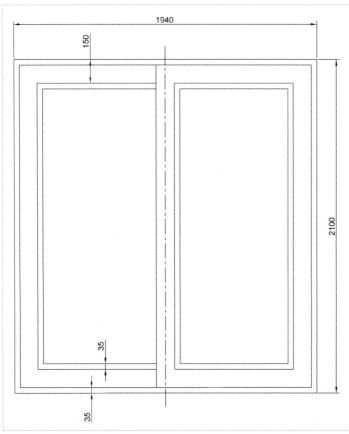

창문의 완성된 결과는 다음 그림과 같다.

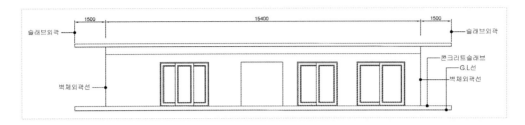

❾ 현관문 작성하기

아래의 그림을 참고하여 현관문을 작성한다.

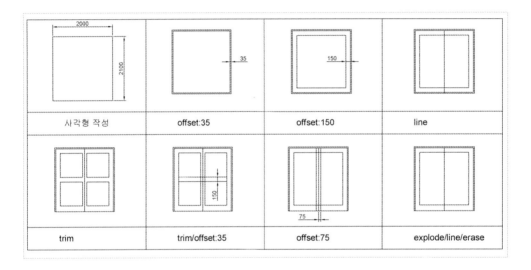

사각형 작성	offset:35	offset:150	line
trim	trim/offset:35	offset:75	explode/line/erase

현관문을 작성한 결과는 다음 그림과 같다.

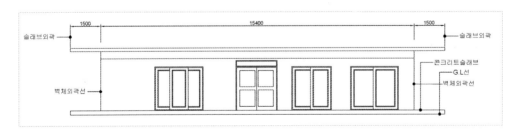

❿ 마감재 표시하기

⑪ 경사 지붕 입면도 작성하기

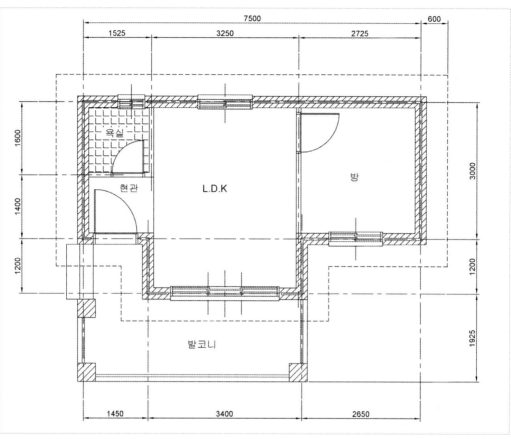

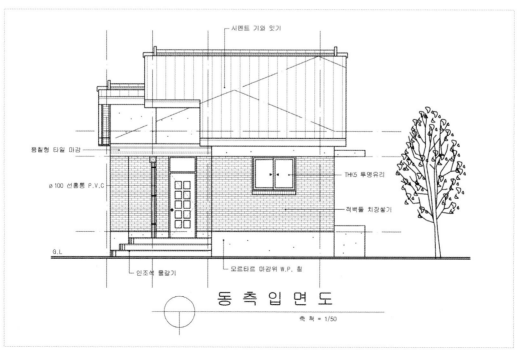

시멘트 기와 잇기

팜촬형 타일 마감

ø 100 선홈통 P.V.C

THK5 투명유리

적벽돌 치장쌓기

G.L

인조석 물갈기

모르타르 마감위 W.P. 칠

동 측 입 면 도

축 척 = 1/50

⑫ 경사 지붕일 때 입면도에서의 물매 경사 표현 원리

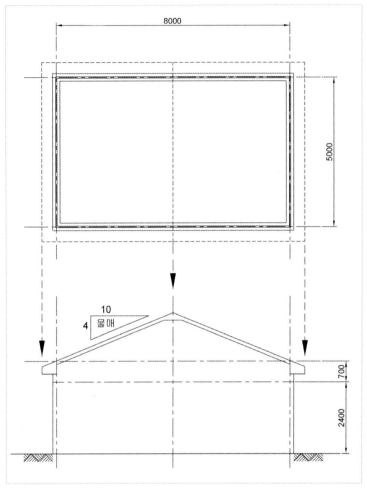

8000

5000

10
4 물매

700

2400

▲ 지붕 마룻대 방향 입면 표현 시

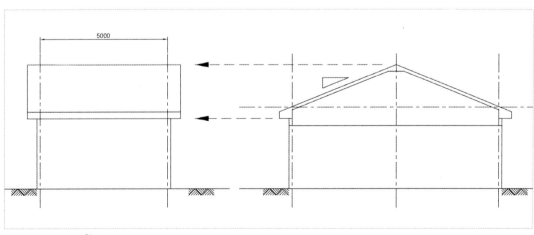

5000

▲ 지붕 마룻대와 직교할 때 입면 표시

1 | 경사 지붕 그리기

다음 평면도를 참고하여 입면도를 작성한다. Layer를 다음과 같이 설정한다.

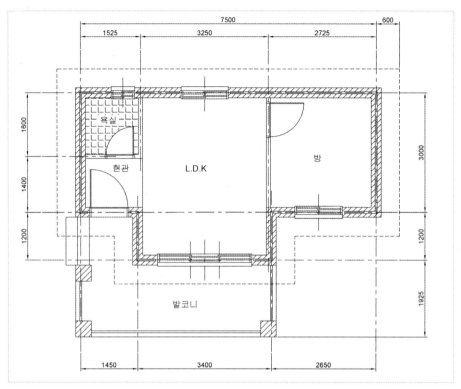

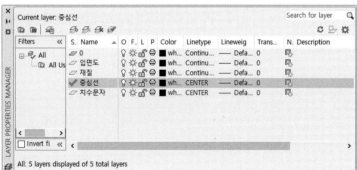

❶ 기준 선 작성하기

G.L 선을 화면 하단 임의의 지점에서 작성한다.

거실 높이 선을 설정한다. G.L 선을 기준으로 하여 위쪽 방향(700)만큼 Offset을 이용하여 복사 생성한다.

반자 높이를 설정한다. 거실 높이 선을 기준으로 하여 위쪽 방향(2400)만큼 Offset을 이용하여 복사 생성한다.

테두리보 위치를 지정한다. 반자 높이 선을 기준으로 하여 위쪽 방향(700)만큼 Offset을 이용하여 복사 생성한다.

❷ 벽체 중심선 생성하기

평면도를 참고하여 벽체 중심선을 작성한다.

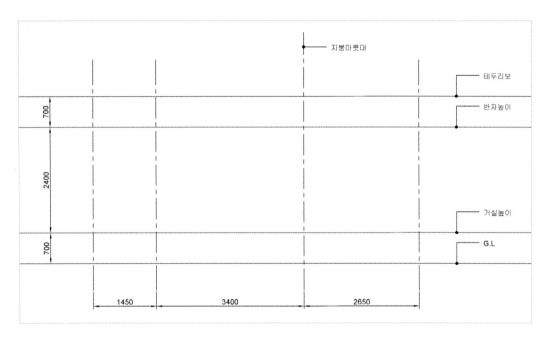

❸ 지붕의 물매를 생성한다. 벽체의 외곽 벽체 중심선과 테두리보의 교차점에 물매선을 위치시킨다.

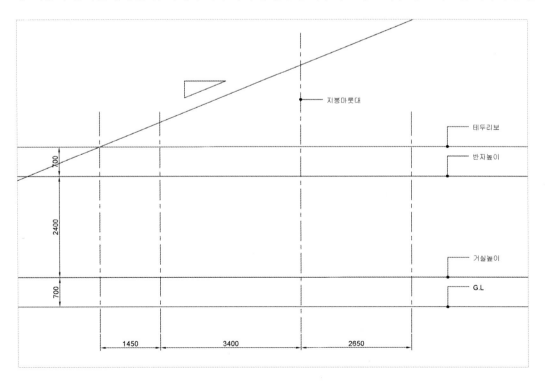

❹ 강제 물매의 생성

지붕 마룻대를 기준으로 반대쪽의 지붕 물매는 강제적으로 테두리보와 중심선의 교차점에 위치시킨다.

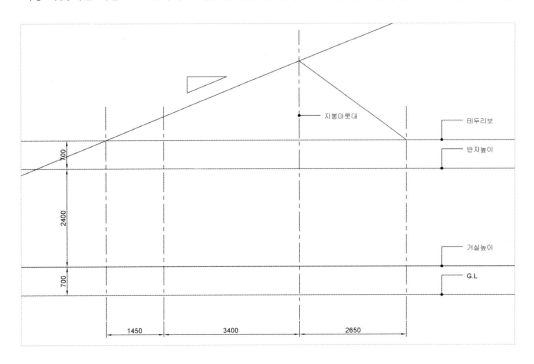

❺ 처마 나옴(600)을 적용하여 생성한다.

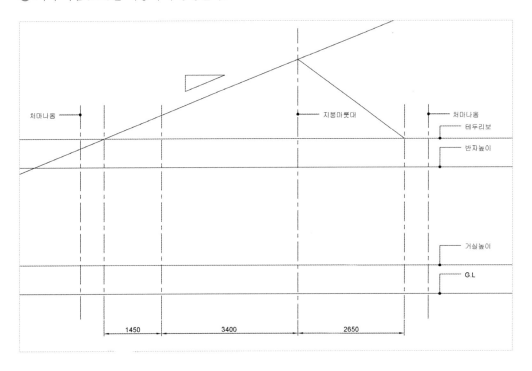

❻ 지붕 물매선을 정리한다.

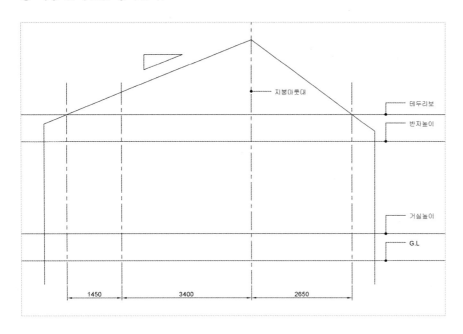

❼ 지붕 콘크리트 슬래브를 생성한다. 물매선을 기준하고 건물의 외곽 쪽으로 슬래브의 두께(120)만큼을 Offset을 적용하여 복사 생성한다.

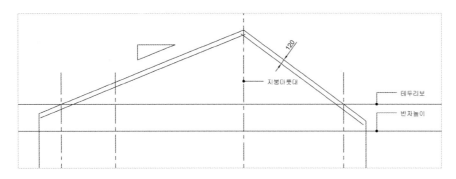

❽ 지붕 끝의 반자 모양을 고려하여 지붕 끝의 마감을 작성한다.

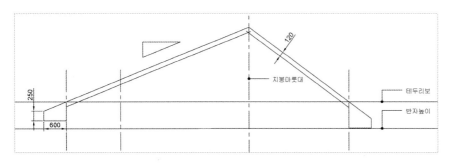

❾ 외벽 선을 생성한다. 벽체 중심선을 기준으로 건물의 외곽 벽체 선을 생성한다. 벽의 두께인 250의 절반 크기로 125씩 Offset을 적용하여 복사 생성한다.

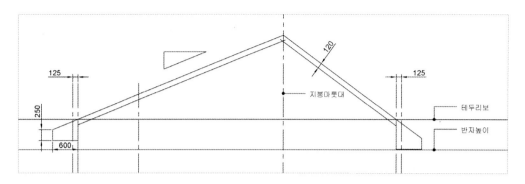

❿ 마룻대에 보를 설치하여 정리한다.

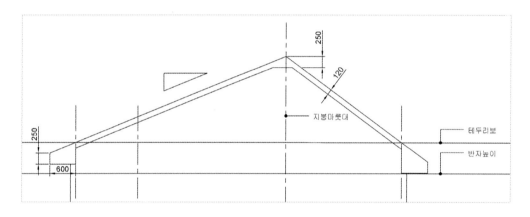

⓫ 지붕의 중첩 영역 표시하기

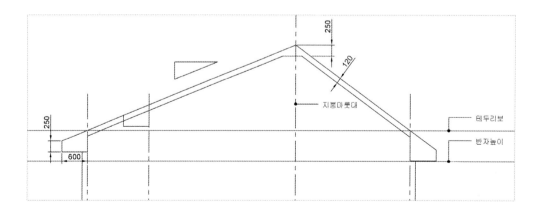

⓬ 고막이 선을 설정한다. G.L 선을 위쪽 방향(600)만큼 Offset하여 복사 생성한다.

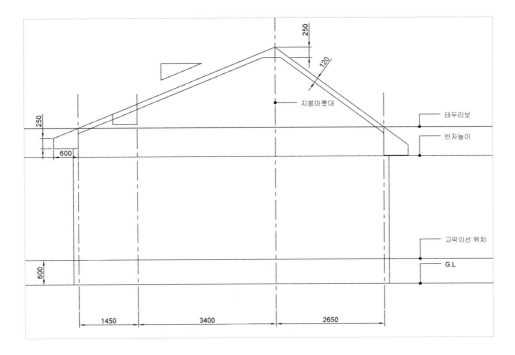

⓭ 창문의 위치는 평면도를 참고하여 생성한다.

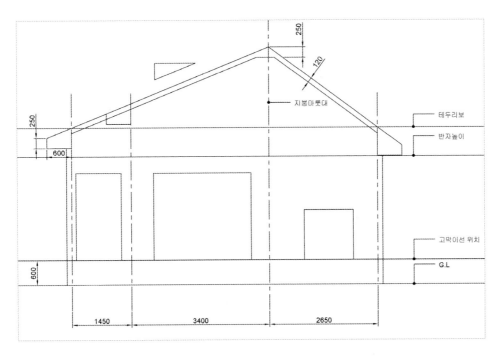

⑭ 창문을 작성한다.

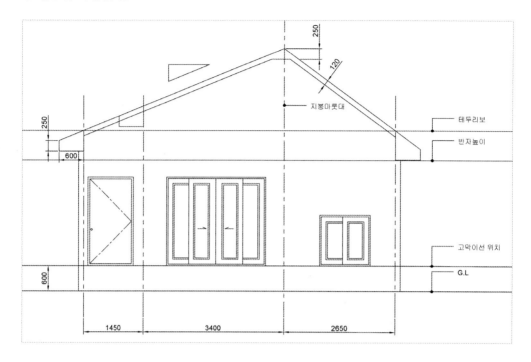

⑮ 고정 창 생성 및 창문 위치 조정하기

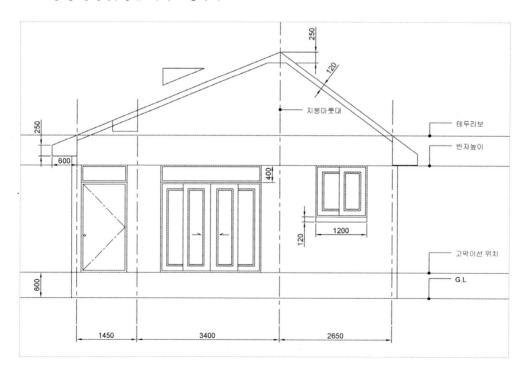

⑯ 캔틸레버를 생성한다. 캔틸레버의 생성 위치는 평면도를 참고한다.

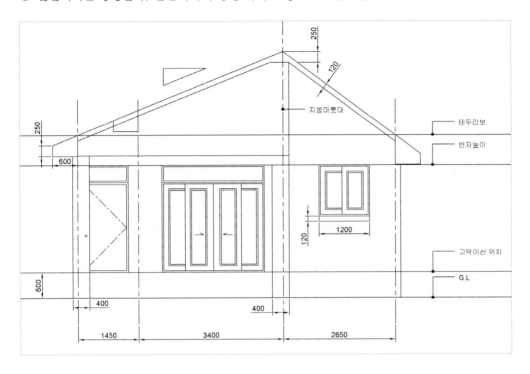

⑰ 재질 표현 및 불필요한 객체 삭제하기